高等职业教育房地产类专业精品教材

物业管理概论
（第3版）

主　编　赵海成　王军华
副主编　温秀红　杨学英　张　静
　　　　路秋兰　刘加木

北京理工大学出版社
BEIJING INSTITUTE OF TECHNOLOGY PRESS

内容提要

本书根据高等院校人才培养目标以及专业教学改革的需要，依据最新的《物业管理条例》等相关条例及规范进行编写。全书共分为九章，主要包括物业管理概述、物业管理法律法规、物业管理机构、物业管理程序、物业房屋维修管理、物业设备设施管理、物业综合管理、物业的分类管理和物业服务企业财务。

本书可作为高等院校物业管理相关专业的教材，也可作为函授和自考辅导用书，还可供物业管理从业人员工作时参考。

版权专有　侵权必究

图书在版编目（CIP）数据

物业管理概论 / 赵海成，王军华主编. —3版. —北京：北京理工大学出版社，2021.3 （2021.5重印）

ISBN 978-7-5682-9689-2

Ⅰ.①物… Ⅱ.①赵…②王… Ⅲ.①物业管理—高等学校—教材 Ⅳ.①F293.33

中国版本图书馆CIP数据核字（2021）第058967号

出版发行 / 北京理工大学出版社有限责任公司	
社　　址 / 北京市海淀区中关村南大街5号	
邮　　编 / 100081	
电　　话 /（010）68914775（总编室）	
（010）82562903（教材售后服务热线）	
（010）68944723（其他图书服务热线）	
网　　址 / http://www.bitpress.com.cn	
经　　销 / 全国各地新华书店	
印　　刷 / 北京紫瑞利印刷有限公司	
开　　本 / 787毫米×960毫米　1/16	
印　　张 / 15	责任编辑 / 王晓莉
字　　数 / 335千字	文案编辑 / 王晓莉
版　　次 / 2021年3月第3版　2021年5月第2次印刷	责任校对 / 刘亚男
定　　价 / 45.00元	责任印制 / 边心超

图书出现印装质量问题，请拨打售后服务热线，本社负责调换

前 言

物业管理概论是高等教育物业管理专业的核心课程，其着重研究物业管理的基本原理、基本内容及运作机制，是一门理论性和实践性较强的专业理论课程。本书的编写坚持以理论知识够用为度，以培养面向生产第一线的应用型人才为目的，强调提高学生的实践能力和动手能力。

本书从物业管理者的角度出发，从基础理论上解释物业管理专业的相关概念。论述了物业管理行业的发展趋势和我国物业管理行业所取得的成就，以及国家在物业管理方面颁布的法律条令。从不同方面回答了为什么要实施物业管理、怎样实施物业管理以及物业管理发展过程中的矛盾和纠纷应该如何化解等问题。从而使读者全面系统地了解和认知物业管理行业并且能熟练掌握物业管理企业运作的过程。

本次修订对各章节内容进行了更新，并对各章节的知识体系进行了深入的思考，联系实际进行了知识点的总结与概括，使该部分内容更具有指导性与实用性，便于学生学习与思考。还对各章节的"知识目标""能力目标"及"本章小结"进行了重新编写，明确了学习目标，便于教学重点的掌握。对各章节后的"思考与练习"也进行了适当补充，有利于学生课后复习。

本书由山东商务职业学院赵海成、河南经贸职业学院王军华担任主编，阜新高等专科学校温秀红、山东城市建设职业学院杨学英、石家庄理工职业学院张静和路秋兰、吉林省经济管理干部学院刘加木担任副主编。具体编写分工为：赵海成、杨学英共同编写第二章、第五章和第九章，王军华编写第四章和第八章，温秀红编写第一章，张静编写第六章，路秋兰编写第七章，刘加木编写第三章。

本书在修订过程中，参阅了国内同行多部著作，部分高等院校老师提出了很多宝贵意见供我们参考，在此表示衷心的感谢。对于参与本书第1、2版编写但未参与本次修订的老师、专家和学者，本版图书所有编写人员向你们表示敬意，感谢你们对高等教育改革所做出的不懈努力，希望你们对本书保持持续关注并多提宝贵意见。

限于编者的学识及专业水平和实践经验，修订后的教材仍难免有疏漏或不妥之处，恳请广大读者指正。

编　者

目 录

第一章　物业管理概述 ... 1
第一节　物业和物业管理 ... 1
一、物业 ... 1
二、物业管理 ... 4
三、物业管理与传统房地产管理的区别 ... 11
第二节　物业管理的产生和发展 ... 12
一、物业管理的起源 ... 12
二、我国物业管理的发展历程 ... 13
三、我国物业管理制度的历史沿革 ... 14
本章小结 ... 17
思考与练习 ... 17

第二章　物业管理法律法规 ... 18
第一节　物业管理法律关系 ... 18
一、物业管理法律关系的概念 ... 18
二、物业管理法律关系的三要素 ... 18
三、物业管理法律关系的类型 ... 19
四、物业管理法律关系的产生、变更和消灭 ... 19
第二节　物业管理法制建设 ... 20
一、物业管理法律法规建设的必要性 ... 20
二、物业管理法律渊源 ... 20
三、物业管理条例 ... 23
四、其他相关法律法规 ... 23
第三节　物业管理基本制度 ... 24
一、业主大会制度 ... 24
二、管理规约制度 ... 25
三、物业管理招标投标制度 ... 25
四、物业承接验收制度 ... 25
五、行业诚信管理制度 ... 25
六、物业管理专业人员职业资格制度 ... 25
七、住房专项维修资金制度 ... 26
第四节　物业管理法律责任 ... 26
一、民事责任 ... 26
二、行政责任 ... 26
三、刑事责任 ... 27
本章小结 ... 27
思考与练习 ... 27

第三章　物业管理机构 ... 29
第一节　物业服务企业 ... 29
一、物业服务企业的概念 ... 29
二、物业服务企业的性质 ... 29
三、物业服务企业的类型 ... 30
四、物业服务企业的权利与义务 ... 32
五、物业服务企业的设立 ... 33

  六、物业服务企业组织机构设置……34
第二节 业主、业主大会和业主委员会……38
  一、业主……38
  二、业主大会……39
  三、业主委员会……43
  四、临时管理规约和管理规约……45
第三节 物业服务企业与其他相关部门和机构的关系……46
  一、物业服务企业与业主委员会的关系……46
  二、物业服务企业与房地产开发企业的关系……47
  三、物业服务企业与政府管理部门的关系……47
  四、物业服务企业与各专业服务公司的关系……48
  五、物业管理与社区管理的关系……48
第四节 物业服务企业品牌建设……49
  一、物业服务企业品牌建设的意义……49
  二、物业服务企业品牌建设的途径……50
第五节 物业服务企业从业人员……51
  一、物业服务企业从业人员的构成与素质要求……51
  二、物业服务企业从业人员的专业素质……52
  三、物业服务企业从业人员的职业道德……54
  四、物业服务企业从业人员的培训……57
本章小结……59
思考与练习……59

第四章 物业管理程序

第一节 物业管理前期介入……61
  一、物业管理前期介入认知……61
  二、物业管理前期介入的作用……62
  三、物业管理前期介入的具体内容……63
  四、物业服务企业前期介入的时间及方式……65
第二节 前期物业管理……66
  一、前期物业管理的概念……66
  二、前期物业管理的内容……66
  三、前期物业管理的特点……67
  四、前期物业管理与前期介入的区别……67
第三节 物业管理招标投标……68
  一、物业管理招标投标概述……68
  二、物业管理招标……70
  三、物业管理投标……85
第四节 物业承接查验……87
  一、物业承接查验的概念……87
  二、物业承接查验的意义……87
  三、新建物业的承接查验……88
  四、物业管理机构更迭时的承接查验……90
  五、物业竣工验收与承接查验的区别……92
第五节 物业入住与装修管理……93
  一、物业入住管理……93
  二、物业装修管理……95
本章小结……100
思考与练习……100

第五章 物业房屋维修管理……101

第一节 房屋维修管理概述……101
  一、房屋维修和房屋维修管理的概念……101
  二、房屋损坏的原因……102
  三、房屋维修管理的特点……103
  四、房屋维修管理的原则……104
  五、房屋物业维修管理的内容……104
  六、房屋维修责任的划分……106

第二节　房屋完损等级的分类和评定方法 ·············· 106
　　一、房屋完损等级的分类及标准 ············ 106
　　二、房屋完损等级评定方法 ············ 107
第三节　房屋维修工程 ············ 108
　　一、房屋维修的分类 ············ 108
　　二、房屋维修的标准 ············ 109
　　三、房屋维修的工作程序 ············ 112
第四节　房屋的日常养护 ············ 114
　　一、房屋日常养护的概念 ············ 114
　　二、房屋日常养护的类型 ············ 114
　　三、房屋日常养护的内容 ············ 115
本章小结 ············ 117
思考与练习 ············ 117

第六章　物业设备设施管理 ············ 119
第一节　物业设备设施管理概述 ············ 119
　　一、物业设备设施的概念 ············ 119
　　二、物业设备设施管理的目标 ············ 120
　　三、物业设备设施管理的内容 ············ 120
　　四、物业设备设施管理与维修的特点 ············ 122
　　五、物业设备设施管理制度 ············ 122
第二节　给水排水系统管理 ············ 123
　　一、物业给水、排水系统管理范围 ············ 123
　　二、物业给水、排水系统管理的基本内容 ············ 124
　　三、物业给水、排水系统保养周期及项目 ············ 125
　　四、物业给水、排水系统维护 ············ 125
第三节　供配电系统和电梯设备管理 ············ 129
　　一、供配电系统管理 ············ 129
　　二、电梯设备管理 ············ 133
第四节　供暖和燃气设备管理 ············ 138
　　一、供暖设备管理 ············ 138
　　二、燃气设备管理 ············ 140
第五节　通风和空气调节设备管理 ············ 142
　　一、通风设备管理 ············ 142
　　二、空气调节设备管理 ············ 142
第六节　物业消防和安防设备管理 ············ 147
　　一、消防设备管理 ············ 147
　　二、安防设备管理 ············ 149
本章小结 ············ 151
思考与练习 ············ 151

第七章　物业综合管理 ············ 153
第一节　物业综合管理概述 ············ 153
　　一、物业综合管理的概念 ············ 153
　　二、物业综合管理的运作形式 ············ 153
第二节　物业安全管理 ············ 154
　　一、物业安全管理的概念 ············ 154
　　二、物业管理区域治安管理 ············ 154
　　三、物业管理区域消防管理 ············ 159
　　四、物业管理区域车辆道路管理 ············ 162
第三节　物业环境管理 ············ 165
　　一、物业清洁卫生管理 ············ 166
　　二、物业环境绿化管理 ············ 169
　　三、卫生虫害防治 ············ 172
　　四、物业环境污染与防治 ············ 173
本章小结 ············ 175
思考与练习 ············ 175

第八章　物业的分类管理 ············ 176
第一节　住宅小区物业管理 ············ 176
　　一、住宅小区的含义 ············ 176

二、住宅小区的特点…………………176
　　三、住宅小区物业管理目标…………177
　　四、住宅小区物业管理的内容………178
　　五、住宅小区物业管理的原则………180
　第二节　写字楼物业管理……………181
　　一、写字楼的含义及特点……………181
　　二、写字楼的类型……………………182
　　三、写字楼物业管理目标与要求……183
　　四、写字楼物业管理的内容…………184
　第三节　商场物业管理………………187
　　一、商场物业概述……………………187
　　二、商场物业管理的要求……………188
　　三、商场物业管理的内容……………189
　第四节　工业区物业管理……………191
　　一、工业区概述………………………191
　　二、工业区物业管理的特点…………192
　　三、工业区物业管理的要求…………193
　　四、工业区物业管理的实施…………194
　　五、工业区物业管理的原则…………197
　第五节　智能住宅小区物业管理……198
　　一、智能住宅小区的概念……………198
　　二、智能住宅小区的特点……………198
　　三、智能住宅小区物业管理系统养护…200
　第六节　其他类型物业管理…………201
　　一、其他物业的类型…………………201
　　二、其他物业管理的特点……………201
　　三、高校物业管理……………………202
　　四、医院物业管理……………………204

本章小结…………………………………206
思考与练习………………………………206

第九章　物业服务企业财务……………208
　第一节　物业服务企业的资金来源…208
　　一、物业管理资金的概念……………208
　　二、物业管理资金的筹措渠道………208
　第二节　物业服务费…………………211
　　一、物业服务费的收费形式…………211
　　二、物业服务费的定价依据…………212
　　三、物业服务费的收缴程序…………212
　　四、物业服务费的追缴………………213
　　五、物业服务费收取与使用的原则…213
　第三节　住宅专项维修资金…………214
　　一、住宅专项维修资金的交存………214
　　二、住宅专项维修资金的使用………215
　　三、相关主体对住宅专项维修资金的监督
　　　　管理…………………………………218
　　四、住宅专项维修资金相关主体的法律
　　　　责任…………………………………218
　第四节　物业服务合同………………219
　　一、物业服务合同的定义……………219
　　二、前期物业服务合同………………219
　　三、物业服务合同……………………220

本章小结…………………………………230
思考与练习………………………………230

参考文献……………………………………232

第一章 物业管理概述

知识目标

通过本章的学习，了解物业、物业管理的概念、特性与类型，物业管理的起源与发展；理解物业管理与传统房地产管理的区别。

能力目标

能够对物业与物业管理的含义与特性有基本的认知。

第一节 物业和物业管理

一、物业

(一)物业的含义

"物业"一词译自英语"property"或"estate"，由我国香港传入沿海、内地，含义为"财产""资产""房地产"等，是一个较为广义的范畴。从物业管理的角度来讲，物业是一种狭义的范畴，是指正在使用中和已经可以投入使用的各类建筑物及附属设备、配套设施和相关场地及依托于实体的权益。

由物业的定义可以看出，一个完整的物业包括实物形态和非实物形态两部分，具体有以下四个组成要素：

(1)已建成并投入使用的各类建筑物。这些建筑物可以是一个建筑群，如住宅小区、工业园区等；也可以是一个单体建筑，如一幢高层住宅楼、写字楼、酒店、停车场等；还可以是一个单元房地产，如一个住宅单元等。

(2)与这些建筑物配套的设备(含生产设备)和市政、公用设施，包括排水、供用电、供暖、运输、空调、通风、通信、消防、监控、防雷设备等。

(3)相关场地(附属场地)，包括与建筑物、构筑物相邻的场地、庭院、停车场、小区内非主干交通道路、绿化带、中心花园等。

(4)附着在上述实体上的各项权益。

其中前三项属于实物形态的部分，后一项属于非实物形态的部分，也是物业社会属性最本质的体现。

(二)物业的特性

1. 物业的自然属性(物理属性)

物业的自然属性是与物业的物质实体或物体形态相联系的性质，它是物业社会经济性质的物质内容和物质基础。

(1)二元性。物业物质的二元性是指建筑物和建筑物所依附的土地，无论何种建筑物都是附着于土地的，成为土地的附着物，使土地的功能借助该建筑物得以发挥。因此，在经济发达社会，物业大多数是指土地与建筑物的统一体，具有土地与建筑物两方面的物质内容。当然，对于不同的物业，其二元组成的比重是有所不同的。例如，就总体而言，物业的建筑面积与土地面积的比值在城市高于乡村，在经济文化和商业中心地带高于重工业基础地带。物业的这种二元性特性，是其他任何商品都不具备的，它决定了物业必然兼有土地与建筑物二者各自所特有的各种性质。

(2)有限性。物业的有限性是由土地的有限性决定的。由于土地是大自然的生成物，它具有不可再生性，尽管人们不断地在其上面默默耕耘，但也不能增加土地的绝对量。而且，随着社会生产的发展，土地的面积不仅不增加，反而在不断地减少。国家要求严格控制城市用地，而许多地区却忽视对土地资源的管理，导致了国有土地资源严重流失。土地的数量是有限的，这就导致了用于建筑的土地就更有限了，人们只能在有限的土地上开发建设，从而使物业的数量受到一定的限制。从总体上来看，房地产市场将长期处于供不应求的状态，物业价格的走势也将持续升高。

(3)固定性。所有的建筑物、构筑物及其配套设施必然依附于一定的地块，建成以后，在一般情况下是搬不走、挪不动的。这就是说物业具有不可移动的固定性特点。所以，在建造物业之前，一定要有长远观念，在各级政府规划部门的规划范围内进行精心策划，在施工中要严格管理、保证质量。新建的物业，要和周围环境协调一致，创造良好的自然环境。

(4)差异性和多样性。

1)物业的差异性主要是就土地而言。由于土地的数量是有限的，因此，随着人口的增加和社会经济的发展，人们就必须去开发、利用劣等土地。土地的优劣，在农村主要取决于土地的天然尺度和其他自然条件，而在城市则主要取决于地段的区位及其技术经济条件。

2)物业的多样性主要是就建筑物而言的。物业范围非常广泛，规模各不相同，高矮大小悬殊，形状各有差异，颜色五花八门。居住用房、商业大厦、写字楼、工业厂房、仓库、寺庙、文化娱乐场所、体育竞赛场馆及其配套设施、水、电、气、暖、庭院、道路、树木、花草等物业类型多样，而且每个单体物业又有独到之处。物业的多样性构成了城市乡村的不同风格，并且更加显示出物业区域的风采。

(5)永久性和长期性。物业的永久性是就土地而言的，土地是永存的，具有不可毁灭性。而建筑物则可能灭失、损耗，直到丧失物理寿命；物业的长期性主要是就建筑物而言的，物业的建造一般都需要较长的时间，因此，物业的使用时间就更长了。一个建筑物竣工后，在正常情况下，使用寿命可达几十年甚至上百年的时间，可供人们长期使用。但是，物业寿命上的长期性并不是绝对的，维护管理得好，其寿命周期会长一些，相反，则会加快退化的进程。

（6）配套性。一个完整的物业是一个系统，物业的配套性是指物业是以其各种配套设施，满足人们各种需要的特性。没有配套设备、设施的物业难以发挥功能，难以满足各种需要。以住宅为例，室内的配套设施至少要包括厨房、厕所、上下水、电等，否则就会造成使用不便，影响房屋居住功能的发挥。物业配套设施越齐全，功能发挥就越充分。

2. 物业的社会属性

物业的社会属性是指物业在生产、流通以及使用和维护等环节引起社会关系的产生、变更和终止的属性，包括经济属性和法律属性两个方面。

（1）物业的经济属性。物业的经济属性包括物业的商品性，稀缺性，保值、增值性和宏观调控性。

1) 物业的商品性。物业的商品性是由物业的使用价值和经济价值决定的。物业开发建设的整个过程中凝结了不同行业不同人员大量脑力劳动和体力劳动，因而它具有价值。特定的物业都具有满足人们某种需要的属性，因而它具有使用价值。物业的价值和使用价值是通过市场交易活动实现的，物业的买卖、租赁、抵押，土地使用权的出让与转让，都是体现物业商品性的具体方式。物业的开发建设、经营管理都是商品经济活动，也都必须遵循价值规律这一最基本的经济运行规律。

2) 物业的稀缺性。物业的稀缺性主要表现在供应上的稀缺性，一方面表现为土地资源供应的绝对短缺，另一方面表现为建筑材料资源供应的相对短缺。

3) 物业的保值、增值性。房地产投资属于实体经济的范畴，作为实物资产，物业具有保值、增值的功能。物业的增值是一种长期的趋势，而不是直线式的运动。从某一时期来看，物业的价格可能有升有降、上下波动；但从长期来看，它无疑呈现出在波动中上扬、呈螺旋式上升的趋势。

4) 物业的宏观调控性。由于房地产业的产业关联度高、产业链长、影响面广，政府必须综合考虑国内国际政治、经济和社会发展多个方面的因素，根据国民经济和社会发展战略规划，制定有关土地、规划、财政、金融、物价、民生等多个方面的政策和措施，对房地产业的发展规模、速度、机构等进行调控。在《中华人民共和国城市房地产管理法》中，国家对房地产的开发、交易以及房地产权属登记管理等做了明确规定；在《城市房地产开发经营管理条例》《城市房地产转让管理规定》等中，分别对房地产的开发经营、房地产中介服务、房地产转让做了详细的规定。

（2）物业的法律属性。物业的法律属性集中反映在物权的关系上。在我国，房地产物权是指物权人在法律规定的范围内享有的房屋的所有权及其占有土地的使用权。

房地产物权比其他商品财产权的结构更为复杂。购入物业就意味着购入一宗不动产的所有权（物权），而且物业的所有权不只是一项单项权利，而且是一个权利束，拥有多项权能，如租售、抵押等，形成一个完整的、抽象的权利体系。在这一权利体系中，各种权利可以以不同形式组合，也可以相互分离，单独行使、享有。

（三）物业的类型

物业按照不同的标准有不同的分类。

(1)根据物业的使用功能，物业可分为以下五种类型：

1)居住物业：包括住宅小区、单体住宅楼、公寓、别墅、度假村等。

2)办公物业：供有关单位办公用的物业，主要是写字楼。

3)商业物业：包括百货商场、大型超市、酒店、宾馆、娱乐厅(场)等。

4)工业物业：包括工业厂房、仓库、货场等。

5)其他用途物业：如交通运输、车站、机场、邮政运输、邮政通信、广播电视、学校、医院、公园、体育场馆、教堂、寺庙等。

(2)根据物业所有权性质来区分，物业可分为以下五种类型：

1)公共产权物业：产权归国家所有，向社会提供公共产品和公共服务的物业，如机场、车站、学校、图书馆等。

2)私人产权物业：产权归个人或家庭所有，如属于个人的私房、私营企业的厂房等。

3)共用部位产权物业：同一物业也可以有多种产权关系。对于由多个产权人共同拥有的结构相连或具有共有、共用设备和附属建筑的物业，称为异产毗连房屋，也叫作多主楼宇。

4)集体产权物业：由集体(或社区)所有成员共同拥有使用并对非集体(或非社区)成员具有排他性的产权的物业。

5)国有产权物业：指所有权归国家的物业。

(3)物业按收益性可分为以下两种类型：

1)收益性物业：包括办公楼、店铺、商场、标准厂房、停车场、宾馆、酒店、会展中心、餐饮、娱乐物业等。

2)非收益性物业：包括自用公寓、住宅、别墅、学校、医院、国家机关和事业单位的办公用房、图书馆、福利院、敬老院、公园、宗教用房等。

二、物业管理

物业管理是市场经济国家对存量房地产普遍采用的一种管理模式，迄今已有一百多年的历史。从20世纪80年代开始，随着我国改革开放进程的加快，房地产业得到了长足的发展，对国民经济的贡献率不断提高，已经成为支撑经济增长的重要支柱产业。与此同时，包括住宅在内的房地产市场上形成了多元化的产权结构。在这种大背景下，适应房地产市场发展要求和特点的现代物业管理模式也就应运而生并逐步走向成熟。

（一）物业管理的含义

根据《物业管理条例》，物业管理是指业主通过选聘物业服务企业，由业主和物业服务企业按照物业服务合同约定，对房屋及配套的设施设备和相关场地进行维修、养护、管理，维护物业管理区域内的环境卫生和相关秩序的活动。

要掌握物业管理的概念，必须理解以下四方面内容。

(1)相关主体：这里的物业服务企业通常为物业管理公司；业主，即物业所有人，指房屋所有权和土地使用权人，可以是个人、集体、国家。

(2)物业管理活动的依据是物业服务合同。物业管理作为一项市场行为，也是通过合同才产生的。物业服务合同是业主和物业服务企业订立的关于双方在物业管理活动中的权利、义务的协议。物业服务合同确立了业主和物业服务企业之间被服务者和服务者的关系，明确了物业管理活动的基本内容。物业服务企业根据物业服务合同提供物业管理服务，业主根据物业服务合同交纳相应的物业服务费用，双方是平等的民事法律关系。

(3)物业管理的目的是发挥物业的最大使用功能，使物业保值、增值，并为业主营造整洁、文明、安全、舒适的生活和工作环境，最终实现社会效益、经济效益和环境效益。

(4)业主有权选择适合自己的方式来管理自己的物业。《中华人民共和国物权法》(以下简称《物权法》)规定，业主可以自行管理物业，也可以委托物业服务企业或者其他管理者进行管理。《物业管理条例》并不强制业主必须选择物业服务企业来实施物业管理，但如果业主通过选聘物业服务企业的方式来对物业进行管理，则应当按照《物业管理条例》的规定来进行。

(二)物业管理的内容

物业管理作为一项多功能、全方位的管理服务工作，涉及的管理内容很广泛，概括来说主要包括以下内容：

1. 常规性服务

(1)房屋修缮管理。房屋修缮管理是指物业服务企业对物业的房屋建筑进行定期保养和计划维修，使之保持良好的使用状态。为了提高建筑物管理的水平，物业服务企业应为各类房屋建立物业维修保养档案。

(2)设施设备管理。房屋附属设施设备包括给水排水设备、电气工程设备、供暖设备、空调设备等。设施设备管理主要包括设备运行管理、设备养护管理、设备维修管理、设备操作管理、设备档案管理等。维持设施设备的完好和合理使用是创造良好的工作秩序和生活环境的重要条件，也是促进物业保值、增值的重要环节，物业服务企业必须抓好设施设备管理。

(3)环境管理。环境管理是指对建筑区划业主的生活和工作环境进行的综合性管理，包括保洁管理、绿化管理、排污管理、消防管理和污染控制等。

(4)治安管理。治安管理包括物业区域范围内的安全、保卫、警戒等，目的是排除各种干扰，保持居住区的安静，确保业主或住户的人身财产安全。

(5)车辆交通管理。车辆交通管理包括统一管理物业区域范围内的车辆停放，统一管理小区内的平行交通和大楼内的垂直交通(电梯和人行扶梯)，清理通道，保养路灯，保证物业辖区内交通的畅通。

2. 特色服务

(1)便民服务。便民服务主要是指物业服务企业与社会企事业单位联合举办的服务项目。如在物业辖区内开办小型商场、储蓄所、公用电信服务网店、饮食店、理发店、修理店等,以方便业主或住户;开办图书室、录像室,举办展览、文化知识讲座;开办幼儿园、学前班;设卫生站,提供出诊、打针、疫苗接种等服务;开办各种健身场所,举办小型体育活动和比赛等。

(2)特约服务。特约服务是指物业服务企业为满足房屋所有人或物业使用人的特殊需要而提供的个性化服务,如房屋代管、室内清洁、土建维修、车辆保管、家政服务、代收代缴水电煤气供热费用、代付各种公用事业费、代办保险与税收等。

当然,物业服务企业举办的便民服务和特约服务项目应当是有偿的且明码标价的,业主和物业使用者可以根据自身的需要自行选择。

3. 多种经营

仅靠向业主和物业使用人收取物业管理费,往往难以保证物业服务企业的健康发展,因此,在物业管理活动中应当遵循"一业为主、以业养业"的原则,开展多种经营以获取收入,从而弥补物业管理经费的不足,如物业服务企业可以参与办公楼宇、酒店、商场的租赁经营;可以在物业辖区内利用租赁的公建设施开展属于业主自管范畴的房屋和附属设施设备的维修与改建;可以经营商场、餐饮、电影院等各种农生活文化娱乐设施;可以开展不动产投资咨询、住房置换、中介交易、法律咨询等服务活动。

4. 社区管理

参与社区管理是物业服务企业的一个特殊使命。物业服务企业在搞好自身业务之外,还要承担积极参与社区管理这个特殊职能。物业服务企业要与各级政府、医疗部门、公安部门取得联系,随时传达有关政策和法令,开展社区建设和管理工作。

(三)物业管理的特性

1. 社会化

物业管理社会化有两个基本含义:一是业主从社会上选聘物业服务企业;二是物业服务企业要到社会上去寻找可以代管的物业。物业的所有权、使用权与物业的经营管理权相分离是物业管理社会化的必要前提,现代化大生产的社会专业分工则是实现物业管理社会化的必要条件。物业管理将分散的社会工作集中起来统一承担。

2. 专业化

物业管理的专业化可以从两个方面认识:一是物业管理由专门的物业服务企业通过合同的签订,按照产权人和使用人的意愿和要求去实施专业化的管理;二是物业管理中的各项专业服务的科技含量不断提高,使物业管理越来越强烈地体现出专业化的趋势。这种专业化属性要求物业管理由经过资质认证的物业服务企业实施,要求物业管理从业人员必须具备一定的职业资格。在专业人才、专业设备、规范程序和严格管理下进行专业化物业管理。物业管理的专业化是社会分工的必然结果,也是产权人或使用人对物业管理的要求。如果物业服务企业本身或管理过程不专业，就达不到业主的要求。

3. 企业化

物业管理的企业化是指物业管理服务属于一种企业行为，物业服务企业要按照社会主义市场经济体制的要求，通过建立现代企业制度，实行自主经营、自负盈亏、自我发展、自我约束的体制，成为独立的市场竞争主体。

4. 经营性

物业管理的服务企业是经营性的，其所提供的商品是有偿的劳务和服务，即通过收取合理的费用，维持企业的正常运转。物业管理的经营目标是保本微利，不以高额利润为目的。

5. 服务性

物业管理作为房地产业的消费环节，实际上是房地产综合开发、销售的延续和完善，它不直接提供实物形态的劳动产品，而是向业主和使用人提供无形的产品，即专业化的管理与服务。管理本身是一种服务，为物业产权人和使用人提供优质、高效的服务是物业管理的宗旨，也是物业管理行业赖以存在的根本。

(四)物业管理的类型

根据开发商、物业业主和物业管理机构的关系，物业管理分为自主经营型和委托管理型两大类。

1. 自主经营型物业管理

自主经营型物业管理是房地产开发企业建成房屋后并不出售，产权留给自己，然后交给下属的物业管理公司或为该幢房屋专门组建从事租赁经营的物业管理公司，由物业管理公司进行经营，通过租赁活动收取租金，回收投资。待投资完全回收后，开发企业可以将该物业出售，也可以继续拥有该幢物业，并继续出租，获取利润。

自主经营型物业管理具有以下四个基本特点：

(1)物业所有权同经营管理权融为一体。

(2)业主结构单一(只有一个业主)。

(3)以创造良好的使用环境或提高出租率为主要目标。

(4)适用于非居住物业的管理，如大型商场、酒店、写字楼、工业厂房等类型的物业。

但是，自主经营型物业管理存在很多的弊端。首先，自主经营型物业管理很难保证物业管理的质量；其次，容易使开发商或物业业主陷入管理规模小、经济效率低的尴尬境地。此外，还过多地分散了开发商或物业业主的精力，使他们不能将资源集中于所擅长的领域。

2. 委托管理型物业管理

委托管理型物业管理是房地产开发企业将开发建成的房屋分层、分单元出售给用户，一次性收回投资和获取利润，并由开发企业或业主委员会(在业主、业主大会选聘物业服务企业之前，由开发企业选聘物业服务企业)委托给物业服务企业对房屋进行日常的管理，完善其售后服务。委托管理型物业管理包括自用委托型物业管理和租赁经营型物业管理两种类型。

(1)自用委托型物业管理。自用委托型物业管理是指房地产开发企业或物业业主将自有、自用物业委托物业服务企业进行的管理。居住类物业以及党政机关和企事业单位办公类物业多采用这种做法。

(2)租赁经营型物业管理。租赁经营型物业管理是指物业服务企业受房地产开发企业或物业业主的委托,在实施物业管理的同时,负责招商宣传、市场开发、交易咨询、估价、合同签署、收取租金等全部或部分租赁经营业务。租赁经营型物业管理多适用于商场、写字楼物业的管理。

同自主经营型物业管理相比,委托管理型物业管理有以下三个明显的特点:

(1)社会化程度高。委托管理型物业管理是一种专业化、开放式的管理,社会化程度高。

(2)物业所有权和经营管理权分离。

(3)外部关系复杂,服务纠纷多。

委托管理型物业管理涉及物业服务企业、开发商、小业主、租户等多方面,其外部关系复杂,容易引发各种服务纠纷和矛盾。

(五)物业管理的原则

1. 权责分明原则

在物业管理区域内,业主、业主大会、业主管理委员会、物业服务企业的权利与责任应当非常明确。物业服务企业内部各部门的权利与职责要明确。只有权责分清,才能做到人人有事做、事事有人管,才能避免瞎指挥,有利于提高管理水平和服务质量,让业主和使用人安居乐业。

2. 所有权与管理权分离原则

业主对物业的所有权是物业管理权的基础。业主、业主大会是物业管理权的权利主体,是物业管理权的核心。由于区分所有建筑物的大量存在,区分所有建筑物中共用部分的维护和管理远非哪一方能决定和胜任的。因此,将管理权与所有权剥离,把物业交由专业物业服务企业管理,既可以克服分散管理的低效率,又能够减少纠纷扯皮现象。

3. 业主主导原则

业主主导是指在物业管理活动中,以业主的需要为核心,将业主置于首要地位。强调业主主导,这是物业管理与旧体制下房屋管理的根本区别。在旧体制下,由于房屋一般都属于公有,用户只是被动地接受管理。而在新的物业管理体制下,业主真正成了物业的主人,有权选聘物业服务企业,物业管理的各种服务费标准也要经过业主委员会同意、报物价部门批准后才能执行。根据《物业管理条例》的规定,业主有权制定、修改管理规约;选举、更换业主委员会委员,监督业主委员会的工作;选聘、解聘物业服务企业;决定专项维修资金的使用、统筹方案,并监督实施;制定修改物业管理区域内物业共用部位和共用设施设备的使用、公共秩序和环境卫生的维护等方面的规章制度,以及法律、法规或者业主大会议事规则规定的其他有关物业管理的职责和权利。

4. 服务第一原则

物业服务企业所做的每一项工作都是服务。从业主与物业服务企业订立的合同来看是"物业服务合同";从管理的对象来看,物业服务企业是代表业主管理物业;从与业主的关系来看,物业服务企业是为业主提供优质服务的服务者。物业服务企业所要开拓的一切项目也是为业主服务的项目。物业服务企业只有坚持不懈地为业主提供优质服务,让业主满意,自身才能发展。物业服务企业为业主或使用人提供的服务应该是全方位的。因此,物业管理必须坚持服务第一的原则。

5. 统一管理原则

过去,由于物业产权的多元化,通常会出现公共设施和公共场所无人管理的现象。在传统的管理体制下,像清洁卫生、环境绿化、房屋维修、道路车辆及附属的设备设施分别属于不同的部门来管理,结果造成职责不明、责任不清、相互扯皮、互相推诿的,管理效率极其低下,业主和使用人也怨声载道。只有实行一体化综合管理,才能充分发挥物业的整体功能,克服多头管理带来的推诿扯皮、效率低下等问题,同时,也只有这样才能使管理集约化,降低管理成本。

在物业服务企业对物业进行统一管理的基础上,根据需要可以通过签订合同的办法将一些专业性强的项目分包给其他专业公司。如区域绿化可分包给园林绿化公司,房屋修缮可分包给房屋修缮公司,区域内保洁可分包给保洁公司,治安保卫可分包给保安公司等。

6. 公平竞争原则

在物业管理过程中要积极引入竞争机制,无论政府采购项目还是商业地产项目,无论后期物业管理还是前期物业管理,都要采取招标方式来选聘物业服务企业。实行优胜劣汰,使物业服务企业能够在竞争中求得自己的生存和发展。业主和使用人有权选择物业服务企业,只有信誉好、管理水平高、服务质量好的物业服务企业,才会在竞争中取胜;否则就会被淘汰。

7. 权责对应原则

一些省、市的有关管理办法或条例对业主、业主大会、业主委员会、物业服务企业的权利和义务作了规定。从主要方面也是重要方面明确了各方的权责关系,但这些规定是就整个行业或整个地区而言的,比较笼统。在物业管理区域内,业主、业主大会、业主委员会、物业服务企业的权利与责任要明确;物业服务企业内部各部门的权利与职责也要明确。只有权责分清,才能做到人人有事做,事事有人管,才能进行有效的管理,提高物业管理水平和服务质量,让业主和使用人安居乐业。

8. 诚实信用原则

物业合同的订立具有法律上的效力,双方必须严格按照合同的约定履行各自的义务,否则,就要承担违约责任。

在实际工作中,有的物业服务企业采取低价竞争的手段获得委托管理项目,正式接管以后,便通过采取压缩人员编制、降低服务标准等手段维持收支的平衡;还有的企业为降低管理成本,随意延长设备保养周期,导致设备折旧速度加快,给业主造成了巨大的财产损失。

9. 合理收费原则

物业管理经费是搞好物业管理的物质基础。通常,物业服务企业通过实行有偿服务和开展多种经营来增加收入。物业服务企业要向业主和使用人收取物业管理服务费用，收取费用的数额应当合理、公开并与物业产权人、使用人的承受能力相适应，提供服务要让业主和使用人满意，收取的费用要让业主和使用人能够接受并感到质价相符，不能乱收费。

10. 建管结合原则

建管结合是针对我国目前物业管理中存在的建房者不管房，管房者不参与建设过程的问题而提出的。建管脱节，会造成物业管理先天不足。因此，物业管理要先期介入，了解建筑物的组成结构、建筑材料、施工顺序、特点和薄弱环节等，以便有针对性地进行管理、维修和养护。

11. 依法行事原则

政府、物业服务企业、业主或物业使用人、社会公共事业部门等所有参与物业管理法律关系的法律关系主体，都应该树立法律意识和法律观念，严格依法办事。如何签订物业服务合同，如何制定规章制度，如何处理对内对外关系，如何开发物业管理中的服务项目，如何收取各种费用等，这些问题绝不是依靠一个或几个人凭空想象就能解决的，而应当以我国的法律、法规为依据做出正确回答，增强法律意识和法律观念。

(六) 物业管理的作用

1. 有利于创造优美和谐的环境

从宏观角度上来讲，加强物业管理，能保持城市干净、整洁，有利于创造一个优美的市容市貌，形成一个良好的城市形象。从微观角度上来讲，通过物业服务企业从业人员的精心维修、养护，可以为每一个用户创造一个安静、舒适、幽雅的居住环境和工作学习环境，同时能为城市居民提供一个健康、丰富的娱乐生活环境。良好的环境能消除人们的疲劳和忧虑，还可以提高人们的工作和学习效率。

2. 有利于方便居民的生活

随着社会的发展，居民的工作和生活的节奏也在加快，从而促使人们在休息日里有更多的时间用于休闲、娱乐，这就要求物业服务企业能够提供更多方便、周到的服务，为他们创造并维持舒适、安全、文明、和谐的生活和工作环境，以减轻居民的负担。物业服务企业可以根据业主和住户的需要，提供综合性的有偿服务，方便居民的生活。

3. 有利于实现物业的保值、增值

物业建成后，经过长时间的风吹雨打，以及人为因素，会出现不同程度的损坏，例如房屋墙皮脱落、屋顶漏雨、墙体裂缝、管道破裂、机器设备出现故障等。在这种情况下，如果不及时维修养护，就会缩短物业正常的使用年限，甚至酿成事故。开展物业管理，可以使物业得到及时的维修、养护，延长物业的使用寿命，从价值形态上来讲，可以使物业保值和增值。

4. 有利于克服传统房屋管理的弊端

(1) 传统的房屋管理是以长官意志、行政命令为主的，按产权、按部门对房屋进行管理、维修和养护，实行计划包干管理的办法。这种方法既扼杀了房屋管理者当家理财的积极性，又助长了偏激思想和以权谋私等各种歪风邪气。实行物业管理，集管理服务于一体，为用户提供一个良好的生活和工作环境，就可以克服传统房屋管理方法的弊端。

(2) 过去，我国建筑业"重建轻管"的思想相当严重，并不同程度地延续下来，建房不为住户和维修者着想，偷工减料、粗制滥造等问题突出。例如地下管道没接好，甚至有的根本没有安装管道等。实行物业管理后，物业服务企业就是用户的总管家，在建房施工过程中，物业服务企业就可以介入，监督工程质量，并组织参与验收，严格把好质量关，从而根除"重建轻管"的思想。

5. 有利于扩大社会就业

物业管理作为劳动密集型服务行业，涉及的范围很广，设施设备维修、治安保障、保洁绿化等需要大量劳动力。据测算，如管理一个建筑面积为 10 万平方米的中高档物业小区，需要保安员 50 人，保洁员 25 人，绿化工 5 人，维修工 10 人，管理人员 10 人，总共约 100 人。

6. 有利于房地产业的发展

物业管理是房地产开发、建设、销售、租赁的延伸。鉴于房地产（物业）的固定性、使用期长的特点，业主和使用人在选购和租赁物业时，必然会关注该物业的物业管理水平。因此，良好的物业管理，可以推动房地产的销售和租赁业务的发展。

三、物业管理与传统房地产管理的区别

物业管理的产生是对传统房地产管理体制的一种革新，是我国房地产业发展和房屋商品化的结果。物业管理与传统房地产管理在许多方面都产生了明显的区别。

1. 管理体制不同

传统的房屋管理是一种行政性、福利性的房管模式。管理者主体是政府机构——各地区房管部门及其下属的事业单位——房管站。物业管理则是一种受市场经济体制控制的管理单位，也就是说，物业管理是专业化的企业通过市场竞争自由选择，并且利用合同方式规范的一种有偿服务的管理形式。物业管理单位在时间上不再具有"终身制"特点。概括地讲，传统的房地产管理是计划经济体制下的政府行政行为，其管理的全程以福利型和无偿型为根本特征；物业管理则是市场经济体制下的企业行为，其管理的全程以经营型和有偿收费为根本特征。

2. 管理内容不同

传统房地产管理以单一的"收租养房"为主要内容，房管部门主要承担房屋及设备的维修和养护，管理内容单一，仅仅是对房屋的管理与维修，对建筑物以外的环境、场地和附属设备设施关注极少，更不涉及保安、通信、交通、室内装饰等内容。而物业服务企业除了对房屋及其设施、设备和相关场地进行维修、养护外，还进行清扫保洁、安全消防、庭院绿化等或其他特殊项目的服务，既管物又服务于人，内容十分广泛。

3. 管理机制不同

传统的房地产管理，奉行的是一种"一厢情愿"的管理机制，管理者按照自己的意志去管理物业和居住者，其与居住者是管理与被管理的关系。居住者在此种机制下无法对管理者进行选

择，很少有监督权，更无从谈起决策权，因而始终处于被动地位。而物业管理则是产权人和使用人通过市场来选聘物业服务企业，物业服务企业可以接受选聘也可以不接受选聘，双方在完全平等的原则下，通过双向选择签订合同，明确各自的权利、义务。物业服务企业与产权人和使用人之间的关系是委托与被委托、服务与被服务的关系。

4. 管理手段不同

传统的房地产管理是用行政命令的手段来进行管理，而物业管理则是运用法律和经济的手段来进行管理。

5. 产权结构不同

传统房地产管理的房屋绝大多数是国家单位所有，产权单一，使用人不是产权人。随着房屋商品化进程的深入，房屋产权结构发生了根本性变化，形成了多元化的格局。同时，随着时间的推移，国家所有的房产，特别是住宅比重逐步减少。现代物业管理对象的产权，已形成国家、集体、个人并存的多元化格局。

6. 管理单位与住户关系不同

传统房屋管理单位与住户的关系是管理与被管理的关系，房管单位以自身的想法去管理住户。住户长期处于被动的地位而无选择管理者的权利。物业管理单位与住户的关系是服务与被服务的关系，并且寓管理于服务之中，凡是业主和使用人所需要的服务，只要是在物业服务合同规定范围内的项目，物业服务企业都应尽量给予满足。业主通过市场选聘服务公司，物业服务企业有受聘或拒聘的权利。

第二节 物业管理的产生和发展

一、物业管理的起源

物业管理起源于19世纪60年代的英国。当时正值资本主义上升时期，城市化迅猛发展，随着大量农村人口涌入城市，城市房屋建设已经跟不上人口的激增，于是造成了严重的房荒。同时房屋管理的混乱、居住环境的恶劣，引发了大量事端。一位名叫奥克维娅·希尔的女士为在其名下出租的房屋制订了一套行之有效的管理办法，引导并要求租户严格遵守。奥克维娅·希尔女士实施规范的物业管理后，住房秩序和居住环境有了明显改善，社会其他人士也纷纷效仿，并取得政府的关注。随后，英国还成立了非营利性行业组织——皇家特许屋宇经理学会。以英国为起源地，在一个多世纪的时间里，物业管理在世界各地逐渐推行开来。

随着物业管理的发展，20世纪初，美国成立了第一个行业协会——芝加哥建筑管理人协会。行业自治组织的成立，既标志着物业管理行业的成熟，又有力地推动了物业管理行业的有序发展。此后，物业管理日益被业主和政府重视，逐渐发展成为一个新型的服务行业。

二、我国物业管理的发展历程

(一)香港特别行政区的物业管理

我国香港历史上长期受英国的统治，其物业管理也深受影响。第二次世界大战后，城市房屋残破短缺，同时我国大量内地人口涌入香港，使房屋需求量急剧增加，一些大型楼宇应运而生。人口密集和权属分散的情况使得治安等问题日益凸显，一些大楼开始聘请值夜班的工人和清洁工来承担基本的保安和清洁工作，并由用户集资来支付这些人员的工资。从此，物业管理在我国香港地区开始逐步发展。

20世纪60年代，我国香港大力推行"居者有其屋"计划，从英国引进物业管理人才、理论和方法，并于1966年成立了英国皇家物业经理学会香港分会。

20世纪70年代，我国香港地产业迅速发展，使物业管理的重要性得到普遍的认同，有实力的房地产商先后成立了管理、维修、保安、园艺等附属公司，以落实整体的物业管理工作。1970年我国香港发布了《多层大厦(业主立案法团)条例》(该条例于1993年修订，并重新命名为《建筑物管理条例》)，标志着物业管理走向社会化和法制化。

20世纪80年代，我国香港鼓励大厦小业主积极参与大厦的管理事务，并在1987年成立了"私人大厦管理咨询委员会"，专门为多层大厦业主立案法团及大小业主提供咨询服务。1989年又成立了"香港物业管理公司协会"，该协会具有双重职能，既可以代表物业管理行业发言，又可以对同行企业进行监督，这标志着我国香港的物业管理日益走向成熟。

(二)社会主义市场经济体制下的中国物业管理

20世纪80年代起，我国市场经济日趋活跃，城市建设事业迅速发展，以住房商品化、房屋产权私有化为标志的房地产经营管理体制改革逐步加快，高层新式建筑设计的复杂性和功能的多样化也使管理的内容变得更加复杂和专业化，而人们对生活工作、环境质量的要求也不断提高。在这种状况下，需要一个专业的服务机构来承担这些管理和服务工作。于是，我国开始探索和尝试物业管理，并从住宅管理开始实验。作为改革开放窗口的深圳和沿海开放城市的广州，首先借鉴我国香港的经验，推出了物业管理业务，旨在探索一条专业化、社会化、经营化的住宅管理新模式。

我国物业管理发展可以分为四个阶段：

第一阶段(20世纪80年代初—1994年3月)：此阶段为探索和尝试阶段，主要是我国沿海地区和城市开始引进境外的一些专业物业管理模式，并根据当地的实际情况加以改造，专业化的物业管理处在试验阶段。

第二阶段(1994年3月—1999年5月)：1994年3月，原建设部颁布第33号令《城市新建住宅小区管理办法》，其中明确指出：住宅小区应当逐步推行社会化、专业化的管理模式，由物业管理公司统一实施专业化管理。该阶段是我国物业管理的快速发展时期，在物业服务企业的建立、物业管理立法工作、从业人员的培训和行业管理等方面都取得了长足进步，专业性物业管理已经被社会广泛接受。物业管理正在深入、广泛地影响着每个居民的生活。与此同时，一些开展物业管理较早的物业服务企业已经在规范化和市场化方面做了一些有益的探索。

第三阶段(1999年5月—2003年)：1999年5月，全国物业管理工作会议在深圳召开，主要目的是培育和规范物业管理市场，推动物业管理工作的健康发展。因此，这一阶段主要是巩固和提高物业管理的普及率，培育物业管理市场，建立竞争机制，初步形成以政府宏观调控为主导，业主与企业双向选择，以公平竞争为核心，以社会、经济、环境效益的统一为目的，以规范化、高标准为内容，以创建品牌、扩大规模为方向的物业管理体系。这一阶段出现了一系列标志性事件，例如深圳市长城物业公司进行了全国规模最大的一次中标，万科接管原建设部机关大院带动了国家机关实行物业管理。

第四阶段(2003年9月至今)：2003年5月28日国务院第9次常务会议通过《物业管理条例》，自2003年9月1日起施行。该条例分别于2007年8月26日、2016年1月13日和2018年3月19日进行了三次修订，2018年版《物业管理条例》于2018年3月19日起施行。物业管理进入了依法管理的市场化阶段。

三、我国物业管理制度的历史沿革

(一)《物业管理条例》颁布前的物业管理制度建设

从20世纪90年代初至《物业管理条例》颁布前，对于物业管理这一新生事物，无论国家还是地方都尝试通过制度建设加以推动和规范。这一阶段的物业管理政策法规主要有以下特点：一是借鉴性，主要借鉴新加坡、我国香港地区等的先进经验；二是过渡性，主要考虑传统房管模式的根深蒂固，采取渐进式的方法进行改革；三是针对性，主要针对当时当地物业管理实践中出现的问题，选择应对性的政策和方法。

我国的物业管理制度是由国家法规政策和地方性法规政策共同组成的，《物业管理条例》颁布前主要有以下法规政策：

1994年4月，原建设部颁布了《城市新建住宅小区管理办法》，并从颁布之日起正式实施。该办法是我国第一部系统规范物业管理制度的规范性文件，是推动我国全面开展物业管理活动的动力，对我国建立物业管理活动秩序产生了重大影响。

1994年6月，深圳市第一届人大常务委员会第23次会议通过了我国第一个有关物业管理的地方性法规《深圳经济特区住宅区物业管理条例》。

为贯彻《城市新建住宅小区管理办法》，提高城市住宅小区的整体管理水平，推动社会化、专业化的物业管理进程，原建设部于1995年印发了《全国优秀管理住宅小区标准》及考评验收工作的通知。各地也根据当地情况，结合原建设部文件精神制定了相关管理办法，如武汉市于1996年1月，以市政府第86、87号令分别下发了《武汉市住宅小区管理办法》和《武汉市城镇物业管理办法》。

1996年，原国家计委和原建设部联合下发了《城市住宅小区物业管理服务收费暂行办法》。办法实施后，对于规范物业服务企业的服务收费行为和保护消费者的正当权益发挥了重大作用。

针对物业服务企业从业人员素质普遍偏低的状况,为全面提高队伍素质,规范物业服务企业从业人员行为,提升管理质量,1996年原建设部人事教育劳动司与房地产业司联合下发了《关于实行物业管理企业经理、部门经理、管理员岗位培训持证上岗制度的通知》。

1997年,原建设部印发了《全国城市物业管理优秀大厦标准及评分细则》,针对大厦物业管理的情况和特点,规定了管理标准和考评内容,从此大厦的物业管理也被纳入规范管理的轨道。

为规范物业服务企业财务管理行为,有利于企业公平竞争,加强财务管理和经济核算,财政部1998年颁布了《物业管理企业财务管理规定》。该规定结合物业服务企业的特点及其管理要求,从代管基金、成本、费用、营业收入和利润等方面具体规范了物业服务企业的财务管理行为。

为保障住房售后的维修管理,维护住房产权人和使用人的共同利益,原建设部、财政部于1998年11月印发了《住宅共用部位共用设施设备维修基金管理办法》,该办法规定:凡商品住房和公有住房出售后都应当建立住宅共用部位共用设施设备维修基金,专项用于保修期满后的大修、更新和改造。为了保证维修基金的安全,该办法规定维修基金应当专户存储、专款专用,严禁挪作他用。同时,该办法还详细规定了维修基金的缴交、代管和监管等方面的内容。

在物业管理迅猛发展形势下,众多物业服务企业应运而生。为规范物业管理市场秩序,加强对物业服务企业经营活动的管理,1999年原建设部印发了《物业管理企业资质管理试行办法》,要求从事物业管理的企业必须按照该办法的规定,申请企业资质评定,然后才能依法运营。

根据全国物业管理迅猛发展的形势需要,2000年5月,原建设部发布了《关于修订全国物业管理示范住宅小区(大厦、工业区)标准及有关考评验收工作的通知》。修订后的标准较原来的标准在条款设置和评分细则上都提出了更高的要求。原建设部要求各地在考评验收时必须从严掌握,使评选出的物业管理项目真正体现先进性和示范性。

为加强住宅室内装饰装修管理,保证装饰装修工程质量和安全,维护公共安全和公共利益,2002年3月原建设部发布了《住宅室内装饰装修管理办法》(建设部令第110号)。该办法明示了装饰装修活动的禁止行为,明确了装修人员、装饰装修企业、物业服务企业以及相关行政管理部门在装饰装修活动中的法律关系和法律责任,规定了装饰装修管理服务协议和装饰装修合同的主要内容。该办法是物业服务企业提供装饰装修管理服务的法律依据,对规范装饰装修行为起到了重要作用。

上述规定有的已经废止,有的仍然在物业管理领域里发挥着重要作用。

(二)《物业管理条例》颁布后的物业管理制度建设

2003年6月8日,《物业管理条例》正式颁布,这标志着我国物业管理法制建设进入新阶段。《物业管理条例》颁布后,国务院有关部门和地方各级政府及房地产主管部门纷纷开展相应政策的立、改、废工作,全国上下掀起物业管理制度建设的新高潮。这一阶段物业管理政策法规主要有以下特点:一是配套性,主要是以《物业管理条例》的配套性文件和实施细则的方式出现,以贯彻落实《物业管理条例》为基本指针;二是经验性,主要是总结物业管理实践的经验教训,有针对性地做出制度安排；三是操作性，主要是将《物业管理条例》中的基本制度和原则规定予以细化，使其在现实操作层面上得以实施。

《物业管理条例》颁布后，主要有以下法规政策：

2003年6月，原建设部发布《业主大会规程》。

2003年9月，原建设部发布《前期物业管理招标投标管理暂行办法》。

2003年11月，国家发展改革委员会、原建设部发布《物业服务收费管理办法》。

2004年1月，中国物业管理协会制定《普通住宅小区物业管理服务等级标准》。

2004年3月，原建设部发布《物业服务企业资质管理办法》。

2004年7月，国家发展改革委员会、原建设部发布《物业服务收费明码标价规定》。

2004年9月，原建设部发布《业主临时公约(示范文本)》和《前期物业服务合同(示范文本)》。

2005年11月，原人事部、原建设部发布《物业管理师制度暂行规定》《物业管理师资格考试实施办法》和《物业管理师资格认定考试办法》。

2007年3月，全国人大通过了《中华人民共和国物权法》，2007年10月1日起实施。

2007年8月26日中华人民共和国国务院令第504号公布了《国务院关于修改〈物业管理条例〉的决定》，自2007年10月1日起施行。

2007年9月10日，国家发展改革委员会和原建设部联合印发了《物业服务定价成本监审办法(试行)》(发改价格〔2007〕2285号)，2007年10月1日起施行。

2007年12月4日，原建设部会同财政部发布了《住宅专项维修资金管理办法》，并于2008年2月1日起施行，1998年《住宅共用部位共用设施设备维修基金管理办法》同时废止。

2010年1月1日起施行《业主大会和业主委员会指导规则》，2003年《业主大会规程》同时废止。

2011年1月1日起施行由住房和城乡建设部颁布的《物业承接查验办法》。

2016年1月13日中华人民共和国国务院令第666号公布了《国务院关于修改部分行政法规的决定》，经国务院第119次常务会议通过，对《物业管理条例》进行了修改，自2016年3月1日起施行。

2017年1月21日，国务院发布《国务院关于第三批取消中央指定地方实施行政许可事项的决定》，文件中提到"取消物业服务企业二级及以下资质认定"，同时提出"取消资质后，住房和城乡建设部要研究制定物业服务标准规范，通过建立黑名单制度、信息公开，推动行业自律等方式，加强事中事后监管"。

2017年9月6日的国务院常务会议上取消物业服务企业一级资质核定。物业服务将突出属地管理主体责任，主管部门从行业管理向市场监管转变。具体来说，就是监管思路将从"管主体"向"管行为"转变，监管重点将从"管企业"向"管项目"转变，原来监管物业行业是房地产主管部门一家的工作，今后将由城市管理、民政、公安、价格等有关部门共同完成对物业服务企业的管理服务的监管工作。

2018年3月19日发布的《国务院关于修改和废止部分行政法规的决定》，对《物业管理条例》

进行了第三次修订，修正后的《物业管理条例》于2018年3月19日起开始施行。

本章小结

本章主要介绍了物业的含义、特性、类型，物业管理的含义、内容、特性、类型、原则、作用，物业管理与传统房地产管理的区别，物业管理的起源，我国物业管理的发展历程，《物业管理条例》颁布前后的物业管理制度建设等内容。通过本章的学习，应能够对物业与物业管理有较为清晰的认识，为日后的学习打下基础。

思考与练习

一、填空题

1. 一个完整的物业包括_____和_____两部分。
2. 物业的自然属性包括_____、_____、_____、_____、永久性和长期性、配套性。
3. 物业管理的特性包括_____、_____、_____、_____和服务性。
4. 物业管理的原则包括_____、_____、_____、_____、_____、_____、_____、诚实信用原则、合理收费原则、建管结合原则、依法行事原则。

二、简答题

1. 简述物业的社会属性。
2. 简述物业的分类方法。
3. 什么是物业管理？
4. 物业管理的内容有哪些？
5. 物业管理与传统房地产管理的区别有哪些？

第二章　物业管理法律法规

知识目标

通过本章的学习，了解物业管理的法制建设；理解物业管理法律关系的概念、三要素、类型、产生、变更和消灭；掌握物业管理的基本制度和法律责任。

能力目标

具备物业管理基本法律知识，在物业管理中能严格遵守物业管理基本制度，并承担相应的法律责任。

第一节　物业管理法律关系

一、物业管理法律关系的概念

物业管理法律关系是指人们在物业管理服务活动过程中所形成的特定主体间权利、义务关系，是物业管理法律规范在现实社会经济生活中发挥调整作用的集中体现。

二、物业管理法律关系的三要素

物业管理法律关系由主体、客体和内容三要素组成。

1. 物业管理法律关系的主体

物业管理法律关系的主体是指在物业管理活动中以自己的名义，依法享有权利和承担义务的个人、法人和其他组织。物业管理法律关系的主体主要是业主或使用人身份的自然人、代表和维护全体业主合法权益的自治性组织——业主大会或业主委员会、具有独立法人资格的物业服务企业和房地产开发企业。此外，物业管理法律关系还涉及各级政府行政主管部门等。

2. 物业管理法律关系的客体

物业管理法律关系的客体是指物业管理法律关系主体的权利与义务共同指向的对象，包括物、行为和非物质财富。

(1)物。在物业管理法律关系中，物指标的物，如各类建筑物及其附属设备设施等。

(2)行为。行为是指物业管理法律关系主体行使权利和履行义务的活动，包括作为和不作为，即根据主体之间形成的各种合同、协议等法律文书所进行的物业管理活动。

(3)非物质财富。非物质财富即智力活动成果，如物业服务企业、小区或大厦的荣誉称号等。

3. 物业管理法律关系的内容

物业管理法律关系的内容是指物业管理法律关系的主体所享有的权利(职权、权力)和承担的义务。

在物业管理法律关系的内容中的权利是指物业管理法律关系主体依法具有的，在法律允许的范围、限度内，为实现或维护某种利益，按照自己的意志，自由地做出某种行为、控制他人一定行为和利用国家强制力的能力。一般表现为：业主或使用人可以合法使用物业及其公共配套设施；业主要求物业服务企业提供规定或约定的有关服务；物业服务企业有权要求业主不得擅自占用或损害物业管理区域内物业共用部位和共用设施设备等；权利享有者的权利受到不法侵害时，依法有权要求有关国家机关予以保护。

物业管理法律关系的内容中的义务是指物业管理法律关系的主体依法律规定或合同约定所承担的某种必须履行的责任，即物业管理法律关系的主体按照法定或约定的要求，必须做出或不做出一定行为的责任。一般表现为：业主按时缴纳物业管理费；物业服务企业按物业服务合同承担各项管理和服务工作等；业主或使用人不得损害公共设施、破坏公共环境和秩序等；义务承担者不履行义务时，权利人有权请求有关国家机关强制其履行义务，义务承担者必须承担由此而引起的法律责任。

三、物业管理法律关系的类型

物业管理法律关系的类型有民事性质的法律关系和行政管理性质的法律关系两类。

(1)民事性质的法律关系。这种法律关系在物业管理法律关系中占多数，如业主与物业服务企业之间基于物业服务合同建立起来的服务与被服务的关系。

(2)行政管理性质的法律关系。这种法律关系的主体之间有隶属关系，一方接受另一方的管理。在物业管理活动中，国家行政机关依法行使管理的职权，业主、业主大会和物业服务企业等要服从其管理。

四、物业管理法律关系的产生、变更和消灭

物业管理法律关系的产生是指在物业管理法律关系的主体之间新形成某种法律上的权利、义务关系，如因签订物业服务合同而形成的业主与物业服务企业之间的权利、义务关系。

物业管理法律关系的变更是指物业管理法律关系的主体、客体或内容发生变化。

物业管理法律关系的消灭是指物业管理法律关系主体之间权利和义务的终止，如当物业服务企业与业主的物业服务合同到期后，他们的物业服务合同法律关系即告终止。

第二节 物业管理法制建设

一、物业管理法律法规建设的必要性

1. 保障物业管理市场健康发展

物业管理过程中涉及众多方面的社会关系,如房产管理局与物业服务企业之间的行政管理关系,业主与物业服务企业平等主体之间的民事关系等。通过法律的形式,对物业管理各市场主体的权利和义务进行规范与界定,可以最大限度地减少物业管理中出现的不和谐因素,为物业服务企业市场化运作创造一个良好的法制环境,是保障物业管理市场健康发展的重要前提。

2. 促进房地产领域的改革和发展

随着我国住房制度的改革日益深化,与住宅的建、售、管、用、修等有关的法律关系发生了很多变化,原来的使用者转化为住宅所有人,产生了建筑物区分所有权。如何有效地维护、保障业主的区分所有权,实现其物业管理权,协调众多业主的权利冲突,理顺业主与物业服务企业的关系,是物业管理立法的基本任务之一。

3. 影响居民生活和工作环境

物业管理涉及房屋及房屋附属设施设备维修管理、绿化管理、环境卫生管理、治安保卫、消防管理、社区服务等方面,涉及面广,物业管理服务和经营质量的好坏,影响着居民工作和生活环境的质量。物业管理行业的发展,客观上要求这些活动也应有序化、规范化和法制化,应当建立健全物业管理法律体系,完善物业管理监督体制、管理体制,规范物业管理市场。

二、物业管理法律渊源

法的渊源一般是指形式意义上的渊源,也就是法的效力渊源,主要是各种制定法。物业管理的法律法规的渊源主要有下面几种。

1. 宪法

宪法是我国的根本大法,在我国法的渊源体系中居于核心地位,具有最高的法律效力,是我国全部立法工作的基础、根据和最基本的效力来源,一切法律、法规和其他规范文件都不得与宪法的规定相抵触。

2. 民法典

《中华人民共和国民法典》(以下简称《民法典》)由中华人民共和国第十三届全国人民代表大会第三次会议于2020年5月28日通过,自2021年1月1日起施行。自施行日起,《中华人民共和国婚姻法》《中华人民共和国继承法》《中华人民共和国民法通则》《中华人民共和国收养法》《中华人民共和国担保法》《中华人民共和国合同法》《中华人民共和国物权法》《中华人民共和国侵权责任法》《中华人民共和国民法总则》同时废止。

《民法典》是中国对民事活动中一些共同性问题所作的法律规定，是民法体系中的一般法。《民法典》是为了保护民事主体的合法权益，调整民事关系，维护社会和经济秩序，适应中国特色社会主义发展要求，弘扬社会主义核心价值观，根据宪法而制定。物业管理法律关系中民事法律关系占多数，《民法典》是物业管理活动中最常用的法律规范。

《民法典》中与物业管理关系密切的有以下三个方面：

(1)物权。根据《民法典》，物权受到侵害的，权利人可以通过和解、调解、仲裁、诉讼等途径解决。因物权的归属、内容发生争议的，利害关系人可以请求确认权利。妨害物权或者可能妨害物权的，权利人可以请求排除妨害或者消除危险。造成不动产或者动产毁损的，权利人可以依法请求修理、重作、更换或者恢复原状。侵害物权，造成权利人损害的，权利人可以依法请求损害赔偿，也可以依法请求承担其他民事责任。

(2)所有权。根据《民法典》，所有权人对自己的不动产或者动产，依法享有占有、使用、收益和处分的权利。所有权人有权在自己的不动产或者动产上设立用益物权和担保物权。用益物权人、担保物权人行使权利，不得损害所有权人的权益。所有权具体体现在以下方面：

1)业主的建筑物区分所有权。根据《民法典》，业主对建筑物内的住宅、经营性用房等专有部分享有所有权，对专有部分以外的共有部分享有共有和共同管理的权利。业主对其建筑物专有部分享有占有、使用、收益和处分的权利。业主行使权利不得危及建筑物的安全，不得损害其他业主的合法权益。业主对建筑物专有部分以外的共有部分，享有权利，承担义务；不得以放弃权利为由不履行义务。业主转让建筑物内的住宅、经营性用房，其对共有部分享有的共有和共同管理的权利一并转让。建筑区划内的道路，属于业主共有，但是属于城镇公共道路的除外。建筑区划内的绿地，属于业主共有，但是属于城镇公共绿地或者明示属于个人的除外。建筑区划内的其他公共场所、公用设施和物业服务用房，属于业主共有。建筑区划内，规划用于停放汽车的车位、车库的归属，由当事人通过出售、附赠或者出租等方式约定。占用业主共有的道路或者其他场地用于停放汽车的车位，属于业主共有。建筑物及其附属设施的维修资金，属于业主共有。经业主共同决定，可以用于电梯、屋顶、外墙、无障碍设施等共有部分的维修、更新和改造。建筑物及其附属设施的维修资金的筹集、使用情况应当定期公布。紧急情况下需要维修建筑物及其附属设施的，业主大会或者业主委员会可以依法申请使用建筑物及其附属设施的维修资金。建设单位、物业服务企业或者其他管理人等利用业主的共有部分产生的收入，在扣除合理成本之后，属于业主共有。建筑物及其附属设施的费用分摊、收益分配等事项，有约定的，按照约定；没有约定或者约定不明确的，按照业主专有部分面积所占比例确定。

2)相邻关系。不动产的相邻权利人应当按照有利生产、方便生活、团结互助、公平合理的原则，正确处理相邻关系。不动产权利人应当为相邻权利人用水、排水提供必要的便利；不动产权利人对相邻权利人因通行等必须利用其土地的，应当提供必要的便利。不动产权利人因建造、修缮建筑物以及铺设电线、电缆、水管、暖气和燃气管线等必须利用相邻土地、建筑物的，该土地、建筑物的权利人应当提供必要的便利；不动产权利人挖掘土地、建造建筑物、铺设管线以及安装设备等，不得危及相邻不动产的安全；不动产权利人因用水、排水、通行、铺设管线等利用相邻不动产的，应当尽量避免对相邻的不动产权利人造成损害。

3）共有。不动产或者动产可以由两个以上组织、个人共有；共有包括按份共有和共同共有。按份共有人对共有的不动产或者动产按照其份额享有所有权；共同共有人对共有的不动产或者动产共同享有所有权。共有人按照约定管理共有的不动产或者动产；没有约定或者约定不明确的，各共有人都有管理的权利和义务。处分共有的不动产或者动产以及对共有的不动产或者动产做重大修缮、变更性质或者用途的，应当经占份额三分之二以上的按份共有人或者全体共同共有人同意，但是共有人之间另有约定的除外。共有人对共有物的管理费用以及其他负担，有约定的，按照其约定；没有约定或者约定不明确的，按份共有人按照其份额负担，共同共有人共同负担。

(3) 合同。

1）一般规定。合同是民事主体之间设立、变更、终止民事法律关系的协议。依法成立的合同，受法律保护。依法成立的合同，仅对当事人具有法律约束力，但是法律另有规定的除外。当事人应当按照约定全面履行自己的义务。合同生效后，当事人不得因姓名、名称的变更或者法定代表人、负责人、承办人的变动而不履行合同义务。当事人协商一致，可以变更合同或解除合同。当事人可以约定一方解除合同的事由。解除合同的事由发生时，解除权人可以解除合同。当事人一方不履行合同义务或者履行合同义务不符合约定的，应当承担继续履行、采取补救措施或者赔偿损失等违约责任。

2）物业服务合同。物业服务合同是物业服务人在物业服务区域内，为业主提供建筑物及其附属设施的维修养护、环境卫生和相关秩序的管理维护等物业服务，业主支付物业费的合同。物业服务人包括物业服务企业和其他管理人。物业服务合同的内容一般包括服务事项、服务质量、服务费用的标准和收取办法、维修资金的使用、服务用房的管理和使用、服务期限、服务交接等条款。物业服务人公开做出的有利于业主的服务承诺，为物业服务合同的组成部分。物业服务合同应当采用书面形式。物业服务人应当按照约定和物业的使用性质，妥善维修、养护、清洁、绿化和经营管理物业服务区域内的业主共有部分，维护物业服务区域内的基本秩序，采取合理措施保护业主的人身、财产安全。对物业服务区域内违反有关治安、环保、消防等法律法规的行为，物业服务人应当及时采取合理措施制止、向有关行政主管部门报告并协助处理。物业服务人应当定期将服务的事项、负责人员、质量要求、收费项目、收费标准、履行情况，以及维修资金使用情况、业主共有部分的经营与收益情况等以合理方式向业主公开并向业主大会、业主委员会报告。业主应当按照约定向物业服务人支付物业费。物业服务人已经按照约定和有关规定提供服务的，业主不得以未接受或者无须接受相关物业服务为由拒绝支付物业费。业主违反约定逾期不支付物业费的，物业服务人可以催告其在合理期限内支付；合理期限届满仍不支付的，物业服务人可以提起诉讼或者申请仲裁。物业服务人不得采取停止供电、供水、供热、供燃气等方式催交物业费。业主装饰装修房屋的，应当事先告知物业服务人，遵守物业服务人提示的合理注意事项，并配合其进行必要的现场检查。业主转让、出租物业专有部分、设立居住权或者依法改变共有部分用途的，应当及时将相关情况告知物业服务人。业主依照法定程序共同决定解聘物业服务人的，可以解除物业服务合同。决定解聘的，应当提前60日书面通知物业服务人，但是合同对通知期限另有约定的除外。据前款规定解除合同造成物业服务人损失的，除不可归责于业主的事由外，业主应当赔偿损失。物业服务期限届满前，业主依法共同决定续聘的，应当与原物业服务人在合同期限届满前续订物业服务合同。物业服务期限届满前，物业服务人不同意续聘的，应当在合同期限届满前90日书面通知业主或者业主委员会，但是合同对通知期限另有约定的除外。物业服务合同终止的，原物业服务人应当在约定期限或者合理期限内退出物业服务区域，将物业服务用房、相关设施、物业服务所必需的相关资料等交还给业主委员会、决定自行管理的业主或者其指定的人，配合新物业服务人做好交接工作，并如实告知物业的使用和管理状况。原物业服务人违反前款规定的，不得请求业主支付物业服务合同终止后的物业费；造成业主损失的，应当赔偿损失。物业服务合同终止后，在业主或者业主大会选聘的新物业服务人或者决定自行管理的业主接管之前，原物业服务人应当继续处理物业服务事项，并可以请求业主支付该期间的物业费。

三、物业管理条例

《物业管理条例》是目前我国物业管理方面最高级别的专业法规，是物业管理从业人员执业最直接依赖的法律依据。《物业管理条例》共7章67条，对业主及业主大会、前期物业管理、物业管理服务、物业的使用与维护、法律责任等方面做出了具体规定。《物业管理条例》的颁布实施，为维护物业管理市场秩序、规范物业管理活动、保障业主和物业服务企业的合法权益提供了法律依据，对于促进物业管理行业持续、健康、有序发展，进一步改善人民群众的生活和工作环境具有十分重要的意义。

物业管理条例

四、其他相关法律法规

1. 前期物业管理招标投标管理暂行办法

为了规范物业管理招标投标活动，保护招标投标当事人的合法权益，促进物业管理市场的公平竞争，原建设部制定了《前期物业管理招标投标管理暂行办法》。

《前期物业管理招标投标管理暂行办法》共5章44条，对前期物业管理招标、投标、开标、评标和中标等方面做出了明确的规定。根据《前期物业管理招标投标管理暂行办法》，住宅及同一物业管理区域内非住宅的建设单位，应当通过招标投标的方式选聘具有相应资质的物业服务企业；投标人少于3个或者住宅规模较小的，经物业所在地的区、县人民政府房地产行政主管部门批准，可以采用协议方式选聘具有相应资质的物业服务企业。前期物业管理招标投标应当遵循公开、公平、公正和诚实信用的原则。

2. 物业服务收费管理办法

为规范物业服务收费行为，保障业主和物业管理企业的合法权益，国家发展和改革委员会、原建设部根据《中华人民共和国价格法》和《物业管理条例》，制定了《物业服务收费管理办法》。

根据《物业服务收费管理办法》，物业服务收费应当遵循合理、公开以及费用与服务水平相适应的原则。物业服务收费应当区分不同物业的性质和特点分别实行政府指导价和市场调节价。具体定价形式由省、自治区、直辖市人民政府价格主管部门会同房地产行政主管部门确定。国务院价格主管部门会同国务院建设行政主管部门负责全国物业服务收费的监督管理工作。县级以上地方人民政府价格主管部门会同同级房地产行政主管部门负责本行政区域内物业服务收费的监督管理工作。

3. 住宅专项维修资金管理办法

为了加强对住宅专项维修资金的管理，保障住宅共用部位、共用设施设备的维修和正常使用，维护住宅专项维修资金所有者的合法权益，根据《物业管理条例》等法律及相关行政法规，原建设部、财政部制定了《住宅专项维修资金管理办法》。

《住宅专项维修资金管理办法》共6章44条，对住宅专项维修资金的交存、使用、监督管理、法律责任等做出了明确规定。根据《住宅专项维修资金管理办法》，商品住宅、售后公有住房住宅专项维修资金的交存、使用、管理和监督，适用本办法。本办法所称住宅专项维修资金，是指专项用于住宅共用部位、共用设施设备保修期满后的维修和更新、改造的资金。住宅专项维修资金管理实行专户存储、专款专用、所有权人决策、政府监督的原则。国务院建设主管部门会同国务院财政部门负责全国住宅专项维修资金的指导和监督工作。县级以上地方人民政府建设（房地产）主管部门会同同级财政部门负责本行政区域内住宅专项维修资金的指导和监督工作。

住宅专项维修资金管理办法

第三节 物业管理基本制度

为了规范物业管理活动，维护物业管理当事人的合法权益，以《物业管理条例》为代表的物业管理相关法律法规确立了物业管理基本制度框架。物业管理基本制度是指负责一个物业管理区域的物业管理公司及该物业管理区域的业主或业主大会为保证物业服务质量和物业的正常使用、保值增值所制定的各种规则、章程、程序和办法的总称，是要求有关人员共同遵守的规范和准则。

一、业主大会制度

《物业管理条例》确立了业主大会和业主委员会并存，业主大会决策、业主委员会执行的制度。规定物业管理区域内全体业主组成业主大会，业主大会代表和维护物业管理区域内全体业主的合法权益。同时，明确了业主大会的成立方式、职责、会议形式、表决原则以及议事规则的主要事项，规定了业主委员会的产生方式、委员条件、职责、备案等。业主委员会作为业主大会的执行机构，可以在业主大会的授权范围内就某些物业管理事项做出决定，但重大的物业管理事项的决定只能由业主大会做出。这一制度有利于维护大多数业主的合法权益，保障物业管理活动的顺利进行。为了规范业主大会、业主委员会的运作，加强监督管理，《物业管理条例》规定业主大会和业主委员会应当依法履行职责，不得做出与物业管理无关的决定，不得从事与物业管理无关的活动。

二、管理规约制度

《物业管理条例》确立了管理规约制度，规定管理规约对全体业主具有约束力。规定建设单位应当在销售物业之前，制定临时管理规约，对有关物业的使用、维护、管理，业主的公共利益，业主应当履行的义务，违反规约应当承担的责任等依法做出约定。建设单位制定的临时管理规约，不得侵害物业买受人的合法权益。业主大会有权起草、讨论和修订管理规约，业主大会制定的管理规约生效时，临时规约终止。管理规约是多个业主之间形成的共同意志，是业主共同订立并遵守的行为准则。实行管理规约制度，有利于提高业主的自律意识，预防和减少物业管理纠纷。

三、物业管理招标投标制度

《物业管理条例》突出了推行招标投标对于促进物业管理健康发展的重要作用，提倡业主通过公平、公开、公正的市场竞争机制选择物业服务企业。鼓励建设单位按照房地产开发与物业管理相分离的原则，通过招标投标的方式选聘具有相应资质的物业服务企业，并对住宅物业的建设单位应当通过招标投标的方式选聘具有相应资质的物业服务企业做了明确规定。

四、物业承接验收制度

《物业管理条例》规定物业服务企业承接物业时，应当对物业共用部位、共用设施设备进行查验，物业服务企业承接物业时，应当与建设单位或业主委员会办理物业承接验收手续，建设单位或业主委员会应当向物业服务企业移交有关资料。物业承接验收制度的确立，对明确开发建设单位、业主、物业服务企业的责、权、利，减少物业管理矛盾和纠纷，促进开发建设单位提高建设质量，加强物业建设与管理的衔接等具有重要意义。

五、行业诚信管理制度

《物业管理条例》规定，国务院建设行政主管部门应当会同有关部门建立守信联合激励和失信联合惩戒机制，加强行业诚信管理。政府部门将对物业服务企业的管理纳入整个社会诚信体系建设中。

六、物业管理专业人员职业资格制度

《物业管理条例》规定，从事物业管理的人员应当按照国家有关规定，取得职业资格证书，物业管理从业人员业务能力和素质的高低，直接关系物业的承接验收、维修养护以及物业管理服务水平，直接影响物业的保值、增值，关系到业主的共同利益和社会公共利益。

七、住房专项维修资金制度

《物业管理条例》规定，住宅物业、住宅小区内的非住宅物业或者与单幢住宅楼结构相连的非住宅物业的业主，应当按照国家有关规定缴纳专项维修资金。同时规定，专项维修资金属于业主所有，专项用于物业保修期满后的维修和更新、改造，不得挪作他用。专项维修资金制度，对保证物业共用部位、公用设施设备的维修养护，保证物业的正常使用，维护全体业主的合法权益起到重要作用。

第四节　物业管理法律责任

物业管理法律责任是指违法行为人对自己实施的违反物业管理法律规范的行为而必须承担的法律后果。根据物业管理违法行为的性质和危害程度，可以将物业管理法律责任分为民事责任、行政责任和刑事责任三种。

一、民事责任

物业管理民事责任是指民事主体因违反合同义务或法定民事义务所应承担的应当给予民事制裁的法律后果，主要包括违约责任和侵权责任。

违约责任是指在物业管理活动中，当事人一方不履行合同义务或者履行合同义务不符合约定的，依法应当承担的继续履行、采取补救措施或者赔偿损失等财产性法律责任。物业管理活动是建立在物业服务合同和管理规约基础上的，因而违约责任是物业管理活动最常见的法律责任。物业管理活动中，产生违约行为的情形主要有：开发商未按销售合同规定的期限和质量交付物业；物业服务企业未按物业服务合同约定的内容为业主提供服务；业主没有履行服务合同约定的义务等。

侵权责任是指在物业管理活动中，民事主体因违法实施侵犯国家、集体、公民的财产权和公民人事权的行为而依法承受的不利性民事法律后果。物业管理活动中，产生侵权责任的情形主要有：因房屋建筑质量不合格而产生的侵权责任；因物业维修施工而产生的侵权责任；因违反相邻关系义务而产生的侵权责任；因物业管理人员违法履行职务而产生的法律责任。

承担民事责任的主要方式有停止侵害、排除妨碍、消除危险、恢复原状、修复或更换、赔偿损失、消除影响、恢复名誉、赔礼道歉等。以上承担民事责任的方式，可以单独使用，也可以合并使用。

二、行政责任

行政责任是指物业管理行政主体和物业管理行政相对人的行为违反物业管理行政法律或者不履行行政法律义务而必须依法承担的行政法律后果。产生物业管理行政责任的主要情形有：非法买卖、租赁物业的行为；不具备从事物业管理能力而从事物业管理活动的行为；物业管理人员妨碍执行公务的行为；物业服务企业员工拒绝或阻碍业主及业主委员会对物业管理工作实施正常监督的行为；物业服务企业的渎职行为；物业服务企业采用不正当或违法手段获取经营利益的行为等。

承担行政责任的方式主要有以下两类：

(1)行政处分，是指单位对其工作人员违反行政法规或组织纪律的行为实施的制裁，主要包括警告、记过、降职、降薪、撤职、留用察看、开除等。

(2)行政处罚，是指对公民、法人违反行政管理法律法规的行为所实施的制裁，主要包括警告，罚款，没收违法所得，没收非法财物，责令停产停业，暂扣或者吊销许可证、执照，行政拘留，法律、行政法规规定的其他行政处罚。

三、刑事责任

刑事责任是行为人违反刑法的规定、实施犯罪行为所应承担的法律责任，由国家审判机关依法给予行为人相应的刑事制裁。它是制裁类型中最为严厉的一种。刑事处罚的方式有以下两种：

(1)主刑，包括管制、拘役、有期徒刑、无期徒刑和死刑。

(2)附加刑，包括罚金、没收财产和剥夺政治权利。

本章小结

本章主要介绍了物业管理法律关系，物业管理法律渊源、物业管理条例以及其他相关法律法规，物业管理基本制度，包括业主大会制度、管理规约制度、物业管理招标投标制度、物业承接验收制度、行业诚信管理制度、物业管理专业人员职业资格制度、住房专项维修资金制度，物业管理的民事责任、行政责任、刑事责任等。通过本章的学习，应对物业管理所涉基本的法律法规有基本的认知，能在实际工作中正确运用各种规章制度，并明白触犯法律需要承担哪些法律责任。

思考与练习

一、填空题

1. 物业管理法律关系的类型有_____和_____两类。
2. _____是目前我国物业管理方面最高级别的专业法规,是物业管理从业人员执业最直接依赖的法律依据。
3. 根据《民法典》,业主对建筑物内的住宅、经营性用房等专有部分享有_____,对专有部分以外的共有部分享有_____的权利。
4. 处分共有的不动产或者动产以及对共有的不动产或者动产作重大修缮、变更性质或者用途的,应当经占份额_____的按份共有人或者全体共同共有人同意,但是共有人之间另有约定的除外。
5. 《物业管理条例》规定,国务院建设行政主管部门应当会同有关部门建立_____和_____机制,加强行业诚信管理。
6. 根据物业管理违法行为的性质和危害程度,可以将物业管理法律责任分为_____、_____和_____三种。

二、简答题

1. 简述物业管理法律关系的三要素。
2. 简述业主大会制度。
3. 简述物业管理的民事责任。
4. 简述物业管理的行政责任。
5. 承担物业管理行政责任的方式有哪些?

第三章　物业管理机构

知识目标

通过本章的学习，了解物业服务企业的概念、性质、类型、设立，业主和物业使用人的概念，业主大会的概念、特点、职责、筹备与成立，业主委员会的性质、职业、成立与备案，业主委员会会议；理解临时管理规约和管理规约，物业服务企业与其他相关部门和机构的关系；掌握物业服务企业的权利与义务，物业服务企业组织机构设置，业主的权利和义务，物业服务企业品牌建设的途径，物业服务企业从业人员的专业素质、职业道德和培训。

能力目标

能够在实践中进行物业服务企业机构的设置，初步具备物业服务企业从业人员的素质与能力，具备按相应的程序设立业主大会、按规定的条件组织选取业主委员会委员的能力。

第一节　物业服务企业

一、物业服务企业的概念

物业服务企业是指按照法定的条件与程序设立、登记备案、申领物业管理资质等级证书，从事与其资质等级相符的物业管理经营服务活动，专门从事永久性建筑物、附属设备设施等物业以及相关环境管理工作，为业主和非业主使用人提供良好的生活或工作环境，具有独立的企业法人地位的经济实体。物业服务企业必须依法设立，具有物业管理资格，根据物业服务合同的约定为业主提供物业服务。

二、物业服务企业的性质

1. 专业性

物业服务企业是以物业服务业务为主业的组织，围绕物业服务主业设置科学、健全的内部机构，配备水、电、空调、电梯、消防、安保、绿化、清洁、财务等专业人才，装备物业服务专业工具，以保证物业服务的质量和经营的效率。

2. 服务性

物业服务企业的社会角色是为业主管好物业，使其保值、增值，并使物业得到充分利用，为业主和物业使用人提供各种服务。

3. 营利性

物业服务企业是营利性组织。物业服务企业与从事物业服务活动的非营利组织不同，也不同于传统的政府房地产物业管理机构，它遵循市场经济的等价交换原则，以服务经营收入来补偿支出，并取得一定的盈利，从而生存和发展。盈利是物业服务企业的基本原则和目标。

4. 独立性

物业服务企业是按照法定条件和程序设立，具有独立法人资格的企业组织，有独立的组织和独立的财产，能够独立地进行经营管理并以自己的名义享有权利、履行义务，独立地承担责任。

三、物业服务企业的类型

1. 按存在形式划分

按存在形式划分，物业服务企业分为独立的物业服务企业和附属于房地产开发公司的物业服务企业。目前，这两类物业服务企业都比较普遍。前者的独立性和专业化程度一般都比较高；而后者的发展程度则明显参差不齐，有的只是管理母公司（房地产开发公司）开发的项目，有的已发展成独立化、专业化和社会化的物业服务企业。

2. 按服务范围划分

按服务范围划分，物业服务企业分为综合性物业服务企业和专门性物业服务企业。前者提供全方位、综合性的管理与服务，包括对物业产权产籍管理、维修与养护以及为住户提供公共秩序维护、绿化、清洁等服务；后者只就物业管理的某一部分内容实行专业化管理，如专门的装修公司、设施设备维修公司、清洗公司、保安公司等。

3. 按管理层次划分

按管理层次划分，物业服务企业可分为一个管理层的物业服务企业、两个管理层的物业服务企业和三个管理层的物业服务企业。

（1）一个管理层的物业服务企业纯粹由管理人员组成，人员精干，不带作业工人，而是通过承包方式，把具体的作业交给专门性物业服务企业或其他作业队伍，由它们实施具体操作业务。

（2）两个管理层的物业服务企业包括行政管理层和作业层，作业层实施具体的业务管理，如房屋维修、清洁、装修、服务性活动等。

（3）三个管理层的物业服务企业一般规模较大，管理范围较广，企业有自己的分公司，而分公司又有作业层和行政管理层。

4. 按股东出资形式划分

按股东出资形式划分，物业服务企业可分为有限责任公司、股份有限公司、股份合作公司三种。

(1)有限责任公司。由2个以上、50个以下股东共同出资,并以其出资额为限,对公司承担责任。公司以其全部资本对其债务承担责任。目前大部分物业服务企业属于这种形式。

(2)股份有限公司。由5～200人发起成立,全部资本为等额股份,每个股东以其所持有的股份对公司承担责任。公司以其全部资产对其债务承担责任,但这种形式目前较少。

(3)股份合作公司。职工股东不得少于8人,是自愿组织、自愿合作、自愿参股、自负盈亏、按劳分配、按股分红,企业以其全部资产对企业债务承担责任的企业法人。股东一般可以成为企业员工,股东订立合作经营章程,按其股份或劳动享有权利、承担义务,公司以其全部资产对其债务承担责任。

5. 按所有制性质划分

按所有制性质划分,物业服务企业可分为全民、集体、私营、联营、三资等企业。

(1)全民物业服务企业即国有物业服务企业,是指资产属于国家所有,并由国家按照所有权与经营权相分离的原则,授予公司经营管理权的物业服务企业。

(2)集体所有物业服务企业是指资产属于部分劳动者所有的物业服务企业。

(3)私营物业服务企业是指资产属于私人投资者所有的物业服务企业。

(4)联营物业服务企业是指企业之间或企业、事业单位之间联营,组成新的经营实体,取得法人资格。

(5)三资物业服务企业是指依照中国有关法律在中国境内设置的全部资本由外国投资的企业;外国公司、企业和其他经济组织或个人经中国政府批准在中国境内,同中国的公司企业或其他经济组织共同举办的合资经营企业,或举办的中外合作经营企业。

6. 按经营服务方式划分

按经营服务方式划分,物业服务企业的类型如下:

(1)委托服务型物业服务企业。该类企业接受多个产权人的委托,管理着若干物业乃至整个小区,其物业所有权和经营权是相分离的。

(2)自主经营型物业服务企业。该类企业受上级公司指派,管理着其自主开发的物业。物业产权属于上级公司或该类企业,并通过经营收取租金、获取利润,其物业所有权和经营权是相统一的。

7. 按内部运作方式划分

按内部运作方式划分,物业服务企业的类型如下:

(1)管理型物业服务企业。这种企业除主要领导人和各专业管理部门的业务骨干外,其他如保安、清洁、绿化等各项服务,往往通过合同形式交由社会上的专业化公司承担,这类公司的人员人数适中、办事精干。

(2)顾问型物业服务企业。这种企业由少量具有丰富物业管理经验的人员组成,不具体承担物业管理工作,而是以顾问的形式出现,收取顾问费,这类公司的人员少、素质高。

(3)综合型物业服务企业。这种企业不仅直接接手物业,从事管理工作,还提供顾问服务,适应性强。

8. 按是否具有法人资格划分

按是否具有法人资格划分，物业服务企业的类型如下：
(1)具有企业法人资格的物业管理专营公司或综合公司。
(2)具有以其他项目为主，兼营物业管理而不具备企业法人资格的物业管理部。

四、物业服务企业的权利与义务

1. 物业服务企业的权利

(1)根据有关法规结合实际情况，制定物业管理办法。物业服务企业应当根据有关法律法规，物业服务合同和物业管理区域内物业共用部位和共用设施设备的使用、公共秩序和环境卫生的维护等方面的规章制度，结合实际情况，制定管理办法。

(2)依据物业管理委托合同和管理办法对物业实施管理。物业管理委托合同中明确规定了管理项目和管理的内容，物业服务企业有权根据合同中有关条款的规定，通过管理办法对物业实施具体管理。

(3)依照物业管理委托合同和有关规定收取管理费。在物业管理委托合同中，一般就物业管理费做出了明确规定，物业服务企业将以物业管理委托合同为依据，向业主和物业使用人收取物业管理服务费。

(4)有权制止违反规章制度的行为。物业服务企业虽然不是执法机构，但是为了保障业主和物业使用人的合法权益，业主大会根据通过的业主公约和物业管理委托合同，授权物业服务企业具有制止业主和物业使用人违反规章制度行为的权利。

(5)有权要求业主委员会协助管理。业主委员会和物业服务企业是物业管理委托合同签约的双方，总的目标都是要设法把物业管理好。因此，需要相互配合，在有些问题上，物业服务企业有权要求业主委员会协助。如物业服务企业按规定收费，个别人无故拒绝缴纳，则物业服务企业有权要求业主委员会协助收缴。

(6)有权选聘专业公司承担专项管理业务。在物业管理过程中，对一些专项管理和服务(如保洁、保安、维修)，物业服务企业可以自己设置部门从事这方面的工作，也可以选聘专业公司负责。当然，不得将整体管理责任及利益转让给其他人或单位，不得将专项业务承包给个人。选聘专业公司的权利应当属于物业服务企业，这样做便于物业服务企业统一管理。

(7)可以实行多种经营，以其收益补充管理经费。对于商业楼宇或高档别墅，管理费收费标准较高。但住宅小区居民对管理费承受能力有限，因此，管理费收费标准较低，不能满足管理经费的支出。物业服务企业为了补充管理经费不足，有权实行多种经营。但是，实行多种经营不得损害业主的合法权益。

2. 物业服务企业的义务

(1)履行物业管理委托合同，依法经营。物业服务企业在日常管理工作中，必须按合同的要求进行管理，达到合同规定的各项服务标准。特别是多种经营时，一定要依法经营。

(2)接受业主委员会和业主及使用人的监督。物业服务企业的主要职责是：既对业主及使用人提供全方位服务，又对物业进行管理。要想实现这一目标，就要接受业主及物业使用人及其代表——业主委员会的监督。

（3）重大管理措施应提交业主委员会审议批准。有关物业管理的重大措施，物业服务企业无权自行决定。物业服务企业应将制定措施的报告提交业主委员会审议，获得通过后方可实施。

（4）接受行政主管部门监督指导。根据对物业管理实行属地管理和行业管理相结合的原则，物业服务企业应当接受物业管理行政主管部门及有关政府部门的监督和指导。

（5）至少每6个月向全体业主公布一次管理费收支账目。

（6）提供优良生活环境，搞好社区文化。对于商业楼，主要应提供良好的工作环境；而对于居住区，则应提供良好的生活环境，搞好生活服务，致力于开展社区文化活动。

（7）发现违法行为要及时向有关行政管理机关报告。物业服务企业不是国家执法机构，它只能约束业主和使用人因居住活动而引发的一些行为。物业服务企业对业主和使用人的其他违法行为无权干涉和无法追究时，有义务向有关行政管理机关报告并协助采取措施制止或追究。

（8）物业管理委托合同终止，业主大会选聘了新的物业服务企业时，物业服务企业之间要做好交接工作。同时，业主委员会有权指定专业审计机构对物业管理财务状况进行审计。

五、物业服务企业的设立

根据《中华人民共和国公司法》（以下简称《公司法》）的规定，企业设立须向工商管理部门进行注册登记，在领取营业执照后，方可开业。因此，物业服务企业在营业前必须到工商管理部门注册登记。登记手续与其他企业相同。

（1）企业名称预先审核。物业服务企业可结合行业特点，根据所管理物业的名称、地域、公司发起人等取名，但在起名时，必须符合《公司法》的有关规定。根据公司登记管理的有关规定，物业服务企业应当由全体股东或发起人指定的代表或委托的代理人申请企业名称的预先核准，经工商行政管理部门批准后，获得《企业名称预先核准通知书》。

（2）公司住所。对企业法人的住所进行登记，其主要目的是界定行政管辖和诉讼管辖。物业服务企业应以其主要的办事机构所在地作为公司的地址。

（3）注册资本金。《公司法》规定，科技开发、咨询、服务性有限责任公司最低限额的注册资本为10万元，物业服务企业作为服务性企业应符合此规定。同时，考虑到企业注册后即应办理物业服务企业资质证书，因此，注册资本还应符合各资质等级关于注册资本的规定。

（4）法定代表人。法定代表人是指依法律或法人章程规定代表法人行使职权的负责人。企业法定代表人在国家法律、法规以及企业章程规定的职权范围内行使职权、履行义务，代表企业参加民事活动，对企业的生产经营和管理全面负责，并接受本企业全体成员和有关机关的监督。

（5）公司人员。物业服务企业的人数和从业资格应该符合相关法规的要求。

（6）公司章程。物业服务企业章程是明确企业宗旨、性质、资金、业务、经营规模、组织机构以及利益分配、债权债务、内部管理等内容的重要法律文件，是设立企业的最重要的基础条件之一。

企业章程的内容因企业性质和业务的实际情况不同而有所不同，主要包括下列内容：
1)总则、公司名称和地址等。
2)企业的经营范围。
3)公司注册资本。
4)股东的姓名或名称。
5)股东的权利和义务。
6)股东的出资方式和出资额，股东转让出资的条件。
7)公司的机构及产生办法、职权、议事规则。
8)公司的法定代表人。
9)公司解散事由和清算办法。
10)职工录用方式、待遇、管理办法。
11)企业的各种规章制度。

六、物业服务企业组织机构设置

(一)物业服务企业设置要求

1. 体现服务宗旨

物业服务企业是专门从事物业管理与服务的服务性企业，企业组织机构设置必须体现企业的服务宗旨。

2. 发挥员工潜能

物业服务企业进行物业管理和多种经营活动都是依靠每个职员来实现的，因此，组织机构的设置必须能够充分发挥企业里每个职员的智慧。既要有利于调动每个职员的积极性，又不能脱离实际，使职员无法达到要求。

3. 促进内部关系协调

物业服务企业是一个由人、财、物、技术、信息等要素和子系统组成的开放系统，这种系统能否最大限度地发挥出整体功能，有赖于系统内各要素的协调配合。因此，组织机构的设置必须保证公司内部各种关系的协调。

4. 保障效率与效益

物业服务企业在发挥其功能时，必须以最少的投入获取最好的经济效益、社会效益和环境效益。在进行机构设置时应根据所管物业的规模、特点灵活设置，要职责在先、组织在后，岗位在先、配人在后，最大限度减少冗员，使企业的人力、物力、财力资源得到优化高效的配置，建立一个以最少人力资源而能达到最高运作的组织机构。

(二)物业服务企业设置原则

1. 因事设职原则

组织设计的根本目的是保证组织目标的实现，使目标活动的每项内容都落实到具体的岗位和部门,即"事事有人做",而非"人人有事做"。因此,在组织设计中,逻辑性的要求首先考虑工作的特点和需要,要求因事设职,因职用人。

2. 分工协作原则

分工协作是社会发展进步的标志,它不仅能提高劳动生产率,而且能发挥整体效益。物业服务企业能否最大限度地发挥出整体效益,取决于组织机构的专业分工与相互协调。企业总的目标如能分层次落实到各个部门,使之各司其职、相互协作,目标也就不难实现了。

3. 统一领导与层次管理原则

通过管理层(职能部门)与作业层(专业班组)的两层分离,做到"人事相宜",组织全体员工为业主和使用人提供全方位的服务,同时,实现职责、权利与利益的统一,建立有效的企业激励、制约机制。

4. 责权对应原则

组织中每个部门的职务都必须完成规定的工作。在委以责任的同时,必须委以自主完成任务所必需的权利,即相应的取得和利用人力、物力、财力以及信息等工作条件的权利。所委以的权利不可太大,也不可太小,必须与职责相适应。有责无权会束缚管理人员的积极性和主动性,而且使责任制度形同虚设,最后无法完成任务;而有权无责必然助长了瞎指挥和官僚主义。

5. 统一指挥原则

一个人同时接受两个以上领导的命令,必然会造成混乱和无所适从,因此,一个下级只能接受一个上级的直接领导,避免出现多头领导、多重命令的现象。这一原则对指导实践具有重要意义。

6. 有效管理幅度原则

在处理管理幅度与管理层级的关系时,一般情况下应尽量减少管理层级,尽可能地扩大管理幅度。否则,管理层级多了,人员和费用也多了,会影响公司的经营效率。但是,有效管理幅度必须考虑到机构特性、管理内容、人员能力以及组织机构的健全程度等因素,管理幅度过大同样也会影响公司的经营效率。

(三)物业服务企业组织机构的类型

物业服务企业组织机构的基本类型一般有直线制、直线职能制、事业部制、矩阵制四种形式。

1. 直线制

直线制是最简单的企业管理模式,其管理框架如图2-1所示。采用这种类型的物业服务企业一般都是小型的专业化物业服务企业,以作业性工作为主,如专门的保洁公司、保安公司、维修公司等。这些公司下设专门的作业组,由经理直接指挥。在国外很多委托代理型的物业服务企业也采用类似的组织机构形式。

直线制的特点是企业的各级组织机构从上到下实行垂直领导,各级主管人员对所属单位的一切问题负责,不设专门职能机构,只设职能管理人员协助主管人员工作。

直线制的优点是机构简单、权力统一；其缺点是对领导者的要求比较高，要通晓多种专门知识，亲自处理许多具体业务。

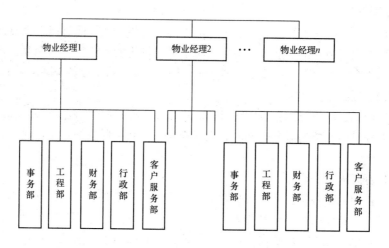

图 2-1　直线制物业服务企业组织形式

2. 直线职能制

直线职能制又称为直线参谋制，它是在直线制的基础上吸收职能制组织结构的长处，在各级均设置了相应的职能部门，从事各项专业管理活动，但各职能部门没有直接向下发布命令的权力，其架构如图 2-2 所示。

直线职能制组织机构形式很常见，一般的大、中型物业服务企业都采用这种组织形

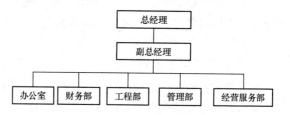

图 2-2　直线职能制物业服务企业组织形式

式。这种组织形式的优点是：既能发挥职能机构专业管理的作用，又便于领导统一指挥；其缺点是：下级缺乏必要的自主权；各个职能部门之间缺乏横向联系，容易产生脱节和矛盾；信息反馈速度较慢，对环境的敏感度较差。

3. 事业部制

事业部制又称为分权组织或部门化结构，其架构如图 2-3 所示，它是按产品大类划分组织事业部，各事业部实行集中决策、分级经营、单独核算。事业部制适用于规模巨大、管理内容多样、管理范围较分散的物业公司或集团组织机构的设置，尤其适用于既搞物业管理，又从事多种经营且内容广泛、规模巨大的物业服务企业。

物业服务企业的组织机构设置是企业战略管理的重要组成部分，应该从实际需要出发，充分考虑企业的特点。目前，许多物业服务企业都采用决策层（总经理）、管理层（职能部门）和管

理处(项目部)等三个层级的组织形式。

事业部制的优点是：各事业部在允许范围内独立经营，提高了管理的灵活性和对市场竞争的适应性；有利于公司最高管理者摆脱日常管理工作，专心进行公司的战略决策、长期规划和非程序化决策；有利于调动各事业部的积极性和创造性；有利于公司新业务的开发，提高物业管理的专业化管理水平和服务水平。其缺点是机构重叠、管理人员浪费，易造成事业部之间的本位主义，影响事业部之间的合作。

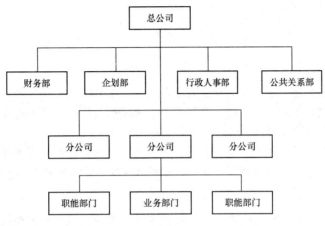

图 2-3　事业部制物业服务企业组织形式

4. 矩阵制

矩阵制是由职能部门与专业或项目组相互配合所形成的组织形态，这种组织结构因形同矩阵而得名，其管理架构如图 2-4 所示，这种组织形式对专业性较强的物业服务企业来说比较适用。

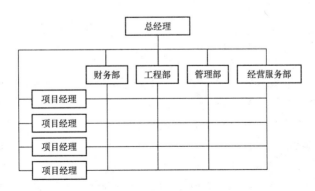

图 2-4　矩阵制组织形式

矩阵制组织结构的优点是：加强了各职能部门之间的横向联系；有利于将具备各种专业知识和技能的人员结合起来，充分利用人力资源，有利于调动各方面工作的积极性，解决处理复杂问题，具有较强的机动性和适应性。

第二节　业主、业主大会和业主委员会

一、业主

(一)业主的概念

《物业管理条例》规定：房屋的所有权人为业主。由于我国实行房屋所有权与土地使用权归属同一个主体的原则，拥有了房屋的所有权在事实上就拥有了与房屋相配套的设备、设施和相关场地的相关权利。这一点在《民法典》中体现得特别明确。

现实物业管理中，具备业主身份的情况有三种：一是房屋所有权证书持有人；二是房屋共有权证书持有人；三是待领房屋所有权证书和房屋共有权证书的购房人。

(二)物业使用人

物业使用人是指不具有物业的所有权，但对物业享有使用权，并依照法律和物业服务合同约定能够行使物业部分权利的人。物业使用人包括承租人和实际使用物业的其他人。

《物业管理条例》规定：物业使用人在物业管理活动中的权利、义务由业主和物业使用人约定，但不得违反法律、法规和管理规约的有关规定。物业使用人违反本条例和管理规约的规定，有关业主应当承担连带责任。

(三)业主的权利和义务

1. 业主的权利

我国《物业管理条例》规定，业主在物业管理活动中，享有下列权利：

(1)按照物业服务合同的约定，接受物业服务企业提供的服务。
(2)提议召开业主大会，并就物业管理的有关事项提出建议。
(3)提出制定和修改管理规约、业主大会议事规则的建议。
(4)参加业主大会会议，行使投票权。
(5)选举业主委员会委员，并享有被选举权。
(6)监督业主委员会的工作。
(7)监督物业服务企业履行物业服务合同。
(8)对物业共用部位、共有设施设备和相关场地使用情况享有知情权和监督权。
(9)监督物业共用部位、共用设施设备专项维修资金(以下简称为专项维修资金)的管理和使用。

(10)法律、法规规定的其他权利。法律、法规规定的其他权利,包括业主有选聘、续聘和解聘物业服务企业的权利。

2. 业主的义务

根据《物业管理条例》第七条的规定,业主在物业管理活动中,应履行下列义务:

(1)遵守管理规约、业主大会议事规则。管理规约是有关物业使用、维护、管理及公共利益等方面的行为准则,是实行物业管理的基础和基本准则。因此,全体业主都有遵守的义务。业主大会议事规则是就业主大会的议事方法、表决程序、业主投票权的确定、业主委员会的组成和任期等事项所做的约定,是实施物业管理的重要规章制度。因此,全体业主也有遵守的义务。

(2)遵守物业管理区域内物业共用部位和共用设施设备的使用、公共秩序和环境卫生的维护等方面的规章制度。

(3)执行业主大会的决定和业主大会授权业主委员会做出的决定。业主大会的民事行为应当由组成业主大会的全体业主共同承担。业主大会的决定对物业管理区域内的全体业主都具有约束力,每一位业主(包括投票时投反对票和弃权票的业主)都必须执行业主大会做出的决定。业主委员会是业主大会的执行机构,执行业主大会授权业主委员会所做的决定是业主最基本的义务,也是维护业主自身利益的基本要求。

(4)按照国家有关规定交纳专项维修资金。要确保物业共用部位、共用设施设备的正常使用,发生毁损及时得到维修,避免其加速老化和毁损,就必须保证各项维修资金和根据业主大会的决定分摊的费用能够及时到位。因此,业主按时和按规定交纳专项维修资金以及按规定分摊的费用,是业主的基本义务。

(5)按时交纳物业服务费。物业服务费是维持建筑正常使用和运行保养,以及物业管理区域内的治安、保洁等服务的费用。因此,业主要按时交纳物业服务费,保证物业服务费用及时到位,使物业得到及时的保养和维修。

(6)法律、法规规定的其他义务。其主要包括业主应当接受并服从业主委员会、物业服务企业的管理和服务的义务。业主委员会是通过全体业主民主选举产生的,因此,业主有服从业主委员会管理的义务。同时接受物业服务企业的正常、合理、合法的管理,物业服务企业是通过业主大会选聘的,已在物业服务合同中明确规定。反之,如果业主不服从物业服务企业的管理,就必须承担违反物业服务合同的违约责任。

二、业主大会

(一)业主大会的概念

业主大会是业主参与物业管理活动的组织形式,由物业管理区域内全体业主组成。业主大会代表和维护物业管理区域内全体业主在物业管理活动中的合法权益,有权依据法律法规的规定和管理规约的约定,决定物业管理区域内一切物业管理事项。物业管理区域内的任何业主,都必须遵守业主大会制定的管理规约和业主大会议事规则,遵守业主大会制定的各项规章制度,并执行业主大会做出的决定。

(二)业主大会的特点

1. 业主大会是民主性的组织

业主大会的全体成员地位一律平等，不存在领导与被领导的关系，所有业主都可以根据自己的意志发表建议，提出看法、意见等。

2. 业主大会是自治性的组织

业主是物业所有权人，作为物业管理区域内的一分子，有权参与物业活动的管理。这种管理是通过业主大会行使的，是自我管理、自我服务、自我协商、自我约束，不受外部人员的非法干涉。

3. 业主大会是代表性的组织

业主大会应当代表全体业主在物业管理中的合法权益，它所做出的决议应当能够反映和维护全体业主的共同利益，而不是某一部分人或个人的利益。

业主大会不同于地方政府所设立的专门负责辖区内物业管理工作的行政部门，前者是一种自治、自助机构，后者是行政性的管理机构，起指导作用。业主大会具有自己特有的性质、宗旨、组成和运作机制，具有独立性和不可替代性。

(三)业主大会的职责

依据《物业管理条例》的规定，业主大会的职责主要有：

(1)制定和修改业主大会议事规则。

(2)制定和修改管理规约。

(3)选举业主委员会委员或者更换业主委员会成员。

(4)选聘和解聘物业服务企业。

(5)筹集和使用专项维修资金。

(6)改建、重建建筑物及其附属设施。

(7)有关共有和共同管理权利的其他重大事项。

(四)业主大会的筹备与成立

1. 成立业主大会的要求

一个物业管理区域成立一个业主大会。物业管理区域的划分应当考虑物业的共用设施设备、建筑物规模、社区建设等因素。具体办法由省、自治区、直辖市制定。同一个物业管理区域内的业主，应当在物业所在地的区、县人民政府房地产行政主管部门或者街道办事处、乡镇人民政府的指导下成立业主大会，选举产生业主委员会。但是，在只有一个业主的，或者业主人数较少且经全体业主一致同意，决定不成立业主大会的，由业主共同履行业主大会、业主委员会职责。

2. 业主大会的筹备

根据《业主大会和业主委员会指导规则》，物业管理区域内，已交付的专有部分面积超过建筑物总面积50%时，建设单位应当按照物业所在地的区、县房地产行政主管部门或者街道办事处、乡镇人民政府的要求，及时报送下列筹备首次业主大会会议所需的文件资料：

(1)物业管理区域证明。
(2)房屋及建筑物面积清册。
(3)业主名册。
(4)建筑规划总平面图。
(5)交付使用共用设施设备的证明。
(6)物业服务用房配置证明。
(7)其他有关的文件资料。

符合成立业主大会条件的，区、县房地产行政主管部门或者街道办事处、乡镇人民政府应当在收到业主提出筹备业主大会书面申请后60日内，负责组织、指导成立首次业主大会会议筹备组。首次业主大会会议筹备组由业主代表、建设单位代表、街道办事处、乡镇人民政府代表和居民委员会代表组成。筹备组成员人数应为单数，其中业主代表人数不低于筹备组总人数的一半，筹备组组长由街道办事处、乡镇人民政府代表担任。筹备组中业主代表的产生，由街道办事处、乡镇人民政府或者居民委员会组织业主推荐。筹备组应当将成员名单以书面形式在物业管理区域内公告。业主对筹备组成员有异议的，由街道办事处、乡镇人民政府协调解决。建设单位和物业服务企业应当配合协助筹备组开展工作。

筹备组应当做好以下筹备工作：
(1)确认并公示业主身份、业主人数以及所拥有的专有部分面积。
(2)确定首次业主大会会议召开的时间、地点、形式和内容。
(3)草拟管理规约、业主大会议事规则。
(4)依法确定首次业主大会会议表决规则。
(5)制定业主委员会委员候选人产生办法，确定业主委员会委员候选人名单。
(6)制定业主委员会选举办法。
(7)完成召开首次业主大会会议的其他准备工作。

上述内容应当在首次业主大会会议召开15日前以书面形式在物业管理区域内公告。业主对公告内容有异议的，筹备组应当记录并做出答复。

业主委员会委员候选人由业主推荐或者自荐。筹备组应当核查参选人的资格，根据物业规模、物权份额、委员的代表性和广泛性等因素，确定业主委员会委员候选人名单。业主的投票权数由专有部分面积和业主人数确定。筹备组应当自组成之日起90日内完成筹备工作，组织召开首次业主大会会议。业主大会自首次业主大会会议表决通过管理规约、业主大会议事规则，并选举产生业主委员会之日起成立。

3. 业主大会议事规则

业主大会议事规则应当对下列主要事项做出规定：
(1)业主大会名称及相应的物业管理区域。

(2)业主委员会的职责。
(3)业主委员会议事规则。
(4)业主大会会议召开的形式、时间和议事方式。
(5)业主投票权数的确定方法。
(6)业主代表的产生方式。
(7)业主大会会议的表决程序。
(8)业主委员会委员的资格、人数和任期等。
(9)业主委员会换届程序、补选办法等。
(10)业主大会、业主委员会工作经费的筹集、使用和管理。
(11)业主大会、业主委员会印章的使用和管理。

4. 业主大会活动规则

业主大会会议分为定期会议和临时会议。业主大会定期会议应当按照业主大会议事规则的规定由业主委员会组织召开。有下列情况之一的,业主委员会应当及时组织召开业主大会临时会议:

(1)经专有部分占建筑物总面积20％以上且占总人数20％以上业主提议的。
(2)发生重大事故或者紧急事件需要及时处理的。
(3)业主大会议事规则或者管理规约规定的其他情况。

业主大会会议可以采用集体讨论的形式,也可以采用书面征求意见的形式;但应当有物业管理区域内专有部分占建筑物总面积过半数的业主且占总人数过半数的业主参加。采用书面征求意见形式的,应当将征求意见书送交每一位业主;无法送达的,应当在物业管理区域内公告。凡需投票表决的,表决意见应由业主本人签名。

业主大会确定业主投票权数,可以按照下列方法认定专有部分面积和建筑物总面积:

(1)专有部分面积按照不动产登记簿记载的面积计算;尚未进行登记的,暂按测绘机构的实测面积计算;尚未进行实测的,暂按房屋买卖合同记载的面积计算。
(2)建筑物总面积,按照前项的统计总和计算。

业主大会确定业主投票权数,可以按照下列方法认定业主人数和总人数:

(1)业主人数,按照专有部分的数量计算,一个专有部分按一人计算。但建设单位尚未出售和虽已出售但尚未交付的部分,以及同一买受人拥有一个以上专有部分的,按一人计算。
(2)总人数,按照前项的统计总和计算。

业主大会应当在业主大会议事规则中约定车位、摊位等特定空间是否计入用于确定业主投票权数的专有部分面积。一个专有部分有两个以上所有权人的,应当推选一人行使表决权,但共有人所代表的业主人数为一人。业主为无民事行为能力人或者限制民事行为能力人的,由其法定监护人行使投票权。业主因故不能参加业主大会会议的,可以书面委托代理人参加业主大会会议。未参与表决的业主,其投票权数是否可以计入已表决的多数票,由管理规约或者业主大会议事规则规定。

物业管理区域内业主人数较多的，可以以幢、单元、楼层为单位，推选一名业主代表参加业主大会会议，推选及表决办法应当在业主大会议事规则中规定。业主可以书面委托的形式，约定由其推选的业主代表在一定期限内代其行使共同管理权，具体委托内容、期限、权限和程序由业主大会议事规则规定。

业主大会会议决定筹集和使用专项维修资金以及改造、重建建筑物及其附属设施的，应当经专有部分占建筑物总面积 2/3 以上的业主且占总人数 2/3 以上的业主同意；决定其他共有和共同管理权利事项的，应当经专有部分占建筑物总面积过半数且占总人数过半数的业主同意。

业主大会会议应当由业主委员会做出书面记录并存档。业主大会的决定应当以书面形式在物业管理区域内及时公告。

业主大会、业主委员会做出的决定违反法律、法规的，物业所在地的区、县人民政府房地产行政主管部门或者街道办事处、乡镇人民政府，应当责令限期改正或者撤销其决定，并通告全体业主。

三、业主委员会

(一)业主委员会的性质

业主委员会是指物业管理区域内代表全体业主对物业实施自治管理的社团组织。业主委员会由全体业主通过业主大会会议选举产生，是业主大会的常设性执行机构，对业主大会负责，具体负责执行业主大会交办的各项物业管理事项。

(二)业主委员会的职责

业主委员会最基本的权利是对与该物业有关的一切重大事项拥有决定权。这种权利通过业主公约和业主委员会章程予以保证。业主委员会有下列职责：

(1)负责召开和主持业主大会，并向大会报告物业管理的实施情况。除首次业主大会会议外，以后每年召开的年度业主大会会议均由业主委员会筹备、召集和主持。遇有特殊情况，业主委员会有权依照有关规定召集和主持业主临时会议。会议期间，业主委员会应当向业主大会报告物业管理区域内物业管理的实施情况。

(2)考察选择并组织实施对物业公司的招标或协商工作，代表业主与业主大会选聘的物业服务企业签订物业服务合同。业主委员会接受业主大会的委托，可采用招标或其他方式选聘物业服务企业，并与物业服务企业签订物业管理委托合同。

(3)根据物业服务合同，监督物业服务企业的履约情况，以及服务质量。在物业管理合同到期日两个月前，征集业主对物业服务企业的满意度。在物业管理合同到期日一个月前，根据物业服务企业的履约情况、服务质量以及业主满意度向业主大会提出报告，该报告向全体业主公布。

(4)监督管理规约的实施。管理规约在物业管理区域内的实施是否到位直接影响到物业品质、公共秩序和环境卫生状况的好坏。业主委员会有权对管理规约的实施情况进行监督，一旦有业主不遵守管理规约的规定，影响到其他业主的合法权益或者物业管理区域内的公共利益时，业主委员会有权予以制止、批评教育、责令限期改正，并依照管理规约的规定进行处理。

(5)业主大会赋予的其他职责。业主大会赋予的其他职责包括业主委员会对各类物业管理档案资料、会议记录的保管；对管理规约、业主大会规则修订文本的起草；对有关印章、财产的保管；对业主之间和业主与物业服务企业之间纠纷的调解等。

(三)业主委员会的成立与备案

根据《业主大会和业主委员会指导规则》的规定，业主委员会由业主大会会议选举产生，由5~11人单数组成。业主委员会委员应当是物业管理区域内的业主，并符合下列条件：

(1)具有完全民事行为能力。
(2)遵守国家有关法律、法规。
(3)遵守业主大会议事规则、管理规约，模范履行业主义务。
(4)热心公益事业，责任心强，公正廉洁。
(5)具有一定的组织能力。
(6)具备必要的工作时间。

业主大会和业主委员会指导规则

业主委员会委员实行任期制，每届任期不超过5年，可连选连任，业主委员会委员具有同等表决权。业主委员会应当自选举之日起7日内召开首次会议，推选业主委员会主任和副主任。

业主委员会应当自选举产生之日起30日内，持下列文件向物业所在地的区、县房地产行政主管部门和街道办事处、乡镇人民政府办理备案手续：

(1)业主大会成立和业主委员会选举的情况。
(2)管理规约。
(3)业主大会议事规则。
(4)业主大会决定的其他重大事项。

业主委员会办理备案手续后，可持备案证明向公安机关申请刻制业主大会印章和业主委员会印章。业主委员会任期内，备案内容发生变更的，业主委员会应当自变更之日起30日内将变更内容书面报告备案部门。

(四)业主委员会会议

业主委员会应当按照业主大会议事规则的规定及业主大会的决定召开会议。经1/3以上业主委员会委员的提议，应当在7日内召开业主委员会会议。业主委员会会议由主任召集和主持，主任因故不能履行职责，可以委托副主任召集。业主委员会会议应有过半数的委员出席，做出的决定必须经全体委员半数以上同意。业主委员会委员不能委托代理人参加会议。

业主委员会应当于会议召开7日前，在物业管理区域内公告业主委员会会议的内容和议程，听取业主的意见和建议。业主委员会会议应当制作书面记录并存档，业主委员会会议做出的决定，应当有参会委员的签字确认，并自做出决定之日起3日内在物业管理区域内公告。

业主委员会应当建立工作档案，工作档案包括以下主要内容：
(1)业主大会、业主委员会的会议记录。
(2)业主大会、业主委员会的决定。
(3)业主大会议事规则、管理规约和物业服务合同。
(4)业主委员会选举及备案资料。
(5)专项维修资金筹集及使用账目。
(6)业主及业主代表的名册。
(7)业主的意见和建议。

业主委员会应当建立印章管理规定，并指定专人保管印章。使用业主大会印章，应当根据业主大会议事规则的规定或者业主大会会议的决定；使用业主委员会印章，应当根据业主委员会会议的决定。

业主大会、业主委员会工作经费由全体业主承担。工作经费可以由业主分摊，也可以从物业共有部分经营所得收益中列支。工作经费的收支情况，应当定期在物业管理区域内公告，接受业主监督。工作经费筹集、管理和使用的具体办法由业主大会决定。

四、临时管理规约和管理规约

1. 临时管理规约

物业建成后，业主的入住是一个逐渐的过程，业主大会不能成立。针对已经办完入住手续的业主，就应该有一个共同遵守的准则，否则物业的使用、维护、管理可能处于混乱无序的状态。根据《物业管理条例》的规定，建设单位在销售物业之前，应当订立临时管理规约，对有关物业的使用、维护、管理，业主的共同利益，业主应当履行的义务，以及违反临时管理规约应当承担的责任等事项依法做出约定。

建设单位应当在物业销售前将临时管理规约向物业买受人明示，并予以说明。建设单位制定的临时管理规约，不得侵害物业买受人的合法权益。物业买受人在与建设单位签订物业买卖合同时，应当对遵守临时管理规约予以书面承诺。物业入住阶段，物业服务企业可通过张贴、资料发放、社区论坛、墙报宣传等多种形式向业主广泛宣传临时管理规约，力求家喻户晓。

2. 管理规约

管理规约是指由业主大会制定，全体业主承诺，对全体业主具有约束力的，用以指导、规范和约束所有业主、物业使用人、业主大会和业主委员会权利、义务的行为守则，是物业管理的基础和准则。

管理规约应当对有关物业的使用、维护、管理，业主的共同利益，业主应当履行的义务，以及违反管理规约应当承担的责任等事项依法做出约定。管理规约应当尊重社会公德，不得违反法律、法规或者损害社会公共利益。管理规约对物业管理区域内的全体业主具有约束力。

共同财产和共同利益是业主之间建立联系的基础，管理规约是物业管理区域内全体业主建立的共同契约。业主共同财产的管理和共同利益的平衡，需要通过民主协商的机制来实现，管理规约集中体现了经民主协商所确立的全体业主均需遵守的规则。维护业主的财产权利是物业管理的主要内容，物业管理的落脚点是要保护业主的财产权利，不仅要保护单个业主的权利，还要保护全体业主关于房屋财产的共同权利。

管理规约应当对下列主要事项做出规定：
(1)物业的使用、维护、管理。
(2)专项维修资金的筹集、管理和使用。
(3)物业共用部分的经营与收益分配。
(4)业主共同利益的维护。
(5)业主共同管理权的行使。
(6)业主应尽的义务。
(7)违反管理规约应当承担的责任。

第三节　物业服务企业与其他相关部门和机构的关系

一、物业服务企业与业主委员会的关系

物业服务企业和业主委员会都是物业管理机构，它们共同拥有着一定范围内的物业。业主委员会管理的是其所代表的业主们的物业，而物业服务企业是受委托管理业主们的物业，由此形成了它们之间一定的关系。

1. 经济合同关系

在市场条件下，物业服务企业与业主委员会之间是一种经济合同关系，物业服务企业提供管理服务是有偿的，在提供一定的物业管理服务的同时，应当获得相应的报酬。同样，业主在享受到物业管理服务的同时，应支付相应的费用。合同签订后，双方分别享有各自的权利和承担相应的义务。物业服务企业应按合同规定及要求提供相应的服务，并在日常的工作中接受业主和业主委员会的监督；同时，业主和业主委员会应协助物业服务企业开展工作，并按时缴纳物业管理委托合同中写明的各项费用。

2. 法律平等关系

物业服务企业与业主委员会之间是受托人和委托人的关系，因此，在法律地位上是平等的，没有隶属关系，既不存在领导和被领导的关系，也不存在管理和被管理的关系，业主委员会有权依法决定聘用或解聘某个物业服务企业，而物业服务企业也有接受聘用和不接受聘用的权利。

3. 工作合同关系

在物业管理工作中，由于业主委员会代表所有业主，故在物业管理区域内的管理活动中，不可避免地经常同物业服务企业进行联系，由此产生了双方之间的合作关系。双方应根据委托合同中的规定和要求的权利与义务进行合作。

二、物业服务企业与房地产开发企业的关系

从物业服务企业与房地产开发企业之间是否有隶属关系来看，有以下两种情况。

1. 房地产开发企业附设物业服务企业

房地产开发企业为了满足售房服务与管理的需求，常设置分公司或下属物业服务企业实施物业管理。这种物业服务企业与房地产开发企业的关系属于从属关系，物业管理作为售后管理工作，往往是房地产开发过程的延续和发展。目前在国内，这种形式占很大的比例。

2. 委托专业物业管理公司实施物业管理

一般来说，业主委员会成立之前，第一次选聘物业服务企业的工作由原房地产开发企业完成，可以通过公开招标投标方式选聘专门从事物业管理的企业实施物业管理，这样物业服务企业与房地产开发企业构成了聘用的合同关系，双方依照合同规定行使各自的权利并履行各自的义务。当业主委员会成立后，选聘物业服务企业则由业主委员会负责。

三、物业服务企业与政府管理部门的关系

与物业管理有关的政府管理部门主要包括房地产行政主管部门、工商行政管理部门、税收管理部门、物价行政管理部门及其他行政管理部门。

1. 物业服务企业与房地产行政主管部门的关系

物业管理机关行政管理包括建设、规划、市政、公用、电力、邮电、环卫、环保、园林、住宅、卫生、公安、物价、工商、税务等部门，协同实施相关法律、法规政策，按照法律赋予的相关行政执法权进行行政执法和监督管理，为物业服务企业提供业务指导和政策咨询服务。

2. 物业服务企业与工商行政管理部门的关系

物业服务企业应向工商行政管理部门申请注册登记，领取营业执照后，方可对外营业。工商行政管理部门每年都会对企业进行年度检查，物业服务企业也不例外。

3. 物业服务企业与税收管理部门的关系

税收管理部门有权对物业服务企业的纳税情况进行业务检查和指导。物业服务企业虽可享受国家对第三产业的利税优惠政策，但仍应遵守有关税收政策，依法纳税。

4. 物业服务企业与物价行政管理部门的关系

物业管理的收费应按有关部门和合同规定的收费标准收取，不得随意增加收费项目和提高收费标准。政府价格主管部门会同房地产行政主管部门对物业服务企业的服务内容、标准和收费项目、内容进行监督。物业服务企业如果违反价格法律、法规的规定，将受到物价行政管理部门的处罚。

5. 物业服务企业与其他行政管理部门的关系

物业服务企业的各项服务工作均要接受相对应的行政管理部门的指导与监督。例如，物业治安管理要接受公安部门的监督与指导，治安管理人员由派出所进行培训和指导；物业的消防管理

接受消防部门的监督、检查和指导；清洁工作应接受环卫部门的指导与监督；绿化工作接受园林部门的指导等。政府的其他行政职能管理部门应该在法律、法规规定和其职责范围内进行管理和提供服务，常对物业服务企业的有关工作和专业工作按各自的职责分工进行指导和监督。

四、物业服务企业与各专业服务公司的关系

在物业管理过程中，专业服务工作起着至关重要的作用，物业管理中的全方位服务需要通过专业服务公司实现。物业服务企业可以通过选聘专业的服务公司，与其签订合同，建立合同关系，完成专业服务工作；也可以聘用专业服务人员，自设服务部门完成专业服务工作。

五、物业管理与社区管理的关系

物业管理与社区管理二者的管理区域重合，管理内容交叉，管理形式相似，硬件设施共享，以人为本的宗旨相同，提高生活质量的目标一致，因此，两者会发生管理职能的碰撞，目前亟待理顺物业管理与社区管理之间错综复杂的关系。

(一)物业管理与社区管理的联系

1. 指导思想一致

物质文明建设和精神文明建设是物业管理和社区管理的主导思想，以加强城市管理为重点，以物业管理区域和社区为载体，按照一定的规范，通过管理和服务，开展丰富多彩的活动，推动社会发展与进步。

2. 管理目标一致

物业管理和社区管理主旨都是为人们的生活、工作、学习提供良好的空间，物业管理以完善物业及其周边环境为人们创造良好环境为重点，社区管理则侧重于调解人际关系，为人们提供和谐的空间。

3. 二者是整体与部分的关系

社区管理是一个系统，它包含政府组织、企事业单位、社团组织、居民委员会等。物业管理作为社区管理的子系统，二者之间是整体与部分之间的关系。因此，物业管理离不开社区管理，必须服从社区管理，才能在社区管理中确定自己的地位。

(二)物业管理与社区管理的区别

(1)管理主体不同。物业管理通常都要通过有偿服务的形式实现。而社区管理的主体是以地方政府街道办事处出面组织的政府行为，一般不向群众收取任何费用。

(2)性质手段不同。物业管理主要是对物业区域内的物业及其配套设备、设施及环境进行管理，体现了社会化、企业化、专业化的性质。社区管理是国家管理社会生活、群众管理社会生活和社会管理社会生活相互交融的基础性的社会管理。

(3)管理功能不同。物业管理区域建设以完善物业及其配套设备、设施的质量使人们得到满足为目的，而社区建设则着眼于调解人际关系，塑造社区文化氛围，使人们得到满足。

(4)管理手段不同。物业管理强调业主至上,服务第一,突出为业主和使用人服务,而社区管理则主要靠行政手段以协调为重点,对社区实施管理。

(三)物业管理与社区管理的关系表现

(1)社区建设依赖于小区建设。物业管理与社区管理相辅相成,没有物业管理也就谈不上社区管理。

(2)物业管理需要社区指导。物业管理是社区管理的重要组成部分,必须由社区进行统一规划、统一协调,才能得到各方面的支持与配合。否则,物业管理也就难以得到发展。

(3)社区管理应当尊重物业管理的自主权。物业管理主要是物业服务企业通过市场运行机制实施的,物业服务企业是具有"自主经营、自负盈亏、自我发展、自我约束"的法人资格的实体,物业服务企业在经营过程中不仅要求有社会效益,还要求有经济效益。只要物业服务企业按照有关政策法律从事经营,就应该尊重他们的自主权,干预过多将影响其正常运营。

(4)物业管理要配合社区管理。物业服务企业应该在社区的统一领导和协调下开展工作,只有互相配合才能克服碰撞,解决各种矛盾,全面推进工作。

第四节 物业服务企业品牌建设

物业服务企业品牌是物业服务企业的形象和物业管理服务个性化的表现,如果消费者(业主)对于物业管理服务认知、情感和行动是正面的、积极的、友好的和愿意接受的,那么企业品牌就有可能转化为物业服务企业的一种无形资产,同时也是物业服务企业赢得市场的利刃。

一、物业服务企业品牌建设的意义

1. 物业服务企业自身发展的需要

在国内外物业管理服务市场竞争激烈的今天,物业服务企业要求生存、谋发展,就必须打造物业服务企业自身的品牌,产生强大的物业管理品牌效应。

2. 物业管理行业发展的需要

在经济全球化和区域经济集团化的今天,一个行业如果没有一批代表行业形象,体现行业综合实力、科技水平、管理水平、服务质量和企业文化,在国内外市场上叫得响的品牌企业,就难以确立行业的社会地位和形象。这是因为品牌不仅代表企业的形象,关系到企业的兴衰,而且一个国家品牌企业或品牌产品的多少体现了一个国家的经济实力。

3. 满足业主日益增长的物业管理服务产品需求的需要

物业管理行业是为业主、物业使用人提供服务的行业,而业主、物业使用人花钱买的就是高标准的管理与服务。因此,在同等价格下,业主在众多物业服务企业的比较、选择中,会将品牌作为衡量的标准。

二、物业服务企业品牌建设的途径

建设物业服务企业优秀品牌，应该从以下四个方面入手。

1. 优质服务

物业服务企业的产品就是服务，向业主提供全面、周到、高品质的物业管理服务，既是物业服务企业的天职，也是企业持续经营、实现管理目标的基础。第一，物业服务企业要树立"服务第一""业主至上"的经营理念，并通过企业内部制度体制建设来实现这些理念；第二，要通过业主需求的调查，全面了解业主对物业的管理服务的需求，明白业主在想什么，对什么满意、对什么不满意，在当前已享受的服务基础上，还期望得到什么样的服务等；第三，根据业主的需求进行产品设计和开发，形成企业资源与业主需求相匹配的产品系列；第四，根据业主对物业管理服务的需求，制定出可以衡量的质量规范和质量标准；第五，按照服务质量规范和质量标准的要求，制定出相应的作业标准和流程。

2. 组建一支高素质的人才队伍

物业服务行业的竞争，归根结底就是人才的竞争。建立科学的人才培养、管理制度，可以为物业服务企业人才搭建良好的成长平台，使企业员工目标明确，并勇于在挑战中不断创新。通过各种方法组织、培养和引进物业管理的专业优秀人才，注重人才培养，打造高素质的物业管理员工队伍是创建企业品牌的关键因素之一。

3. 构建独特的企业文化

企业文化是企业独特的经营个性、管理风格、企业理念、人员素质的综合体现，它包括文化理念、价值观念、企业精神、道德观念、行业标准、历史传统、企业制度、文化环境和企业产品等。物业服务企业在追求利润目标的同时，还必须加强企业发展的灵魂建设，即企业文化建设。现代企业文化由表层的物质文化、浅层的行为文化、中层的制度文化和深层的精神文化四个层次构成。这四个层次形成了企业文化由表层到深层的有序结构。

(1)物质文化。物质文化是现代企业文化的第一层，是指由员工创造的品牌形象和各种物质设施所构成的器物文化，包括企业服务的物业环境和社会影响、企业员工劳动环境和娱乐休息环境，以及员工的文化设施等。表层的物质文化是企业员工的思想、价值观和精神面貌的具体反映。所以，尽管它是企业文化的最外层，却集中体现了一个现代企业的社会上的外在形象。因此，它是社会对一个企业做出总体评价的起点。

(2)行为文化。行为文化是现代企业文化的第二个层次，是企业员工在服务经营、学习娱乐和人际交往时产生的活动文化，主要包括企业的经营管理、教育宣传活动、协调人际关系的活动和各种文娱体育活动等。这些活动实际上反映了企业的经营作风、精神面貌、人际关系等文化特征，也是企业精神、企业目标的动态反映。

(3)制度文化。制度文化是现代企业文化的第三个层次，是指与现代企业在服务经营活动中形成的企业精神、企业价值等意识形态相适应的企业制度、规章和组织机构等。这一层次主要是企业文化中规范人和物的行为方式的部分。实际上，现代企业的领导制度、组织结构体系、管理的规章制度等无不反映出企业的价值观、精神和文化。

(4)精神文化。精神文化是现代企业文化的核心层,是指企业在经营服务中形成的独具企业特征的意识形态和文化观念,包括企业精神、企业道德、价值观念、企业目标和行为准则等。由于企业的精神文化具有企业的特点,故其往往是在企业多年经营中逐步形成的。

4. 培育物业服务企业的核心竞争力

物业服务企业的核心竞争力是指物业服务企业赖以生存和发展的关键要素,如服务技术、服务技能和管理机制等。一个成功的企业必定有其核心能力,这种能力需要开发、培养、不断巩固以及更新与完善。物业服务企业要建立品牌的核心竞争力,就必须首先建立企业的竞争力。因此,如何保持物业服务企业的竞争力就成了企业经营管理中的重要问题。物业服务企业的核心竞争力必须具有独特性。

第五节 物业服务企业从业人员

一、物业服务企业从业人员的构成与素质要求

1. 物业服务企业从业人员的构成

物业服务企业从业人员是整个物业管理活动的主体,在物业管理工作中具有决定性的作用,根据他们所处的岗位和承担的责任分为三个层次,即决策层、管理层和操作层。决策层人员包括企业正副总经理、总经理助理及三总师(总会计师、总经济师和总工程师),是物业服务企业运作的指挥者和领导者。管理层人员包括物业服务企业的各部分经理、各专业主管,是物业管理与经营服务的具体组织执行者。操作层人员是企业管理与经营服务活动的具体操作者。

2. 物业服务企业从业人员的素质要求

(1)物业服务企业每个层次的人员都必须牢固树立"服务第一,方便业主"的思想,把"热诚、优质、团结、奉献"作为企业精神。物业管理是一项服务性很强的工作,要求员工有较高的职业道德素养,提倡员工热爱物业管理行业,热爱本职岗位,爱护企业声誉,对业主多一点奉献,多一点爱心。员工必须坚持原则,秉公办事,廉洁奉公,不谋私利,作风正派,虚心好学,热心公益,爱护公物,体现出员工的人格魅力和精神境界。

(2)"主动热情,周到优质"的态度服务是物业服务企业员工的本职。对业主要求的服务,应随叫随到,及时为业主排忧解难。对客户的无理言行,应尽量容忍,耐心说明,不以恶言相待,不容许与客户发生打骂行为,做到用语文明,礼貌待人,给业主以亲切感。

(3)物业服务企业员工应当精通业务,掌握相应岗位所必备的业务知识;遇到问题和纠纷时,能公正地阐明有关问题及提供意见;遇到违反规定的行为,能根据有关条款迅速做出反应并采取相应的措施,使问题能迅速、妥善地得到解决,这样才能提高物业管理服务水平。

二、物业服务企业从业人员的专业素质

(一)物业服务企业从业人员的知识结构

物业管理内容的多样化、复杂化决定了物业服务企业从业人员知识结构的多元化。一个合格的物业服务企业从业人员应当具有与自身岗位相适应的较为完整的知识结构,并根据管理发展的需要不断进行知识更新。一般应当具备下列知识:科技发展与管理技术、经济与法律知识、房地产及建筑工程知识以及其他相关知识。

1. 建筑工程知识

作为物业管理员工,对房屋的结构和建筑、建筑规划、园林绿化等,必须有一定的了解,懂得房屋养护知识,具备向住户宣传正常使用和养护物业的能力。

2. 物业设备维修养护知识

物业的正常使用,离不开配套的机电设施、完好的房屋设施和设备。要想保持物业各种设备的正常运行,必须有机电设备及物业设施的养护知识。只有这样,管理人员才能及时发现、解决处理设备运行中出现的问题。

3. 物业管理学知识

(1)房地产经济理论知识。了解物业管理服务活动的规律,掌握房地产经济理论知识,能够对物业活动进行更加有效的管理,例如房地产的资金投入、产出、出售、出租、成本回收、固定资产折旧以及房地产市场的运行机制等知识。

(2)物业经营管理知识。物业管理活动中,物业服务企业应在实现企业目标的同时,满足业主的需要。这就需要物业服务企业从业人员掌握先进、适用的管理知识、技术,例如管理的机构及职能,管理的内容、特点、手段以及方法等。

(3)有关物业法律法规知识。物业服务企业从业人员必须掌握相应的法律知识,才能明确界定物业服务企业、业主和非业主使用人、行政主管部门的权利和义务,使业主的自治自律和物业服务企业的受委托管理都纳入法制化的轨道,使各方面的合法权益得到保障。

(4)物业管理公文写作知识。能够正确地撰写物业管理公文是物业服务企业从业人员应具备的技能,在接管、撤管、订租、退租、物业产籍管理中能写出具有一定专业水平的公文。

(5)公共关系知识。物业服务人员要搞好公众关系,善于和各类公众,诸如住户、政府行政管理部门等打交道,能协调好各方面的关系,创造出一种宽松和谐的环境。

(6)财务管理和金融保险知识。物业服务企业收入的主要来源是业主按月缴纳的固定数目的管理费和一些专项服务、特约服务的收入。因此,物业服务企业从业人员要能进行租金测算,制定管理费和有偿服务费收支计划。物业管理费用的收取标准不能完全取决于市场,还要受到国家价格政策的控制。要使用有限的资金维持和提高服务水准,物业服务企业从业人员就要掌握成本测算及收支控制的方法。若资金管理和运用不善,不仅会导致物业服务企业经济上蒙受损失,还会招致业主和使用人的不满,影响企业信誉。同时,物业管理要走向自负盈亏、自我

发展的公司化经营型道路，要化解各种风险，有效管理和应用资金，降低企业服务成本。因此，了解和掌握物业服务企业财务管理与金融保险知识，是物业服务企业管理人员，特别是财务管理人员和企业决策层人员所必需的。

(7)其他方面的知识。物业服务企业从业人员要了解的其他方面的知识包括治安、交通、绿化、环境科学、心理学、服务学、社会学等。

(二)物业服务企业从业人员的基本技能

1. 技术技能

物业服务企业从业人员要想达到对物业的有效管理和满足业主的服务要求，必须了解和掌握物业管理相关技术技能(指运用管理者所监督的专业领域中的过程、惯例、技术和工具的能力)。尽管物业服务企业从业人员未必是技术专家，但其必须具备足够的专业技术知识和技能，以便卓有成效地指导员工、组织任务，把工作小组的需要传达给其他小组以及解决问题。管理者要对物业公司管理行业、物业公司本身、管理服务情况，以及物业管理科技发展等有一定的认识，否则，便可能做出不符合实际情况的决策，妨碍公司达到目标。

2. 人际技能

人际技能是贯通上级与下属的桥梁，并须扮演调停者或仲裁者的角色，这是因为公司内的不同意见或纷争会影响物业服务企业从业人员的士气与管理能力。物业服务企业从业人员必须能够理解个人和小组，与个人和小组共事以及同个人和小组处理好关系，以便树立团队精神。

3. 定义技能

定义技能是指把观点设想出来并加以处理以及将关系抽象化的精神能力。很强的定义技能能为管理者识别问题的存在、拟订可供选择的解决方案、挑选最好的方案并付诸实施提供便利。

(三)物业服务企业从业人员的能力结构

1. 创新能力

物业管理是一个新行业，且尚不完善，有许多问题值得探索。作为物业服务企业从业人员，要锐意求新、勇于开拓，要在日复一日看似平常的管理与服务中提出新的设想、方案，并能在管理过程中不断解决新问题，使物业管理与服务不断适应环境变化，不断满足业主和使用人的需求。物业服务企业从业人员的能力结构具体体现在以下三个方面：

(1)观念创新。现实中人们常受到传统观念的束缚，对物业管理没有全新的认识，对物业服务企业没有准确的定位，使物业管理面临重重困难。物业管理要想走出困境，首先要做的就是解放思想。只有从思想上深刻认识到物业管理是一种企业行为，而不是行政行为，其活动必须符合和满足市场规律的要求，才有可能从新角度去审视它，用新观念去理解、研究它。

(2)经营创新。作为物业服务企业从业人员，只有不断地创新，才能在竞争中立于不败之地。物业管理经营创新表现在：一是物业管理是一种企业行为，因此，必须不断开拓市场，发现新的市场需求，发展新的消费者，使物业服务企业取得较好的经济效益；二是把握市场规律，预见性地创造出新的服务项目；三是善于发现和培养懂经营、懂管理的人才；四是设置灵活的组织管理形式；五是创造良好的经营环境。

（3）管理创新。物业管理的中心任务是对物的管理与对人的服务二者有机结合所进行的一系列创造性活动。其实质应该是通过协调人与人、人与物、物与物之间的关系，来创造一个人物结合的环境，达到人流、物流的有序流转。物业服务企业从业人员要根据诸多变化的因素，不断创造出新方式、新措施来促进环境的优化。

2. 决策能力

物业服务企业从业人员要做好决策，必须做到三个"善于"。

（1）善于判断，是指在错综复杂的情况下具有预见性，能判断出事态发展的因果关系，尤其在出现某些突发事件时，能当机立断作出处理和部署。

（2）善于分析，是指管理者能透过现象发现问题，抓住关键，分清轻重缓急，权衡利弊得失，从而提出中肯的意见和建议。

（3）善于总结，是指只有通过总结，才能吸取成功的经验和失败的教训，提高决策的水平。

3. 组织指挥能力

物业管理服务质量评价是综合性的评价，管理者要善于运用公司的力量，综合协调人力、物力、财力，充分调动所有员工的积极性，使部门之间、员工之间密切配合，全面、高效地为业主提供服务。

4. 沟通协调能力

物业管理工作对管理人员的协调沟通能力有着较高要求，包括与业主的沟通——建立良好的关系，及时处理投诉；与开发建设单位的沟通——通过早期介入，减少入住矛盾；与公用事业单位的沟通——分清责任，各司其职；与专业公司的沟通——加强服务质量的监管；与政府相关部门的沟通——主动接受指导和监督。由此减少和避免纠纷的产生和矛盾的激化，创造和谐的物业管理氛围。

三、物业服务企业从业人员的职业道德

（一）物业服务企业从业人员职业道德的基本内容

职业道德一般指良好的行为，利于人的行为。良好职业道德的基本因素，包括职业认识、职业感情、职业意志、职业信念、职业行为和习惯五个方面。也就是说，在不断提高职业认知的基础上，逐步加深职业感情，磨炼职业意志，进而坚定职业信念，以养成良好的职业行为和习惯。

物业服务企业从业人员职业道德的基本内容包括物业服务企业从业人员的职业思想、行为规范和准则。

1. 物业服务企业从业人员的职业思想

一个人的职业思想，指引着他在职业活动中的一言一行。只有深刻认识到职业的特性、特点和要求，并经过不断的实践磨炼，才能形成正确的职业思想，在日常工作中把每一件事做好。

根据资深物业服务企业从业人员总结，物业服务企业从业人员职业思想十分丰富，但以下四点最为关键：

(1)业主至上观。物业服务企业是受业主聘请来做物业管理工作的，物业服务企业的一切工作和努力，都是为了满足业主的需要。因此，物业服务企业从业人员要摆正自己与业主的关系，真正做到以业主为尊，业主至上。物业服务企业从业人员应该认识到，是业主为管理公司也为自己提供了工作的机会。业主的满意，是自己工作的方向和目标。

(2)管理就是服务观。物业管理的兴起，是房产土地改革的产物，因此，受到人们的欢迎。尽管物业管理本质上就是提供服务，但是由于受传统思想的影响，一些物业服务企业从业人员对物业管理的这一特性尚缺乏认识，总以为自己是个"管事儿的"，即使对业主，也只有"管"，不想服务。管理就是服务观，就是在管理过程中，一切从服务业主出发，把日常工作看成服务，把服务当成最大的满足，即便是一些不直接面对业主的岗位，如机房、控制室，也要把工作质量的好坏与为业主服务联系起来，以最好的管理质量为业主提供优质的生活和工作环境。

(3)技术服务观。在物业管理岗位上，管理与工程是技术，服务也要讲求技术。随着现代物业管理的发展，物业科技含量越来越高，物业运作的程序更加复杂，业主对管理与服务的要求更加多样化。这就要求物业服务企业从业人员在管理与服务技术上应更加专业，更加复杂，不间断地学习物业管理专业知识，不断提高业务水平，以更高、更新的水平为业主提供更满意的服务。

(4)忠诚服务观。一方面，物业服务企业从业人员要忠于业主，业主的利益高于一切，严格履行管理合同，尽最大努力维护业主的利益不受损失；另一方面，委托管理已成为现行的主要管理方式，越来越多的物业由管理公司托管。物业管理公司为了不负业主所托，总是选派优秀的管理者来担任某一物业的管理人员，尤其是高级管理人员。因此，物业服务企业从业人员也必须忠于管理公司，切不可只顾业主或其他方的利益而损害管理公司的利益，更不能以不正当的、违规的言行损害管理公司的形象和声誉。当前，大多数物业管理公司将职业思想具体化、条理化，使之易于操作。

2. 物业服务企业从业人员的行为规范和准则

行为规范和准则是根据职业思想的要求而制定的、用以约束员工言行的基本准则和要求。物业服务企业从业人员行为规范和行为准则一般包括仪表仪容、言行举止、来电来访、投诉处理等。如物业公司处理投诉时应做到以下六点：

(1)员工必须牢记业主是上帝，所有工作必须以业主为中心，员工必须高度重视业主的投诉。

(2)细心、耐心地聆听业主投诉，让业主畅所欲言。

(3)认真用书面形式记录业主投诉内容，并作为业主投诉处理的第一责任人迅速而妥善地解决业主所投诉的问题或转报有关部门。

(4)投诉事项中，若涉及本人的作业行为，不得隐瞒，更不得伪造。

(5)业主投诉经调查属实，可作为员工奖励或处罚的依据。

(6)对投诉业主应表示感谢，对由于管理和服务不当、不周而对业主造成的不便或损失表示歉意。处理完投诉后，应主动报告业主，了解业主的满意程度。

(二)物业服务企业从业人员职业道德的修养要求

随着物业管理的发展及从业人员的增加，政府有关部门、行业协会将制定全面可行的物业管理道德规范，进一步约束和规范物业服务企业从业人员的行为，从整体上提高物业服务企业从业人员的职业道德水平。物业服务企业从业人员只有不断提高职业道德修养，才能适应不断发展的物业管理行业及其新要求。

修养是指个人在人生追求、思想品质和知识技能等方面，经过长期的有目的的锻炼和培养所达到的一定水平，以及逐渐养成的在待人接物方面的正确态度。

物业管理职业道德修养是指管理者在做自己本职工作过程中，坚定自己的职业选择，不断加深对物业管理行业特性、准则的认识，树立忠诚意识、服务意识、质量意识、利人意识，并以此来指导、规范、升华自己的言行，从而达到使管理公司满意、业主满意、管理者自己满意的理想境界。

物业服务企业从业人员在加强职业道德修养过程中应做到以下三点。

1. 加深行业认识

物业管理的目的是为业主创造一个整洁、舒适、安全、宁静、幽雅的工作和生活环境，并且其基准还随着社会的不断进步而逐步拓展和提升。人们生活水平的改善、生活内容的充实和丰富，无论从物质上还是精神上都离不开工作和生活环境的优美。高质量的物业管理不仅是单纯的技术性保养和事务性管理，而且要在此基础上为业主创造一种从物质到精神，既具有现代城市风貌，又具有个性特色的工作和生活环境，形成一个以物业为中心的"微型社会"；既充分发挥物业的功能，又能在充分保障业主的合法权利的同时，增加业主的睦邻意识，创造相互尊重、和平共处的居住关系。

2. 树立良好的服务意识

在我国，物业管理既充满生机，又充满挑战，物业服务企业从业人员的一切工作都是服务，一切努力都是为了服务。只有树立起新型的现代服务观，才能主动地、创造性地开展服务工作。一个成功的物业服务企业从业人员，总会自觉地把为业主、使用人提供优质的服务作为职业的追求，并以此获得职业的满足感。可以说，是否树立了服务意识，是物业服务企业从业人员职业道德修养的主要内容。

3. 提高文化素质

不断进取，提高文化素质是物业服务企业从业人员提高职业道德修养的主要途径。没有较高的文化素养，良好的服务意识就无法贯彻到具体的服务行为中。作为服务者，也无法将自己的服务精神提升到更高、更完美的境界。因此，管理者必须广泛地涉猎各种文化知识，汲取优秀的人类文化成果，丰富自己的精神世界和职业思想。

四、物业服务企业从业人员的培训

物业管理属于知识密集型产业,没有经过专业训练的队伍,是不能适应物业管理现代化和专业化的要求的。一支高素质管理队伍的建立,取决于对员工的重视和建立一套严密的员工培训制度。物业服务企业必须始终把加强员工队伍建设作为一项重要的基础工作,要制定严格的员工培训制度,通过各种形式开展不同层次的员工培训,包括职前培训、在职培训、专题讲座、学历培训等,着重抓员工的思想作风、职业道德和服务态度教育,抓员工的业务素质和专业技术建设,以提高员工的管理服务水平。

(一)物业服务企业从业人员培训的意义

(1)员工培训是物业服务企业参与市场竞争的客观需要。物业服务企业的竞争,归根结底是人才的竞争,物业服务企业除了从市场上招聘到合适的人才外,更为有效的方式是通过培训提高现有员工的素质,使其成为满足企业需要的人才。

(2)员工培训是物业服务企业从业人员激励员工的重要方法。当今社会,学习培训已经成为很多人改变自己生活和环境的重要手段,几乎每个人都有对学习的需要和渴望。物业服务企业内部浓郁的学习氛围,以及有效的学习政策都会对员工产生足够强的吸引力,有利于员工队伍的稳定。有远见的管理者甚至还把学习培训作为一种员工福利来赠送或奖励员工。

(3)员工培训是物业服务企业经营管理现代化的基础。经过二十多年的发展,物业管理行业已从过去传统的房屋协作管理转向以委托管理方式为主的市场化经营管理。这种社会化、市场化的经营管理方式对物业管理从业人员的素质提出了较高要求。物业管理已不仅是一个劳动密集型的行业,更需要有大批精通管理的优秀人才来推动它的发展。因此,员工培训是实现物业服务企业经营管理现代化的基础环节和可靠保证。

(二)物业服务企业从业人员培训的内容

1. 操作层员工的知识和能力培训

物业服务企业操作层包括保安员、保洁员、维修员、绿化员、设备管理员,不同岗位操作层员工的培训内容是不同的。

(1)保安员的培训。

1)知识培训。保安员知识培训的主要内容包括:物业管理基础知识、所管理物业的基本情况、保安员的职责和权利、保安员处理问题的原则和方法、职业纪律、职业礼貌、仪容仪表、着装要求、内务卫生、对讲机的保养和使用、上岗执勤、交接班、停车场管理、交通常识、消防知识、防卫制度等方面的知识。

2)能力培训。保安员能力培训的主要内容包括:巡逻岗岗位能力,大堂岗(固定岗)岗位能力,交通岗岗位能力,车库(场)岗岗位能力,内务岗位能力,物品出入管理能力,盗窃、劫匪应急事件处理能力,发生斗殴事件的处理能力,巡逻中发现可疑分子的处理能力,发现住户醉酒闹事或精神病人的处理能力,遇到急症病人的处理能力,突发事故的处理能力,火灾事件的应急处理能力，煤气泄漏事故的处理能力等方面。

(2)保洁员的培训。

1)知识培训。保洁员知识培训的主要内容包括：物业管理基础知识、各种清洁工具和清洁材料的功能及使用知识。

2)能力培训。保洁员能力培训的主要内容包括：楼道的清洁能力，高层大厦的清洁能力，多层住宅的清洁能力，玻璃门、窗、镜面、玻璃幕墙的清洁能力，绿地的清洁能力，灯具的清洁能力，公共场地和马路的清洁能力，室外地面的清洁能力，房屋天窗和雨篷的清洁能力，地下室、天台、转换层的清洁能力，住宅区大堂的清洁能力，清洁工作的应急能力。

(3)维修员的培训。

1)知识培训。维修员知识培训的主要内容包括：物业管理基础知识、供水供电基本知识、房屋日常养护知识及房屋维修知识等。

2)能力培训。维修员能力培训的主要内容包括：室内地面的维修能力，室内墙面的维修能力，室内顶棚的维修能力，室内门窗的维修能力，住户室内给水排水管道及附件的维修能力，住户家线路故障的处理能力，室外梁、板、柱的维修能力，室外墙体、楼梯、屋顶的维修能力，室外公用设施、地下排水沟道、绿化水管等管网的维修能力。

(4)绿化员的培训。

1)知识培训。绿化员知识培训的主要内容包括：物业管理基础知识，绿地花木养护知识，花卉植物虫害防治知识和绿化工作检验标准，室内、阳台、屋顶绿化管理标准等方面的知识。

2)能力培训。绿化员能力培训的主要内容包括：植物保洁能力，施肥操作能力，机械设备的使用和保养能力，花卉植物摆设能力，花卉植物浇水及管理能力，草坪的施工与保养能力，植物的修剪能力，自然破坏防护能力，除草的操作能力等。

(5)设备管理员的培训。

1)知识培训。设备管理员知识培训的主要内容包括：物业管理基础知识、房屋附属设备的构成及分类、房屋附属设备维修的类型、给水排水设备的验收接管、水泵房的管理、房屋装饰性设备等方面的知识。

2)能力培训。设备管理员能力培训的主要内容包括：房屋附属设备的日常保养能力，给水排水设备的管理与维护能力，消防设备的维修管理能力，卫生设备的维修管理能力，电力设备的维修管理能力，电梯设备的维修管理能力，制冷供暖设备的维修管理能力，避雷设施的维护能力等。

2. 管理层员工的知识和能力培训

(1)中高级管理人员的培训。

1)知识培训。中高级管理人员知识培训的主要内容包括：经济学、组织行为学、心理学、公共关系学、行政管理学、市场营销相关知识、物业服务企业财务管理、物业管理法律法规、房地产经营管理等知识。

2)能力培训。中高级管理人员能力培训的主要内容包括：物业管理各项活动的组织、内外沟通协调、经营服务的策划、物业服务企业运作制度的订立、物业管理拓展和物业管理方案的制定、突发事件的处理等能力。

(2)项目管理负责人的培训。

1)知识培训。项目管理负责人知识培训的主要内容包括:经济学、组织行为学、市场营销、公共关系、物业服务企业财务管理、物业管理法律法规与房地产经营管理等知识。

2)能力培训。项目管理负责人能力培训的主要内容包括:制定物业管理方案的能力、制定物业管理制度的能力、编制费用预算的能力、制定物业维修方案的能力、策划经营服务项目的能力、创优达标的能力。

(3)一般管理层员工的培训。

1)知识培训。一般管理层员工知识培训的主要内容包括:物业管理基础知识、物业管理法律法规知识、房屋结构构造与识图知识、物业管理收费知识、房屋维护与管理知识、房屋附属设备维护与管理知识、环境管理知识等。

2)能力培训。一般管理层员工能力培训的主要内容包括:楼宇巡查能力、处理投诉问题的能力、物业承接查验能力、装修监管能力、物业管理常用公文的写作能力等。

本章小结

本章主要介绍了物业服务企业、业主、业主大会和业主委员会的基本知识,物业服务企业与业主委员会、房地产开发企业、政府管理部门、各专业服务公司、社区管理的关系,物业服务企业品牌建设的意义和途径,以及物业服务企业从业人员应具备的专业素质、职业道德。通过本章的学习,应对物业服务企业的组织机构、权利、义务等有基础的认识,能在具体实践中与业主、业主委员会、相关部门和机构相互配合、协调,为业主和物业使用人提供优质的服务。

思考与练习

一、填空题

1. 按服务范围划分,物业服务企业分为_____和_____。
2. 按物业服务企业内部运作方式划分,物业服务企业可分为_____、_____和_____。
3. 根据《公司法》的规定,企业设立须向工商管理部门进行_____,在领取后,方可开业。
4. 物业服务企业设置的原则包括_____、_____、_____、统一指挥原则、有效管理幅度原则。
5. 物业服务企业组织机构的基本类型一般有_____、_____、_____、_____等几种形式。

6. 根据《业主大会和业主委员会指导规则》的规定，业主委员会由业主大会会议选举产生，由_____组成。

二、简答题

1. 什么是物业服务企业？
2. 简述物业服务企业的性质。
3. 简述物业服务企业的权利。
4. 简述物业服务企业的义务。
5. 什么是业主和物业使用人？
6. 简述业主的权利。
7. 简述业主大会的职责。
8. 物业服务企业与业主委员会的关系是什么？
9. 简述物业管理和社区管理的区别。

第四章 物业管理程序

知识目标

通过本章的学习，了解物业管理项目的招标投标程序，物业承接查验的内容和方法，物业入住与装修管理的相关事宜；掌握物业管理前期介入的定义和内容，前期物业管理的基本内容。

能力目标

能够运用前期介入知识在实际工作中组织实践，能够完成物业招标书和投标书的编写，能够完成物业承接查验，能够高效引导业主办理物业入住手续，能够管理和监督、检查物业装修事项。

第一节 物业管理前期介入

一、物业管理前期介入认知

房地产开发包括决策立项（市场调查、可行性论证、项目选址以及申请立项等）、前期准备（规划设计、方案报批、工程勘探、土地征用和拆迁安置、办理开工手续和施工准备）、施工建设、竣工验收和营销五个阶段。

物业管理前期介入是指物业服务企业在正式接管物业之前，开发企业邀请物业服务企业从业人员参与该物业的整体布局、功能规划、楼宇设计、材料选用、设备选型、设施配套、管线布置、房屋租赁经营、施工质量、竣工验收等多方面并向建设单位提出意见和建议，使物业投入使用后能更好地满足业主与物业使用人的需求，为物业管理创造条件。

物业管理的介入时间应根据实际情况来定。长期以来，物业管理一直滞后于房地产的规划设计和施工建设阶段。而规划设计是各种物业能否形成完整、舒适、便利的功能区域的先天制约条件，可是设计人员在规划设计中往往仅从设计技术角度考虑目前国家的技术标准、市场需求和建设成本，却忽视了以后的管理和使用问题，从而造成建成后的物业在使用及管理上的矛盾和漏洞。因此，为了进一步增强物业的使用性能，减少因规划设计带来管理上的纠纷，房地产开发商在规划设计阶段就应充分利用物业服务企业的丰富经验和专业知识所提出的建议及意见，尽可能地实现物业管理前期介入。

前期介入是物业服务企业提供的有偿性服务，其服务对象主要是建设单位，其咨询服务费由建设单位承担。

二、物业管理前期介入的作用

1. 有利于完善设计细节，提高物业的实用性和便利性

在物业布局、配套，建筑造型，房型设计，电力负荷设计，垃圾站点布设，建材选用，供电供水、污水处理、电话、有线电视等的管线铺设，空调排烟孔位预留等方面充分考虑住户生活的安全、舒适与便利，向房地产开发企业提出建设性意见。

2. 有利于提高生活质量，保证物业的使用功能

物业在建造完成以后，由于设计、施工或材料的原因在日后的使用中很可能暴露出各种质量问题，而物业服务企业在物业的长期使用和管理的过程中积累了大量的第一手资料，对许多工程质量问题十分清楚。

物业服务企业通过参与物业施工建设阶段的监管，强化了施工过程中的质量管理与监控，并尽可能把房屋质量隐患消灭在建造过程中，从而提高了房屋的建造质量。同时，物业服务企业因在实际管理中接触不同类型、不同规格、不同管理模式的物业并直接与房屋的业主和使用人联系，了解他们的需要，根据自己丰富的管理经验，使物业的使用更加完善。

3. 为验收接管打下基础

通过开展前期介入，物业服务企业全面熟悉和掌握了物业的土建结构、管线走向、设施建设、设备安装，特别是隐蔽工程等情况，有利于缩短验收时间、提高验收质量，便于对发现问题的交接处理。

4. 有利于后期管理工作的顺利进行

前期介入可以优化设计，减少、防止后遗症。同时，物业管理也是一项综合管理工程，在前期管理中，经常需要同许多政府的职能部门（如环卫、水电、煤气、通信、治安等）发生联系，经过一段时间的磨合，便于理顺同它们之间的关系，建立顺畅的服务渠道，这些都为日后的管理工作打下了良好的基础。另外，也有利于业主一旦入住就能享受到较好的物业管理服务。

前期介入是房地产开发企业为优化建设项目，做好物业管理基础工作，提高企业经济效益进行的有效行为。

5. 有利于提高建设单位的开发效益

前期介入是物业服务企业从物业开发项目的可行性研究开始到项目竣工验收的全程介入，建设单位可以得到物业服务企业的专业支持，开发出市场定位准确、功能使用考虑周全、业主满意的物业，促进物业的销售。同时，建设单位还可以通过引入高水平的物业管理咨询提升自身的品牌。

另外，开展物业管理前期介入，还有利于降低房地产开发企业投资的风险，有利于物业服务企业工程技术人员的培养。

三、物业管理前期介入的具体内容

(一)立项决策阶段的前期介入

立项决策阶段的前期介入是指物业服务企业在房地产开发项目可行性研究阶段介入，此时的主要内容就是对项目的可行性提出意见和建议。

立项决策阶段是房地产开发设计的源头，物业管理的前期介入应以立项决策阶段开始，这个阶段要解决的问题主要是开发什么、能否开发等问题。这首先依赖于对市场的调查分析，此时物业服务企业应该对准备开发的房地产项目提出专业意见，并在可能的情况下，就该项目今后的物业管理做出书面咨询报告，以便房地产开发商在决策时能够综合考虑包括物业管理目标和模式定位在内的各方面意见，减少决策的盲目性和随意性。

(二)规划设计阶段的前期介入

规划设计阶段的前期介入是指物业服务企业在房地产开发已确立的项目规划设计阶段开始介入，此时的主要内容是完善物业的功能和管理功能设计。产品要有竞争力，必须能全面满足客户的需求，对于房地产来说，不仅要重视房屋本身的质量问题，更应该考虑服务的使用功能、小区的合理布局、建筑的造型、建材的选用、室外的环境、居住的安全舒适、生活的方便等。这就要求在规划设计阶段，物业服务企业根据以往的管理经验和日后实施物业管理的需要，针对规划设计中的种种问题和缺陷提出自己的意见和建议。

在这一阶段，物业服务企业针对规划设计中存在的问题和缺陷提出的意见与建议，一般依据以往的管理经验和日后实施物业管理的需要。这些专业意见包括以下七个方面：

1. 配套设施的完善

目前，对于房地产而言，要求进行综合性开发，因此，光满足住的需求是不够的，还需考虑享受和发展的需求。而能否充分发挥物业的整体功能，关键要看各类配套设施是否完善，此时房地产开发商必须充分利用物业服务企业根据以往的管理经验和日后实施物业管理的需要，就住宅小区内幼儿园、学校等公益事业，各类商业服务网点，小区内外道路交通的布置，环境的和谐与美化，尤其是人们休息、交往、娱乐的场所与场地的布置等方面提出意见和建议，完善小区的配套设备设施。

2. 水、电、气等的供应容量

水、电、气等的供应容量是项目规划设计时的基本参数，设计人员在设计时，通常参照国家的标准设计，而国家的标准设计仅规定了下限，即最低标准，只要高于此限制就算达到设计要求。但在实际生活中，南北气候的差异必然会造成实际用量的差异，并且随着人们生活水平的不断提高，对各种能源的需求也会不断增大。因此，在规划设计时，要留有修整的余地。

3. 安全保卫系统

相当一部分消费者在购买物业时，都会把小区的安全放在首位，因此，做好小区的安全保卫工作，给业主创造一个安全的居家环境也日益成为规划设计的又一个重要环节。目前，大部分小区都采用了现代化的自动报警系统，但采用的设备越多、越先进，物业的建造成本就越高，这就需要在节约成本的基础上，尽可能设计有效完备的报警系统。

4. 生活垃圾的处理方式

垃圾处理是每个物业每天都要面对的问题，处理不好将直接影响小区的环境卫生和业主的日常生活。有垃圾通道的建筑，要考虑如何保持通道的清洁；如果采用垃圾桶，就需要考虑如何在方便业主的前提下，合理地设置垃圾桶的位置及数目，保持小区公共区域的环境卫生。上述两种方式各有利弊，在规划设计时具体采用哪种方式应根据小区的实际情况和物业服务企业的管理经验来选择。

5. 绿化布置

合理的绿化布置是营造良好小区环境的重要工作。绿化主要考虑气候、环境、造型、布局等，特别需要注意绿化的搭配，如常绿与落叶、针叶与阔叶、乔木与灌木、观叶与观花、观果树木与花草之间要合理搭配。同时，由于土地供给的有限性，为了充分利用土地资源，提高小区的绿化率，物业服务企业还应就垂直绿化与水平绿化的合理布置提供建设性的建议，进一步提升小区在绿化方面的视觉效果。

6. 建筑材料的选用

建筑材料的选用涉及工程质量造价与日后的维修管理和防火安全。不同的建筑材料，由于其材料特性的不同，使用养护要求不同，其养护设备、管理工作量也不同，如玻璃、大理石、陶质墙砖、涂料等不同建筑材料的外墙饰面，对保洁的要求就不同。物业服务企业应根据自己以往的管理经验，本着节约资源、保护环境的原则，提出对建筑材料选择的意见，为今后的物业管理服务工作提供一定的便利。

7. 其他

在规划设计时，一些细节性的问题往往容易被设计人员忽略，这就会给日后的使用和管理带来许多不便，物业服务企业应予以关注，并提出建议，尽量减少类似的缺陷。如小的方面有电路接口的数量、位置是否方便日后检修，插座开关的高度、数目及具体的位置是否适当、方便使用等；大的方面有室内各种管线的布局、位置是否适用，垃圾的处理方式是选择垃圾道还是垃圾桶等。

（三）施工阶段的前期介入

施工阶段的前期介入是指物业服务企业在房地产开发的施工阶段介入，此时的主要内容是进行工程监控和熟悉项目的整体情况。这一阶段是房地产开发项目质量保证的一个关键阶段，此阶段施工质量的控制对项目的物业质量有直接的影响。此阶段物业服务企业主要是派相关专业人员到工地现场，参与工程施工质量监理，熟悉基础隐蔽工程、机电设备安装调试、管线的铺设及走向等日后难以从建筑外观上察觉的施工质量。有必要的话，可就发觉的缺陷问题或遗留项目在现场与施工单位、建设单位共同磋商，及时提出并落实整改方案，减少"先天不足"问题的产生。

同时,物业服务企业还应尽可能全面收集物业的各种资料,严格监督施工单位是否按照国家现行有关法律规定、技术标准及合同进行操作,确保工程质量,并为日后的管理工作做好准备。

(四)竣工验收阶段的前期介入

竣工验收阶段的前期介入是指物业服务企业在房地产项目已建成,项目竣工验收阶段介入,此时的主要内容是参与验收,与开发商商定前期物业管理的委托事宜。

竣工验收阶段是房地产开发建设的最后环节,它是对房地产项目设计质量和施工质量的全面检验。竣工验收是对开发项目质量控制的最后把关,其工作的认真、细致与否,不仅对开发项目质量最终认定产生直接的影响,而且对物业服务企业承接查验也将产生影响。因此,物业服务企业在此阶段尽管是以参与者的身份介入,但是在认识和操作上都不能有丝毫的懈怠,以便为接下来的物业承接查验打好基础。

四、物业服务企业前期介入的时间及方式

物业服务企业前期介入的时间不同,其充当的角色是不一样的,也就意味着虽然都是给房地产开发商提供咨询服务,但物业本身生产环节的具体工作内容不同,则要求物业服务企业介入的方式要有变化,要满足其需求主体——房地产开发商的具体需要。

物业服务企业前期介入的时间及方式见表4-1。

表4-1 物业服务企业前期介入的时间及方式

介入方式	具体内容
早期介入	早期介入是指物业服务企业在项目可行性研究阶段开始介入。介入后,物业服务企业充当顾问的角色,此时物业服务企业提出的建议最及时,只要合理,很容易被采纳,这是因为此时房地产开发商的投资还没有形成事实,吸纳更多有利的建议会对其投资产生较大的利益,此时,物业服务企业一般不设固定人员进驻开发现场,工作方式可根据开发商的需要确定,如定期参加开发商的设计会议、出谋划策等
中期介入	中期介入是指物业的土建结构已封顶,工程进入设备安装和内容装修阶段,物业服务企业在这个阶段参与进来,其作用类似监理的角色,介入人员主要为工程技术人员,尤其是设备系统工程师。这些工程技术人员一方面熟悉线路管道的铺设走向,另一方面对设备安装的质量进行监督,这是大多数物业服务企业经常采用的介入方式
晚期介入	晚期介入是指物业服务企业在物业建设工程基本结束,工程开始竣工验收,移交承接查验和准备入住及筹备开业时全面介入。该阶段介入后,物业服务企业就要开始"管家",因为施工阶段已把房地产开发商的投资蓝图变为现实,物业服务企业后来的管理对象——物业业已形成,因此,物业服务企业应在这个阶段对物业进行全面的了解,工作方式由先前的顾问工作转入实质性操作工作,此时物业服务公司的整套队伍应基本到位

第二节　前期物业管理

一、前期物业管理的概念

前期物业管理是指房屋出售后至业主委员会与业主大会选聘的物业服务企业签订的物业服务合同生效时止，由建设单位选聘物业服务企业对房屋及配套的设施设备和相关场地进行维修、养护、管理，维护相关区域内的环境卫生和秩序的活动。

二、前期物业管理的内容

前期物业管理的内容与常规的物业管理内容基本相同，其不同的地方在于：开发建设单位委托物业服务企业进行物业管理时，有一个建设单位作为委托方委托，物业服务企业从建设单位手中承接查验物业的过程。其中牵涉的具体内容包括以下六个方面：

(1)房地产开发建设单位与物业服务企业接洽有关前期物业管理委托事项。主要包括管理服务内容、管理服务标准、管理服务期限、前期物业管理过程中有关保修责任的委托与实施；遗留扫尾工程、空置房屋经租或看管等代为办理事项；管理服务费用的构成及筹集；管理用房、经营用房的提供使用及收益分配；物业及相关资料的承接查验。

(2)在洽谈过程中，物业服务企业对人力、物力等自身条件和接管物业的运作、盈亏风险做出测算，据此制定接管方案作为依据与房地产开发建设单位进一步磋商或竞标。若意见达成一致或中标，则双方将签订前期物业服务合同。

(3)签订前期物业服务合同后，物业服务企业就要对物业实施承接查验，这是前期物业管理的一个关键环节。为了做好这项工作，物业服务企业必须根据国家颁布的《房屋承接查验标准》拟定物业移交接管的程序和要求，严格按照接管程序办事，做好物业交接工作。应该移交的资料和文件，如建设单位未移交的，一定要向建设单位追索。如果有些资料已被建设单位遗失，则建设单位要设法补齐。

(4)根据前期物业服务合同所赋予的管理职能以及相关的法律规定，物业服务企业应当制定一系列管理制度，以建立正常的管理秩序。这些制度如停车场的管理办法、电梯使用规定及物业保修与维修方面的有关制度和规定等。

(5)建立与社会上有关单位、部门的联络，营建综合服务网络。前者是指物业正式启动运作后，势必要与物业所在区域的有关主管部门和市政公用事业单位取得联系，赢得他们的支持与配合。同时，物业服务企业如有必要，还可以考虑聘请专业性服务企业代理专业性事务工作，以使业主入住后各种需求得到充分满足。

(6)对业主入伙进行管理。入伙是指业主或物业使用人收到书面通知书并在规定期限内办完相应手续后，领取钥匙实际入住。物业服务企业对入伙的管理包括：向业主发出可以办理入伙的书面通知书；在业主接到通知书后去验收物业时，对物业管理情况进行介绍说明，回答业主的询问，接受业主对物业管理问题提出的意见；宣传临时管理规约、前期物业服务合同和国家有关的物业管理法律，公布物业管理的规章制度；让业主如实填写住户情况登记卡，发送住户手册；收取物业服务费用、专项维修资金、装修保证金和其他有关费用等。

三、前期物业管理的特点

相对于常规物业管理而言，前期物业管理具有以下基本特征：

(1) 前期物业管理的基础性。前期物业管理的许多工作，尤其是前期物业管理的特定内容是以后常规期物业管理的基础，对常规物业管理有着直接和重要的影响，具有基础性，这是前期物业管理最明显的特点。

(2) 前期物业管理的过渡性。前期物业管理的职责是在新建物业投入使用初期建立物业管理服务体系并提供服务，其介于早期介入与常规物业管理之间。因此，前期物业管理在时间上和管理上均是一个过渡时期和过程。

(3) 建设单位的主导性。为业主提供物业管理服务的物业服务企业并非由业主来选择，无论是招标投标方式还是协议方式，选择物业服务企业的决定权在建设单位。前期物业活动的基础性文件——临时管理规约的制定权在建设单位。物业管理服务的内容与质量，服务费用，物业的经营与管理，物业的使用与维护，专项维修资金的缴存、管理、使用、续筹，均由建设单位确定。

(4) 业主地位的被动性。相对于建设单位、物业服务企业而言，业主除享有是否购置物业的自由外，其他的权利、义务均处于从属地位。如业主在签订物业买卖合同时应当遵守临时管理规约予以书面承诺；建设单位与物业服务企业达成的前期物业服务合同约定的内容，业主在物业买卖合同中不能变更；前期物业管理中，有关物业的使用、维护，专项维修资金的缴存、管理、使用、续筹等方案，业主无权决定等。

(5) 前期物业服务合同期限的不确定性。建设单位虽然与物业服务企业在签订前期物业服务合同时约定了期限，但只要业主委员会与物业服务企业签订的物业服务合同生效，前期物业服务合同即告终止。

(6) 监管的必要性。在前期物业管理中，建设单位、物业服务企业处于优势地位，如果对其失去监督，那么业主的合法权益就不能得到有效保障。《物业管理条例》及原建设部与之配套的规章对建设单位前期物业管理活动的行为做了一些具体的限制性规定。如建设单位制定的临时管理规约，不得侵犯买受人的合法权益；前期物业服务企业的选择要遵守《前期物业管理招标投标管理暂行办法》的规定等。

四、前期物业管理与前期介入的区别

前期物业管理与前期介入的区别见表 4-2。

表 4-2　前期物业管理与前期介入的区别

区别	内容
发生时段不同	前期介入发生的时段是竣工验收以前，而前期物业管理发生的时段是竣工验收以后至业主大会与其选聘的物业服务企业签订合同生效日止
工作内容不同	前期介入阶段，物业服务企业的工作主要是给予咨询以及施工阶段的质量督察。而在前期物业管理阶段，物业服务企业的工作主要是住户入住、室内装饰管理、日常管理制度和管理队伍的建立及运作等实际的管理工作
合同关系不同	前期介入不一定需要物业管理服务合同的存在，只要有一般的咨询服务合同即可；而前期物业管理阶段，物业服务企业必须与建设单位签有前期物业管理服务合同
企业地位不同	在前期介入阶段，物业服务企业只是起辅助作用；而在前期物业管理阶段，物业服务企业是处于管理的主导地位

第三节　物业管理招标投标

一、物业管理招标投标概述

(一)物业管理招标投标的定义

物业管理招标是指开发商或业主委员会，为即将竣工使用或正在使用的物业寻找物业服务企业而制定出符合其管理服务要求和标准的招标文件，向社会公开招聘，并采取科学的方法进行分析和判断，最终确定物业管理公司的全过程。

物业管理投标是对物业管理招标的响应，是指符合招标条件的物业服务企业，根据招标文件中确定的各项管理服务要求与标准，编制投标文件，参与投标竞争的行为。

物业管理招标投标的产生和发展，是以物业管理的商品化和市场化程度高低为基础。目前，在市场经济发达的国家和地区基本上都建立了物业管理招标投标制度。我国物业管理的市场化起步较晚，但随着我国房地产行业的蓬勃发展，一些国家投资的大型建筑项目也开始采用招标投标方式实施物业管理项目。

(二)物业管理招标投标的必要性

招标与投标是市场经济和竞争机制发展到一定程度的必然产物。随着我国房地产行业体制改革的深化，大力推广物业管理招标投标制度，已成为培育和发展我国物业管理市场的迫切需要。主要体现在以下三个方面：

1. 发展社会主义市场经济的需要

物业管理是一种服务商品，必须遵循价值规律的要求，进行等价交换，接受市场公平竞争的考验。物业服务企业提供的管理服务的价值和价格也必须能被物业管理市场所接受。因此，通过物业管理招标与投标，评定其价值和价格在现行物业管理市场价格水平下能否被接受，是保证等价交换顺利进行的前提，也是价值规律的客观要求。

2. 房地产管理体制改革的需要

我国原有的行政性福利型的房地产管理体制已不适应市场经济发展的需要，因此，要对旧的管理体制进行根本性的改革，把原来的行政管理终身制改为企业经营性的聘用制。在这种新的管理体制下，开发商或业主委员会都有权选择物业服务企业。但是，二者又彼此不熟悉，没有业务上的往来。这时，就需要通过物业管理的招标投标，来解决开发商或业主委员会与物业服务企业之间信息不相通的问题，从而实现了开发商或业主委员会自主选择符合自己管理服务要求和标准的物业服务企业。

3. 提高物业管理水平、促进物业管理行业发展的需要

要提高物业管理水平，促进物业管理行业的发展，就要有充满活力的市场竞争。在竞争中，一些经营管理好、服务水平高、竞争能力强的公司就会赢得信誉和业务。

（三）物业管理招标投标的原则

物业管理招标必须贯彻"公开、公平、公正、合理"的原则。由于物业管理招标的目的是在一场竞争性招标中找到自己最理想的物业服务企业，开发商或业主要想吸引尽可能多的物业服务企业投标，并在竞争性投标中得益，就要对所有参加投标者贯彻"公开、公平、公正、合理"的原则。

(1)公开原则是指招标过程中的各项程序都要公开，从而便于行业和社会的监督，增加物业管理招标的市场透明度。

(2)公平原则是指在招标文件中向所有物业服务企业提出的投标条件都是一致的，即所有参加投标者都必须在相同的基础上投标。例如，若需要有投标保证书，则对所有投标的物业服务企业都有这一要求。

(3)公正原则是指在所有投标者起点公平的基础上，还要保证在整个评估过程中所使用的准则具有一贯性和普遍性。例如，对中标者的最后选定，应在招标文件的选定准则中加以详细说明，使未中标者明白自己的差距和不足，以示公正。

(4)合理原则是指选定投标的价格和要求必须合理，不能接受低于正常的管理服务成本的标价，也不能脱离实际市场情况，提出不切实际的管理服务要求。

只有贯彻"公开、公平、公正、合理"的原则，才能做好物业管理招标工作，才能真正遵循公平竞争、优胜劣汰的市场经济规律，这也是物业管理招标的根本宗旨。

（四）物业管理招标投标的特点

1. 超前性

未给物业交付使用后的物业管理创造条件，物业管理必须在物业建成之前，提前介入，在建设过程中，对今后的物业管理的各种需要进行规划。

2. 阶段性

各种物业管理的要求、管理服务费用的制定都具有一定的时间性，随着时间的变化，上述内容需要根据实际情况和市场变化进行调整。另外，物业服务委托合同对被选中的物业服务企业的服务期限都有约定，当服务期限到期后，可能因为业主或物业服务企业的原因，需要重新选聘物业服务企业。

3. 局限性

招标费用由招标方（往往是开发单位或业委会），不可能花费大量资金、人力、物力来宣传和组织招标活动，从而限制招标方式的选择。

二、物业管理招标

（一）物业管理招标的主体

物业管理招标的主体一般是物业的建设单位、业主大会（单一业主）、物业产权人（政府机关或物业产权部门）。

在业主、业主大会选聘物业服务企业之前的前期物业管理活动中，由物业建设单位负责物业管理服务的招标组织工作；业主大会已经成立的，由业主大会负责实施物业管理的招标组织工作。

一些重点基础设施或大型公用设施的物业（如机场、码头、医院、学校、口岸、政府办公楼等），其产权人多为政府的国有资产管理部门，此类型物业的招标必须经国有资产管理部门或相关产权部门的批准，一般由产权人或管理使用单位、政府采购中心等作为招标人组织招标。

（二）物业管理招标的方式

1. 公开招标

公开招标是指招标单位通过各种途径发表招标广告，所有符合条件的公司都可以来投标。公开招标最大的特点是招标人以招标公告的方式邀请不特定的法人或者其他组织投标。公开招标是国际上最常见的招标方式，其优点是最大限度地体现了招标的"公开、公平、公正、合理"的原则。

2. 邀请招标

由招标单位向有承担物业管理能力的若干个物业服务公司发出招标通知，邀请其投标。它的特点是以投标邀请书的方式邀请特定的法人或其他组织投标。邀请招标主要适用于招标规模较小的物业项目。邀请招标弥补了公开招标方式的不足，所以使它成为公开招标不可缺少的补充形式。

邀请招标的优点是能节省招标时间和降低招标成本。但是也有一定的不足，那就是由于招标人事先选择了投标人，因此使可选择的范围大大缩小，这样就容易产生投标人之间的不合理竞争，容易造成招标人与投标人之间的舞弊现象，也会产生歧视一些投标人的现象等，尽管如此，它还是作为一种重要的招标方式被广泛使用，并深受一些私营业主和开发商的欢迎。

3. 议标

议标又称为协商招标，是指由招标单位直接邀请某一物业服务公司进行协商，确定物业管理的有关事项,并最终达成协议。议标实质上可以看作更小范围的邀请招标。

议标目前在我国中小规模的物业管理招标项目中较为常见。这是因为,一方面,该类物业的工期较紧,标的总价较低,短时间内难以吸引足够数量的物业管理单位进行投标;另一方面,开发商本身对物业服务企业的情况较为了解,且所需管理的物业技术性和专业性不强,对管理的要求不是非常严格。此时在投标人竞争范围缩小的情况下,并不影响物业管理服务的质量。因此,议标方式常常被经验丰富的开发商所采用,业主委员会也可通过委托招标机构采用议标方式进行招标。

(三)物业管理招标的内容

1. 早期介入和前期物业管理阶段的招标内容

早期介入阶段主要是指物业开发设计、施工建设、竣工验收阶段,前期物业管理阶段是指从入住到业主大会聘请物业服务企业承担日常管理前的阶段。在早期介入和前期物业管理阶段,要求提供相应物业管理服务的主要招标内容如下:

(1)对投标物业的规划设计提供专业的合理化建议。
(2)对投标物业设施配备的合理性及建筑材料选用提供专业意见。
(3)对投标物业的建筑设计、施工是否符合后期物业管理的需要提供专业意见并对现场进行必要监督。
(4)提出投标物业的其他管理建议。
(5)参与物业的竣工验收,并提出相应的整改意见。
(6)设计物业管理模式,制定员工培训计划。
(7)对经营性物业进行经营策划,制定租赁策略方案和宣传推广方案。
(8)建立服务系统和服务网络,制定物业管理方案。
(9)办理移交接管,对业主入住、装修实施管理和服务。

2. 常规物业管理招标内容

常规物业管理要求提供的相关服务的主要内容如下:
(1)项目机构的建立与日常运作机制的建立,包括机构设置、岗位安排、管理制度等。
(2)房屋及共用设施设备的管理。
(3)环境与公共秩序的管理,包括清洁卫生、环境绿化养护、停车场及安全防范等。
(4)客户管理、客户服务和便民措施。
(5)精神文明建设。
(6)物业的租赁经营。
(7)财务管理,包括对物业服务费和专项维修资金的使用和管理。

3. 物业管理招标中管理方式的确定

物业管理项目的承接有全方位服务型管理、顾问服务型管理和合资合作三种方式。
(1)全方位服务型管理方式,是指招标人聘请物业服务企业负责对招标物业进行全方位的常规物业管理服务，由物业服务企业自行负责组织实施和运作，招标人只负责对管理服务的质量和效果进行综合测评。

(2)顾问服务型管理方式，是指由物业服务企业派驻相应的管理小组，对招标人的前期物业管理或全方位的常规物业管理进行顾问指导服务，日常运作完全由招标人（或原有的管理方）自行负责。顾问服务型管理方式实际上是咨询服务的一种延伸。

(3)合资合作方式，是指招标投标双方就招标物业的常规物业管理、物业经营等内容采取合资合作的方式，一般适用于大型的综合性物业、经营性物业或招标人有下属物业服务企业的情况。

物业管理方式一般由招标人在招标文件中明确规定项目所采取的方式，招标人也可以要求投标人根据物业的实际情况选择确定一种方式。

(四)物业管理招标的程序

1. 成立招标领导小组

招标人在政府房地产行政主管部门指导、监督下，成立招标领导小组，确定招标方式、内容、招标条件和投标企业的范围，并对招标过程中可能出现的问题和不确定的风险进行预测，制定相应的防范控制体系；编制招标文件；发布招标公告或投标邀请书；对投标人进行资格审查；向投标人发放招标文件和提供相关技术资料；组织投标人现场踏勘和答疑；制定评标方法；发布中标结果等。

2. 编制招标文件

招标人应当根据物业管理项目的特点和需要，在招标前完成招标文件的编制。招标文件应包括以下内容：

(1)招标人及招标项目简介，包括招标人名称、地址、联系方式、项目基本情况、物业管理用房的配备情况等。

(2)物业管理服务内容及要求，包括服务内容、服务标准等。

(3)对投标人及投标书的要求，包括投标人的资格，投标书的格式、主要内容等。

(4)评标标准和评标方法。

(5)招标活动方案，包括招标组织机构、开标时间及地点等。

(6)物业服务合同的签订说明。

(7)其他事项的说明及法律、法规规定的其他内容。

招标人应当在发布招标公告或者发出投标邀请书的10日前，提交以下材料报物业项目所在地的县级以上地方人民政府房地产行政主管部门备案：

(1)与物业管理有关的物业项目开发建设的政府批件。

(2)招标公告或者招标邀请书。

(3)招标文件。

(4)法律、法规规定的其他材料。

房地产行政主管部门发现招标有违反法律、法规规定的，应当及时责令招标人改正。

3. 公布招标公告或发出投标邀请书

招标人采取公开招标方式的，应当在公共媒介上发布招标公告，并同时在中国住宅与房地产信息网和中国物业管理协会网上发布免费招标公告。

招标公告应当载明招标人的名称和地址，招标项目的基本情况以及获取招标文件的办法等事项。

招标人采取邀请招标方式的，应当向 3 个以上物业服务企业发出投标邀请书，投标邀请书应当包含前款规定的事项。

4. 发放招标文件

招标文件的发放应当按照招标公告或投标邀请函规定的时间、地点向投标方提供，也可以通过网络下载的方式进行。除不可抗力的因素外，招标人或招标代理机构在发布招标公告和发出投标邀请函后不得终止招标。

在进行规模较大、比较复杂的物业项目招标时，通常由招标人或招标机构在投标人获得招标文件后，统一安排投标人会议，即标前会议。标前会议一般安排在投标物业现场，在投标人进行现场踏勘后召开，标前会议的目的在于解答投标人提出的各类问题。

招标人应当确定投标人编制投标文件所需要的合理时间。公开招标的物业管理项目，自招标文件发出之日起至投标人提交投标文件截止之日止，最短不得少于 20 日。招标人对已发出的招标文件进行必要的澄清或者修改的，应当在招标文件要求提交投标文件截止时间至少 15 日前，以书面形式通知所有的招标文件收受人。该澄清或者修改的内容为招标文件的组成部分。

5. 投标申请人的资格预审

公开招标的招标人可以根据招标文件的规定，对投标申请人进行资格预审。实行投标资格预审的物业管理项目，招标人应当在招标公告或者投标邀请书中载明资格预审的条件和获取资格预审文件的办法。资格预审文件一般应当包括资格预审申请书格式、申请人须知，以及需要投标申请人提供的企业资格文件、业绩、技术装备、财务状况和拟派出的项目负责人与主要管理人员的简历、业绩等证明材料。

经资格预审后，公开招标的招标人应当向资格预审合格的投标申请人发出资格预审合格通知书，告知获取招标文件的时间、地点和方法，并同时告知资格预审不合格的投标申请人资格预审结果。在资格预审合格的投标申请人过多时，可以由招标人从中选择不少于 5 家资格预审合格的投标申请人。

6. 接受投标文件

招标人应按照招标文件规定的时间和地点接受投标文件。投标人在送达投标文件时，招标人应检验文件是否密封或送达时间是否符合要求，符合者发给回执，否则招标人有权拒绝或作废标处理。投标书递交后，在投标截止期限前，投标人可以通过正式函件的形式调整报价及作补充说明。

招标人不得向他人透露已获取招标文件的潜在投标人的名称、数量以及可能影响公平竞争的有关招标投标的其他情况。

7. 成立评标委员会

招标人或招标代理负责组建评标委员会。评标委员会由招标人代表和物业管理方面的专家组成，成员为5人以上单数，其中招标人代表以外的物业管理方面的专家不得少于成员总数的2/3。评标委员会的专家成员，应当由招标人从房地产行政主管部门建立的专家名册中采取随机抽取的方式确定。与投标人有利害关系的人不得进入相关项目的评标委员会。

房地产行政主管部门应当建立评标的专家名册。省、自治区、直辖市人民政府房地产行政主管部门可以将专家数量少的城市的专家名册予以合并或者实行专家名册计算机联网。房地产行政主管部门应当对进入专家名册的专家进行有关法律和业务培训，对其评标能力、廉洁公正等进行综合考评，及时取消不称职或者违法违规人员的评标专家资格。被取消评标专家资格的人员，不得再参加任何评标活动。

评标委员会成员应当认真、公正、诚实、廉洁地履行职责。评标委员会成员不得与任何投标人或者与招标结果有利害关系的人进行私下接触，不得收受投标人、中介人、其他利害关系人的财物或者其他好处。评标委员会成员和与评标活动有关的工作人员不得透露对投标文件的评审和比较、中标候选人的推荐情况以及与评标有关的其他情况。

8. 开标、评标与中标

(1)开标。开标应当在招标文件确定的提交投标文件截止时间的同一时间公开进行；开标地点应当为招标文件中预先确定的地点。开标由招标人主持，邀请所有投标人参加。开标应当按照下列规定进行：由投标人或者其推选的代表检查投标文件的密封情况，也可以由招标人委托的公证机构进行检查并公证。经确认无误后，由工作人员当众拆封，宣读投标人名称、投标价格和投标文件的其他主要内容。招标人在招标文件要求提交投标文件的截止时间前收到的所有投标文件，开标时都应当当众予以拆封。开标过程应当记录，并由招标人存档备查。

(2)评标。评标由招标人依法组建的评标委员会负责。除现场答辩部分外，评标应当在严格保密的情况下进行。评标委员会负责根据招标文件规定的要求和评分方式、标准进行评标，评标采取集中会议的方式对所有的投标文件进行严格的审查和比较，评标一般采用综合评议和百分制量化的评分方法。

评标委员会可以用书面形式要求投标人对投标文件中含义不明确的内容作必要的澄清或者说明。投标人应当采用书面形式进行澄清或者说明，其澄清或者说明不得超出投标文件的范围或者改变投标文件的实质性内容。在评标过程中召开现场答辩会的，应当事先在招标文件中说明，并注明所占的评分比重。评标委员会应当按照招标文件的评标要求，根据标书评分、现场答辩等情况进行综合评标。评标委员会应当按照招标文件确定的评标标准和方法，对投标文件进行评审和比较，并对评标结果签字确认。评标委员会经评审，认为所有投标文件都不符合招标文件要求的，可以否决所有投标。依法必须进行招标的物业管理项目的所有投标被否决的，招标人应当重新招标。评标委员会完成评标后，应当向招标人提出书面评标报告，阐明评标委员会对各投标文件的评审和比较意见，并按照招标文件规定的评标标准和评标方法，推荐不超过3名有排序的合格的中标候选人。招标人应当按照中标候选人的排序确定中标人。当确定中标的中标候选人放弃中标或者因不可抗力提出不能履行合同的，招标人可以依序确定其他中标候选人为中标人。

(3)中标及签订合同。招标人应当在投标有效期截止时限30日前确定中标人。投标有效期应当在招标文件中载明。招标人应当向中标人发出中标通知书，同时，将中标结果通知所有未中标的投标人，并应当返还其投标书。招标人应当自确定中标人之日起15日内，向物业项目所在地的县级以上地方人民政府房地产行政主管部门备案。备案资料应当包括开标评标过程、确定中标人的方式及理由、评标委员会的评标报告、中标人的投标文件等资料。委托代理招标的，还应当附招标代理委托合同。

招标人和中标人应当自中标通知书发出之日起30日内，按照招标文件和中标人的投标文件订立书面合同；招标人和中标人不得再行订立背离合同实质性内容的其他协议。招标人无正当理由不与中标人签订合同，给中标人造成损失的，招标人应当给予赔偿。

(五)物业管理招标文件示例

下面是以物业管理公开招标为例的一份完整的物业招标示范文本。

某市物业管理招标文件(示范文本)

第一部分　投标邀请

按照国务院《物业管理条例》《××市物业管理条例》和《××市物业管理招标投标暂行办法》规定，现决定对_____(项目名称)的物业管理服务进行_____(公开/邀请)招标。兹邀请合格投标人以密封标书的方式前来投标。

一、招标项目的简要说明

本项目位于_____市_____区(县)_____路_____号附近，四至范围：东至_____，西至_____，南至_____，北至_____(或见附图)。

本项目规划设计的物业类型为：

本项目总用地面积_____平方米。用地构成为：建筑用地_____平方米(其中公建用地_____平方米)，道路用地_____平方米，绿化用地_____平方米。

本项目总建筑面积_____平方米。其中地下总建筑面积_____平方米，地上总建筑面积_____平方米(住宅建筑面积_____平方米，商业用房建筑面积_____平方米，办公用房建筑面积_____平方米，其他物业建筑面积_____平方米)。

本项目共计建筑物_____幢(其中住宅_____幢_____套，非住宅_____平方米)，建筑结构为_____。

本项目的建筑密度为_____%，综合容积率_____，绿化率为_____%。

本项目规划建设机动车停车位_____个，其中地上停车位_____个，地下停车位_____个；按照规划设计建造了非机动车停车场所_____平方米。

二、项目开工和竣工交付使用时间

本项目于＿＿＿＿年＿＿＿＿月开工建设，共分＿＿＿＿期开发建设。第一期工程计划于＿＿＿＿年＿＿＿＿月竣工并交付使用；整个建设项目(计划)于＿＿＿＿年＿＿＿＿月全部建成竣工交付使用。

三、物业管理用房的配置情况

1. 物业服务企业办公等用房：

建筑面积为＿＿＿＿平方米；坐落位置：＿＿＿＿。

2. 业主委员会活动用房：

建筑面积为＿＿＿＿平方米；坐落位置：＿＿＿＿。

四、物业工程质量保证金、物业专项维修资金建立情况

物业工程质量保证金：由开发建设单位收存，现已收存＿＿＿＿元，存于＿＿＿＿。

物业专项维修资金：建设单位按＿＿＿＿标准缴存，计＿＿＿＿元；购房人按＿＿＿＿标准缴存，计＿＿＿＿元；物业专项维修资金的补充来源有＿＿＿＿，建立的物业专项维修资金现存于＿＿＿＿。

五、招标书的发售

投标人应于＿＿＿＿年＿＿＿＿月＿＿＿＿日＿＿＿＿时＿＿＿＿分前至本市＿＿＿＿区(县)＿＿＿＿路＿＿＿＿号附＿＿＿＿号＿＿＿＿室购买(领取)招标书。

出售的招标文件每套收取成本费＿＿＿＿元整(200元以下)。

六、保证金的缴纳

1. 投标人在购买(领取)招标书的同时缴纳投标保证金＿＿＿＿元整(2万元以下)。未中标的保证金在招标人与中标人签订＿＿＿＿物业服务合同后5日内退还，利息(不计/计)，并给予＿＿＿＿元的投标书编制补偿金。

2. 未按规定提交投标保证金的投标，将被视为无效投标。

七、投标地点

＿＿＿＿市＿＿＿＿区(县)＿＿＿＿路＿＿＿＿号附＿＿＿＿号＿＿＿＿室。

八、投标截止时间

投标截止于＿＿＿＿年＿＿＿＿月＿＿＿＿日＿＿＿＿时＿＿＿＿分，逾期收到的或不符合规定的投标文件不接受。

九、招投标说明会

＿＿＿＿年＿＿＿＿月＿＿＿＿日＿＿＿＿时＿＿＿＿分，约请投标人共同踏勘招标物业现场并举行说明会。

十、开标时间、地点

1. 开标时间：＿＿＿＿年＿＿＿＿月＿＿＿＿日＿＿＿＿时＿＿＿＿分。

2. 开标地点：＿＿＿＿市＿＿＿＿区(县)＿＿＿＿路＿＿＿＿号附＿＿＿＿号＿＿＿＿室。

十一、投标询问

对本次招标提出询问的，请于_____年_____月_____日前与_____（姓名）联系(技术方面的询问请以信函或传真的形式)。

地址：

邮编：

电话：

传真：

联系人：

（招标人）

第二部分　技术规范及要求

本物业的物业服务按照《××市住宅小区物业管理服务等级标准》_____级标准，具体技术规范与要求和部分差异如下：

一、物业管理服务的内容

1. 物业管理区域内物业共用部位、共用设施设备的管理及维修养护；

2. 物业管理区域内公共秩序和环境卫生的维护；

3. 物业管理区域内的绿化养护和管理；

4. 物业管理区域内车辆(机动车和非机动车)行驶、停放及场所管理；

5. 供水、供电、供气、电信等专业单位在物业管理区域内对相关管线、设施维修养护时，进行必要的协调和管理；

6. 物业管理区域的日常安全巡查服务；

7. 物业档案资料的保管及有关物业服务费用的账务管理；

8. 物业管理区域内业主、使用人装饰装修物业的服务；

9. _____；

10. _____。

二、物业管理服务的要求

1. 按专业化的要求配置管理服务人员；

2. 物业管理服务与收费质价相符；

3. _____；

4. _____。

三、物业管理服务的标准

1. 物业共用部位的维修、养护和管理服务标准：

（1）_____；

（2）_____。

2. 物业共用设施设备的运行、维修、养护和管理服务标准：

(1)＿＿＿＿＿＿＿＿＿＿＿＿＿＿＿＿＿＿＿＿＿＿＿；
(2)＿＿＿＿＿＿＿＿＿＿＿＿＿＿＿＿＿＿＿＿＿＿＿。

3. 物业共用部位和相关场地的清洁卫生，垃圾的收集、清运及雨、污水管道的疏通服务标准：
(1)＿＿＿＿＿＿＿＿＿＿＿＿＿＿＿＿＿＿＿＿＿＿＿；
(2)＿＿＿＿＿＿＿＿＿＿＿＿＿＿＿＿＿＿＿＿＿＿＿。

4. 公共绿化的养护和管理标准：
(1)＿＿＿＿＿＿＿＿＿＿＿＿＿＿＿＿＿＿＿＿＿＿＿；
(2)＿＿＿＿＿＿＿＿＿＿＿＿＿＿＿＿＿＿＿＿＿＿＿。

5. 车辆停放管理服务标准：
(1)＿＿＿＿＿＿＿＿＿＿＿＿＿＿＿＿＿＿＿＿＿＿＿；
(2)＿＿＿＿＿＿＿＿＿＿＿＿＿＿＿＿＿＿＿＿＿＿＿。

6. 公共秩序维护、安全防范等事项的协助管理服务标准：
(1)＿＿＿＿＿＿＿＿＿＿＿＿＿＿＿＿＿＿＿＿＿＿＿；
(2)＿＿＿＿＿＿＿＿＿＿＿＿＿＿＿＿＿＿＿＿＿＿＿。

7. 装饰装修管理服务标准：
(1)＿＿＿＿＿＿＿＿＿＿＿＿＿＿＿＿＿＿＿＿＿＿＿；
(2)＿＿＿＿＿＿＿＿＿＿＿＿＿＿＿＿＿＿＿＿＿＿＿。

8. 物业档案资料管理标准：
(1)＿＿＿＿＿＿＿＿＿＿＿＿＿＿＿＿＿＿＿＿＿＿＿；
(2)＿＿＿＿＿＿＿＿＿＿＿＿＿＿＿＿＿＿＿＿＿＿＿。

9. 其他服务标准：
(1)＿＿＿＿＿＿＿＿＿＿＿＿＿＿＿＿＿＿＿＿＿＿＿；
(2)＿＿＿＿＿＿＿＿＿＿＿＿＿＿＿＿＿＿＿＿＿＿＿。

四、物业服务费的结算形式(包干制/酬金制)
五、主要设施设备的配置及说明(详见附件1)
六、公建配套设施及说明(详见附件2)
七、＿＿＿＿＿＿＿＿＿＿＿＿＿＿＿＿＿＿＿＿＿
八、＿＿＿＿＿＿＿＿＿＿＿＿＿＿＿＿＿＿＿＿＿

第三部分　投标人须知

一、总则说明

(一)适用范围

本招标文件仅适用于本项目的物业管理服务。

(二)合格的投标人

经过本次招标的资格预审确认为合格的投标人。

(三)投标费用

无论投标过程中的做法和结果如何,投标人自行承担与参加投标有关的全部费用。

二、投标文件的编写

(一)投标文件格式

1. 投标人应按招标文件提供的投标文件格式填写。

2. 管理服务理念和目标:

结合本项目的规划布局、建筑风格、智能化硬件设施配置及本物业使用性质特点,提出物业管理服务定位、目标。

3. 项目管理机构运作方法及管理制度:

编制项目管理机构、工作职能组织运行图,阐述项目经理(小区经理)的管理职责、内部管理的职责分工、日常管理制度和考核办法目录。

4. 管理服务人员配置:

根据物业管理服务的内容、标准和本项目实际情况拟配置各岗位人员的具体情况。

5. 根据物业管理服务的内容、标准制定的物业管理服务方案:

(1)对物业共用部位、业主或使用人自用部位提供维修服务的方案;

(2)物业管理区域内共用设施设备的维修方案;

(3)业主、使用人装饰装修室内的服务方案;

(4)住宅外墙或建筑物发生危险,影响他人安全时的工作预案;

(5)物业管理区域内环境清洁保洁方案;

(6)物业管理区域内公共秩序维护方案和岗位责任描述;

(7)绿化和园林建筑附属设施的维护、保养方案;

(8)物业承接验收方案;

(9)公共、公建物业及物业服务行为公开方案;

(10)_____;

(11)_____。

6. 物业维修和管理的应急措施:

(1)业主、使用人自用部位突然断水、断电、无天然气的应急措施;

(2)本项目范围突然断水、断电、无天然气的应急措施;

(3)业主与使用人自用部位排水设施阻塞的应急措施;

(4)雨、污水管及排水管网阻塞的应急措施;

(5)电梯故障的应急措施;

(6)消防应急措施;

(7)_____;

(8)_____。

7. 丰富社区文化,加强业主相互沟通的具体措施。

8. 智能化设施的管理与维修方案。
9. 施工噪声控制等与业主生活密切相关事项的应对预案。
10. 提供《业主临时管理规约》(《业主管理规约》)的建议稿。
11. _____；
12. _____。

(二)投标报价

投标人应根据招标文件的要求，写明本项目的物业服务总收费报价金额、分项收费报价金额及测算依据。投标人只允许有一个报价，招标人不接受有任何选择的报价。

(三)投标文件的份数和签署

1. 投标人应根据本招标文件的要求，编制投标书共_____套，并明确注明"正本"或"副本"字样，一旦正本和副本有差异，以正本为准。
2. 投标文件须统一用 A4 纸打印并由投标单位法定代表人签署和加盖印章。
3. 电报、电话、传真形式的投标概不接受。

三、投标文件递交的要求和无效

1. 投标文件的密封

投标人应将投标文件密封，并标明投标人的名称、地址、投标项目名称及正本或副本。商务投标和技术投标文件分开装订。技术投标文件为暗标，不能出现任何投标人信息。技术投标文件封面样式见附件3。

2. 投标文件的修改和撤销

(1)投标人在投标截止时间之前可书面通知招标人补充修改或撤回已提交的投标文件。经补充修改的内容为投标文件的组成部分。投标在投标截止时间之后送达的补充或者修改的内容无效。

(2)投标人对投标文件修改或补充的书面材料应按招标文件的规定进行编写、密封、标注和递交，并注明"修改或补充投标文件"字样。

(3)投标文件有下列情形之一的，投标文件无效：
1)未密封的；
2)未加盖投标单位法定代表人与投标单位印章的；
3)未能按照招标文件要求编制的；
4)逾期送达的；
5)附有招标人不能接受条件的。

四、开标和评标

1. 开标的方法与程序

开标地点设在_____；开标时间定于_____年_____月_____日_____时_____分；采取现场公开开标的方法，评标现场与开标现场分开，开标现场由招标人主持，招标投标监督人、投标人参加。技术标开标后由开标主持人随机编号注记，并由招标人、投标人签字确认后和商务标一起送评委评审。

2. 评标标准和评标办法

(1)招标人根据有关规定组建评标委员会，本项目的评标委员会成员共设_____人。其中，招标人指派_____人，由招标人从市物业管理评标专家库中采取随机抽取的方式确定物业管理专家成员_____人。

(2)评标标准：见附件4。

(3)评标办法：评委封闭独立评标，评委与投标人不见面，采用综合评估法评标，按得分从高到低的顺序，确定不超过3人的中标候选人。

五、中标人的确定及物业服务合同的签订

(一)中标人的确定

1. 招标人在投标有效期截止之日起_____日内(最长不超过30日)确定中标人。

2. 招标人在确定中标人之日起3日内以书面形式向中标人发出中标通知书，中标通知书一经发出即发生法律效力。

3. 招标人在向中标人发出中标通知书的同时，将中标结果通知所有未中标的投标人，并返还其投标文件；

4. _____。

5. _____。

(二)悔标责任

1. 中标人接到中标通知书_____日后(最长不超过30日)，无正当理由不与招标人按照招标文件和中标人的投标文件签订相应的物业服务合同的，中标无效，投标保证金不予退还。未提交投标保证金的，对招标人的损失按_____予以赔偿。

2. 招标人在发出中标通知书_____日后(最长不超过30日)，无正当理由不与中标人按照招标文件和中标人的投标文件签订相应物业服务合同的，给中标人造成损失的，招标人按_____给予赔偿。

(三)物业服务合同的签订说明

1. 最低报价不是被授予合同的保证。

2. _____。

3. _____。

4. _____。

(四)物业服务合同的签订

1. 中标人按中标通知书指定的时间、地点与招标人参照物业管理主管部门制定的示范文本格式签订物业服务合同。

2. 招标文件、中标通知书、中标人的投标文件及其澄清文件，均为签订物业服务合同的依据。

3. _____。

4. _____。

第四部分　其他事项

1. 本项目物业服务费收取标准，按照中标价格确定。

2. 招标人根据《××市物业管理招标投标暂行办法》发现投标人在投标过程中如有违法、违纪、违规行为的，一经查实取消本次投标资格，已经中标的取消中标资格，保证金不予退还，由此造成的经济损失，招标人有权要求予以赔偿。

3. 招标费用的承担，按以下第_____种方式解决：
   (1) 由招标人全额承担(适用于前期物业招标)；
   (2) 由招标人、中标人按约定承担(适用于业主大会招标)。

   但由于中标人悔标而未能在规定时间内与招标人签订物业服务合同的，本次招投标的全部费用由中标人承担。

4. 投标人应表明对招标人在投标邀请书、招标文件中所提出的规定和要求表示理解；应表明投标文件连同招标人的中标通知书均具有法律约束力；应表明投标报价的有效期自_____至_____。

5. 投标人应提供公司营业执照、法定代表人证明、物业服务企业资质证书、法人代表的授权委托书和_____等证明文件，并概要介绍本公司的基本状况、管理业绩等情况。

6. _____。

7. _____。

第五部分　附件

附件1　本物业主要设施设备的配置及说明

一、给水、排水、排污设施设备配置状况。

二、供电、供气设施设备配置状况。

三、垃圾处理设施设备配置状况。

四、小区出入口共计_____处；分设在_____路_____和_____路。

五、小区智能化设备的配置。

六、设施设备的主要技术参数和指标。

七、_____。

八、_____。

附件2　本项目公建配套设施及说明(略)

附件3 技术标文件封面样式

正（副）本

××物业管理项目

投标文件（技术标）

年　月　日

附件4 ××市物业管理招标投标评分表

××市物业管理招标投标评分表

评委

	投标单位得分评分项目					
商务标（30分）	1. 企业资质(5分)					
	2. 质量体系建设(2分)					
	3. 管理规模(5分)					
	4. 业绩、荣誉(3分)					
	5. 企业年度盈亏情况(2分)					
	6. 在管理的物业环境、保洁(5分) 查看现场					
	7. 在管理的物业日常管理资料齐全，记录规范(3分) 查看记录资料					
	8. 在管理的物业现场秩序(5分) 查看现场					
技术标（70分）	1. 前期介入方案和报价(5分)					
	2. 前期物业管理费报价(45分)					
	3. 前期物业管理费测算方案(2分)					
	4. 项目调研清晰、服务定位准确(1分)					
	5. 有先进的服务理念及特色服务相应措施(3分)					
	6. 组织机构设置合理、管理制度健全(2分)					
	7. 人员配备合理、培训计划周密(2分)					
	8. 公共设施设备维修保养计划周密(2分)					
	9. 应急预案齐全(2分)					
	10. 物业承接验收方案完整(2分)					
	11. 装饰、装修管理制度完善(2分)					
	12. 社区文化建设有计划、有措施(2分)					
合计得分：						

三、物业管理投标

(一)物业管理投标的主体

物业管理投标的主体一般是指具有符合招标条件的物业服务企业或专业管理公司(以下简称为投标人)。

专业管理公司通常是指具备一定资质、能承接物业管理专项服务的专业化企业,如电梯(安装、维修)专业公司、楼宇设备专业公司、清洁卫生专业公司、园林绿化专业公司等。

就整体的物业管理服务项目而言,投标的主体必须是具有相应资质的物业服务企业。但市场上也存在将一个整体的物业管理项目按内容进行分项投标的情况,参与投标的不仅有物业服务企业,也有相应的专业管理公司。

(二)物业管理投标的程序

(1)获取招标信息。根据招标方式的特点,投标人获取的招标信息一般来自两个渠道:一是从公共媒介上采集公开招标信息;二是来自招标方的邀请。

(2)组建投标领导小组。当物业服务企业决定参加投标后,应迅速组成物业管理项目的投标领导小组,小组成员应考虑有综合性经营管理人员、专业性工程技术人员、商务性财务会计人员。

(3)收集招标物业相关资料,并进行投标可行性分析。招标物业的相关资料是物业管理公司进行投标可行性研究必不可少的重要材料,这些资料的范围不仅包括招标公司和招标物业的具体情况,还应包括竞争对手的情况等。

(4)申请投标和投递资格预审书。在初步决定参与投标后,物业服务企业应在招标规定的时间内送达投标申请书,接受招标单位的资格预审。

(5)取得招标文件。收到投标邀请书的物业服务企业,可直接到发出邀请书的招标方去购买招标文件。获得招标公告通知信息并通过经营资质预审的物业服务企业,也可按规定程序购买招标文件。

(6)熟悉招标文件,并考察物业现场。招标文件是投标单位投标报价的主要依据材料,因此,投标物业服务企业取得招标文件后,在作价投标之前,首要的工作是逐字逐句地仔细研究招标文件,充分了解其内容和要求,弄清楚招标文件内容的确切含义,并理解招标单位的意图,发现并提出请招标单位予以澄清疑点,以便部署投标工作。

考察物业现场主要是帮助投标单位了解物业情况,以合理计算标价,在考察现场过程中,招标单位对投标单位所提出的问题必须给予口头回答,但是,这种回答不具有法律效力。

(7)制定管理和服务项目及工作内容。根据招标文件中的物业情况和管理服务范围、要求,详细列出完成所要求的管理服务项目和工作内容、特约管理服务方法与项目内容、房屋维修和设备维护管理方法和工作内容等,以及各个岗位人员设置及配备情况。

(8)估算物业服务费用。每一物业情况不同,有各自的特点,其管理服务范围、标准不同,因此，不能套用一种单价，应具体问题具体分析。同时，要弄清楚竞争对手的情况，在确定单价时要从战略、战术上进行研究，对管理服务费总标价做出合理估价。

(9)编制和投送标书。物业管理投标书既是投标物业服务企业中标后参与物业管理的计划书或未来管理的安排，也是招标单位定标的重要参考文件。

一个物业管理投标书是否优秀，往往直接影响物业服务企业投标能否成功。因此，投标单位一定要高度重视投标书的编制，要在仔细研究招标文件和调查投标环境与条件的基础上，根据招标文件的要求或精神，以及本企业投标决策的意向来编制投标书。

全部投标文件编制好以后，投标单位就应按招标文件要求进行封装，并送达招标单位。

(10)参加开标、现场答辩和评标。投标人在接到开标通知后，应在规定的时间到达开标地点参加开标会议和现场答辩，并接受评标委员会的审核。

(11)签订并执行合同。物业服务企业在收到中标通知书后，应在规定的时间内办妥履约保证书和各项保证手续，以便送交招标单位，及时与招标单位签订物业服务合同。同时，投标单位还要同招标单位协商解决进驻物业区域、实施物业管理的有关问题。

投标结束后，投标单位应对投标活动进行总结分析，结算投标的有关费用，对投标的资料进行整理、归档。

(三)投标文件

投标文件又称为标书，一般由投标函、投标报价表、资格证明文件、物业管理方案、招标文件要求提供的其他材料五部分组成。常见的做法是将投标文件根据性质分为商务文件和技术文件两大类。

1. 商务文件

商务文件又称为商务标，主要包括以下内容：

(1)公司简介，包括投标公司的资质条件、以往业绩、人员等情况。

(2)公司法人地位及法定代表人证明，包括资格证明文件(营业执照、税务登记证、企业代码以及行业主管部门颁发的资格等级证书、授权书、代理协议书等)和资信证明文件(保函、已履行的合同及商户意见书、中介机构出具的财务状况书等)。

(3)投标报价单及招标文件要求提供的其他资料。商务文件要求投标人按招标要求和行业标准真实反映企业的情况和详细的报价。

2. 技术文件

技术文件又称为技术标，主要是物业管理方案和招标方要求提供的其他技术性资料。

应注意，有的招标条件要求在技术文件中禁止透露可以反映企业情况的数据、文字、报价等，在准备材料时应按招标要求准备相关资料。

3. 编制投标文件的注意事项

(1)投标文件在内容上应与招标文件的要求相符。

(2)不得改变招标文件规定的格式，如原有格式不能表达投标人的意图，可另外附加补充说明。

（3）投标文件应由投标企业的法定代表人或主要负责人签署。

（4）投标人在规定的截标时间前，可以补充、修改或撤回已提交的投标文件，并以书面形式通知招标人。补充、修改的内容是投标文件的组成部分。

（5）投标人根据招标文件载明的项目实际情况，在中标后将中标项目的部分非主体、非关键性工作分包出去的，应在投标文件中加以载明。

（6）投标人不得相互串通投标报价，不得排挤其他投标人的公平竞争，损害招标人或其他投标人的合法权益。

第四节　物业承接查验

一、物业承接查验的概念

物业承接查验是指物业服务企业对新接管项目的物业共用部位、共用设施设备进行的再检验。根据《物业管理条例》的规定，物业服务企业承接物业时，应当对物业共用部位、共用设施设备进行查验。

物业承接查验分为新建物业的承接查验和物业管理机构更迭时的承接查验两种类型。前者发生在建设单位向物业服务企业移交物业的过程中；后者发生在业主大会或产权单位向新的物业服务企业移交物业的过程中。物业承接查验是物业服务企业承接物业前必不可少的环节，其工作质量对以后的物业管理服务至关重要。

动画：物业承接查验

二、物业承接查验的意义

目前，我国的物业管理制度还不够完善，有些企业法制意识较差，认识不到物业承接查验的重要性、复杂性，在签订合同时，忽视物业承接查验，而房屋的管网设施、隐蔽工程中存在的问题，往往在业主入住后才会暴露出来。如果不进行严格的承接查验，后果必然是产品质量责任、施工安装质量责任、管理维护责任不清，纠纷多、投诉多，业主和物业服务企业的合法利益得不到有效保护。因此，重视和加强物业承接查验具有以下三个方面的意义：

（1）通过承接查验和接管合同的签订，实现权利和义务的转移，在法律上界定清楚各自的义务和权利。

（2）促使建设单位提高建设质量，加强物业建设与管理的衔接，提供开展物业管理的必备条件，确保物业的使用安全和功能，保障物业买受人享受物业管理消费的权益。

（3）着力解决日趋增多的物业管理矛盾和纠纷，规范物业管理行业的有序发展，提高人民群众的居住水平和生活质量，维护社会安定。

三、新建物业的承接查验

为了规范物业承接查验行为,加强前期物业管理活动的指导和监督,维护业主的合法权益,2010年1月14日住房和城乡建设部制定了《物业承接查验办法》,并于2011年1月1日起正式施行。该办法主要针对新建物业的承接查验。

物业承接查验办法

1. 实施承接查验的新建物业应当具备的条件

实施承接查验的新建物业应当具备以下条件:

(1)建设工程竣工验收合格,取得规划、消防、环保等主管部门出具的认可或者准许使用文件,并经建设行政主管部门备案。

(2)供水、排水、供电、供气、供热、通信、公共照明、有线电视等市政公用设施设备按规划设计要求建成,供水、供电、供气、供热已安装独立计量表具。

(3)教育、邮政、医疗卫生、文化体育、环卫、社区服务等公共服务设施已按规划设计要求建成。

(4)道路、绿地和物业服务用房等公共配套设施按规划设计要求建成,并满足使用功能要求。

(5)电梯、二次供水、高压供电、消防设施、压力容器、电子监控系统等共用设施设备取得使用合格证书。

(6)物业使用、维护和管理的相关技术资料完整齐全。

(7)法律、法规规定的其他条件。

2. 实施新建物业承接查验的主要依据

实施新建物业的承接查验主要依据下列文件:

(1)物业买卖合同。

(2)临时管理规约。

(3)前期物业服务合同。

(4)物业规划设计方案。

(5)建设单位移交的图纸资料。

(6)建设工程质量法规、政策、标准和规范。

3. 新建物业承接查验的程序

新建物业承接查验按照下列程序进行:

(1)确定物业承接查验方案。

(2)移交有关图纸资料。

(3)查验共用部位、共用设施设备。

(4)解决查验发现的问题。

(5)确认现场查验结果。

(6)签订物业承接查验协议。

(7)办理物业交接手续。

4. 新建物业承接查验的内容

新建物业服务企业应当对下列物业共用部位、共用设施设备进行现场检查和验收：

(1)共用部位。一般包括建筑物的基础、承重墙体、柱、梁、楼板、屋顶以及外墙、门厅、楼梯间、走廊、楼道、扶手、护栏、电梯井道、架空层及设备间等。

动画：房屋建筑共用设施设备

(2)共用设备。一般包括电梯、水泵、水箱、避雷设施、消防设备、楼道灯、电视天线、发电机、变配电设备、给水排水管线、电线、供暖及空调设备等。

(3)共用设施。一般包括道路、绿地、人造景观、围墙、大门、信报箱、宣传栏、路灯、排水沟、渠、池、污水井、化粪池、垃圾容器、污水处理设施、机动车(非机动车)停车设施、休闲娱乐设施、消防设施、安防监控设施、人防设施、垃圾转运设施以及物业服务用房等。

5. 新建物业承接查验的实施

新建物业承接查验应由物业服务企业和建设单位共同完成，并遵循诚实信用、客观公正、权责分明以及保护业主共有财产的原则。

物业承接查验可以邀请业主代表以及物业所在地房地产行政主管部门参加，可以聘请相关专业机构协助进行，物业承接查验的过程和结果可以公证。物业承接查验活动，业主享有知情权和监督权。物业所在地房地产行政主管部门应当及时处理业主对建设单位和物业服务企业承接查验行为的投诉。

建设单位与物业买受人签订的物业买卖合同，应当约定其所交付物业的共用部位、共用设施设备的配置和建设标准。建设单位制定的临时管理规约，应当对全体业主同意授权物业服务企业代为查验物业共用部位、共用设施设备的事项做出约定。建设单位与物业服务企业签订的前期物业服务合同，应当包含物业承接查验的内容。前期物业服务合同就物业承接查验的内容没有约定或者约定不明确的，建设单位与物业服务企业可以协议补充。不能达成补充协议的，按照国家标准、行业标准履行；没有国家标准、行业标准的，按照通常标准或者符合合同目的的特定标准履行。建设单位应当按照国家有关规定和物业买卖合同的约定，移交权属明确、资料完整、质量合格、功能完备、配套齐全的物业。建设单位应当在物业交付使用15日前，与选聘的物业服务企业完成物业共用部位、共用设施设备的承接查验工作。

建设单位应当依法移交有关单位的供水、供电、供气、供热、通信和有线电视等共用设施设备，不作为物业服务企业现场检查和验收的内容。

现场查验应当综合运用核对、观察、使用、检测和试验等方法，重点查验物业共用部位、共用设施设备的配置标准、外观质量和使用功能。现场查验应当形成书面记录。查验记录应当包括查验时间、项目名称、查验范围、查验方法、存在问题、修复情况以及查验结论等内容，查验记录应当由建设单位和物业服务企业参加查验的人员签字确认。现场查验中，物业服务企业应当将物业共用部位、共用设施设备的数量和质量不符合约定或者规定的情形，书面通知建设单位，建设单位应当及时解决并组织物业服务企业复验。

建设单位应当委派专业人员参与现场查验，与物业服务企业共同确认现场查验的结果，签订物业承接查验协议。物业承接查验协议应当对物业承接查验基本情况、存在问题、解决方法及其时限、双方权利义务、违约责任等事项做出明确约定。物业承接查验协议作为前期物业服务合同的补充协议，与前期物业服务合同具有同等法律效力。建设单位应当在物业承接查验协议签订后10日内办理物业交接手续，向物业服务企业移交物业服务用房以及其他物业共用部位、共用设施设备。

物业承接查验协议生效后，当事人一方不履行协议约定的交接义务，导致前期物业服务合同无法履行的，应当承担违约责任。

交接工作应当形成书面记录。交接记录应当包括移交资料明细、物业共用部位、共用设施设备明细、交接时间、交接方式等内容。交接记录应当由建设单位和物业服务企业共同签章确认。

分期开发建设的物业项目，可以根据开发进度，对符合交付使用条件的物业分期承接查验。建设单位与物业服务企业应当在承接最后一期物业时，办理物业项目整体交接手续。

物业承接查验费用的承担，由建设单位和物业服务企业在前期物业服务合同中约定。没有约定或者约定不明确的，由建设单位承担。

四、物业管理机构更迭时的承接查验

物业管理机构更迭时的承接查验不同于新建物业的承接查验。物业管理机构更迭时的承接查验一般出现在常规物业管理阶段，即已建成并投入使用一段时间的物业，由业主委员会解聘原来的物业服务企业或原来的物业服务企业弃管，由新的物业服务企业对物业接管时所做的承接查验。

(一)物业管理机构更迭时的承接查验的条件

在物业管理机构发生更迭时，新任物业服务企业必须在具备下列条件的情况下实施承接查验。

(1)物业产权单位或业主大会与原有物业服务企业签订的物业合同完全解除。

(2)物业产权单位或业主大会同新的物业服务企业签订了物业服务合同。

(二)物业管理机构更迭时承接查验的步骤

1. 成立物业承接查验小组

在签订了物业服务合同之后，新的物业服务企业即应组织力量成立物业承接查验小组，并着手制订承接查验方案。物业承接查验小组应提前与业主委员会及原物业服务企业接触，洽谈移交的有关事项，商定移交的程序和步骤，明确移交单位应准备的各类表格、工具和物品等。

2. 物业管理机构更迭时物业查验的内容

为了使物业的移交能够顺利进行，接管单位必须对原物业的状况及存在问题进行查验和分析，为物业移交和日后管理提供依据，对发现需要整改的内容需及时与移交单位协商处理。物业管理机构更迭时物业查验的基本内容包括以下四个方面：

(1)文件资料的查验。在对文件资料进行查验过程中，除检查承接查验新建物业的相关资料外，还要对原物业服务企业在管理过程中产生的重要质量记录进行检查。

(2)物业共用部位、共用设施设备及管理现状。查验物业共用部位、共用设施设备及管理现状的主要项目内容如下：

1)建筑结构及装饰装修工程的状况。

2)供配电、给水排水、消防、电梯、空调等机电设施设备。

3)保安监控、对讲门禁设施。

4)清洁卫生设施。

5)绿化及设施。

6)停车场、门岗、道闸设施。

7)室外道路、雨污水井等排水设施。

8)公共活动场所及娱乐设施。

9)其他需了解查验的设施、设备。

(3)各项费用与收支情况。包括物业服务费、停车费、水电费、其他有偿服务费的收取和支出情况，维修资金的收取、使用和结存情况，各类押金、应收账款、应付账款等账务收支情况。

(4)其他内容。包括物业管理用房，专业设备、工具和材料，与水、电、通信等市政管理单位签订的供水、供电的合同、协议等。

3. 物业管理机构更迭时管理工作的移交

(1)移交双方。物业管理机构更迭时管理工作的移交包括：原有物业管理机构向业主大会或物业产权单位移交；业主大会或物业产权单位向新的物业服务企业移交。前者的移交方为该物业的原物业管理机构，承接方为业主大会或物业产权单位；后者的移交方为业主大会或物业产权单位，承接方为新的物业服务企业。

(2)移交内容。

1)物业资料的移交。包括以下资料：

①物业产权资料、综合竣工验收资料、施工设计资料、机电设备资料等。

②业主资料，包括：

a. 业主入住资料，包括入住通知书、入住登记表、身份证复印件、照片。

b. 房屋装修资料，包括装修申请表、装修验收表、装修图纸、消防审批、验收报告、违章记录等。

c. 管理资料，包括各类值班记录、设备维修记录、水质化验报告等各类服务质量的原始记录。

d. 财务资料，包括固定资产清单、收支账目表、债权债务移交清单、水电抄表记录及费用代收代缴明细表、物业服务费收缴明细表、维修资金使用审批资料及记录、其他需移交的各类凭证表格清单。

e. 合同协议书，指对内对外签订的合同、协议原件。

f. 人事档案资料,指双方同意移交留用的在职人员的人事档案、培训、考试记录等。

g. 其他需要移交的资料。

资料移交应按资料分类列出目录,根据目录名称、数量逐一清点是否相符完好,移交后双方在目录清单上盖章、签名。

2)物业共用部位及共用设施设备管理工作的交接。

①房屋建筑工程共用部位及共用设施设备,包括消防、电梯、空调、给水排水、供配电等机电设备及附属配件,共用部位的门窗,各类设备房、管道井、公共门窗的钥匙等。

②共用配套设施,包括环境卫生设施(垃圾桶、箱、车等)、绿化设施、公共秩序与消防安全的管理设施(值班室、岗亭、监控设施、车辆道闸、消防配件等)、文娱活动设施(会所、游泳池、各类球场等)。

③物业管理用房,包括办公用房、活动室、员工宿舍、食堂(包括设施)、仓库等。

停车场、会所等需要经营许可证和资质的,移交单位应协助办理变更手续。

3)人、财、物的移交或交接。

①人员。在进行物业管理移交时,有可能会有原物业管理机构在本项目任职人员的移交或交接,承接物业的管理企业应与移交方进行友好协商,双方达成共识。

②财务。移交双方应做好财务清结、资产盘点等相关移交准备工作。移交的主要内容包括物业服务费、维修资金、业主各类押金、停车费、欠收款项、代收代缴的水电费、应付款项、债务等。

③物资财产。物资财产包括建设单位提供和以物业服务费购置的物资财产等,主要有办公设备、交通工具、通信器材、维修设备工具、备品备件、卫生及绿化养护工具、物业管理软件、财务软件等。

(3)办理交接手续。交接手续涉及建设单位、原物业服务企业、业主委员会、行业主管部门、新进入的物业服务企业等。在办理交接手续时应注意以下四个主要方面:

1)对物业及共用配套设施设备的使用现状做出评价,真实客观地反映房屋的完好程度。

2)各类管理资产和各项费用应办理移交,对未结清的费用(如业主拖欠的物业服务费)应明确收取、支付方式。

3)确认原有物业服务企业退出或留下人员名单。

4)提出遗留问题的处理方案。

(4)质量问题的处理。影响房屋结构安全和设备使用安全的质量问题,必须约定期限由物业建设单位负责进行加固、返修,直至合格;影响相邻房屋的安全问题,由物业建设单位负责处理。对于不影响房屋结构安全和设备使用安全的质量问题,可约定期限由物业建设单位负责维修,也可采取费用补偿的办法,由承接单位处理。

五、物业竣工验收与承接查验的区别

1. 性质不同

物业竣工验收是政府行为,房地产开发项目和任何建设工程的竣工验收由政府建设行政主管部门负责，组成综合验收小组，对施工质量和设计质量进行全面检验与质量评定。物业承接查验是企业行为，是物业服务企业代表全体业主（包括现有业主和未来业主）根据物业管理委托合同，从确保物业日后的正常使用与维修的角度出发，对物业委托方委托的物业进行质量验收。

2. 阶段不同

物业竣工验收合格后，由施工单位向开发商办理物业的交付手续，标志着物业可以交付使用；物业承接查验是在竣工验收之后进行的再验收，由开发商向物业服务企业办理物业的交付手续，标志着物业正式进入使用阶段。

3. 主体不同

物业竣工验收的主体原来规定是建设行政主管部门（质监站、城建部门等），同时包括相关企业（建设单位、施工单位、设计单位、监理单位等），以及物业服务企业。目前实施的是竣工验收备案制度，除特殊规定外，由建设单位（开发商）组织竣工验收，政府有关部门则只负监督以及抽查的责任。需要特别指出的是，此时物业服务企业只是竣工验收的参与方之一，而物业承接查验的主体则是物业服务企业和委托方，其中物业服务企业是主持者之一。一般情况下，政府行政主管部门不参与物业承接查验。物业承接查验是由物业服务企业接管开发商或者业主移交的物业；物业竣工验收是由开发商验收建筑商移交的物业。

4. 条件不同

物业承接查验的首要条件是竣工验收合格，并且供电、采暖、给水排水、卫生、道路等设备和设施能正常使用，房屋栋、户编号已经过有关部门确认；物业竣工验收的首要条件是工程按设计要求全部施工完毕，达到规定的质量标准，能满足使用等。

5. 职责不同

物业竣工验收时，物业服务企业只是参加者。而在承接查验中，物业服务企业与开发企业或建设单位是直接的责任关系。新建物业的验收，常常将竣工验收和承接查验一并进行。此时，物业服务企业更要注意确保自己在验收过程中的地位。

第五节 物业入住与装修管理

入住与装修管理是物业管理前期服务中重要的基础工作，也是物业管理操作过程的难点和重点之一。由于业主在入住与装修期间会经常就房屋质量问题、违规装修等行为与物业服务企业发生矛盾甚至引发大的纠纷，因此，入住与装修管理是前期物业管理的工作重点，物业服务企业应以优秀的服务、严谨的管理和敬业的专业水平来赢得业主的认同，为后续工作打下良好、坚实的基础，确保今后物业管理工作的顺利进行。

一、物业入住管理

入住是指建设单位将已具备使用条件的物业交付给业主并办理相关手续，同时，物业服务企业为业主办理物业管理事务手续的过程。

(一)入住服务的工作准备

1. 制订入住工作计划

建设单位和物业服务企业应在入住前一个月制订入住工作计划,由项目管理负责人审查批准,并报经上级主管部门核准。计划中应该明确以下内容:

(1)办理入住手续的时间、地点。

(2)负责入住工作的人员和职责分工。

(3)入住过程中使用的文件和表格。

(4)入住手续办理和程序,以及注意事项和其他情况。

2. 策划入住仪式

物业服务企业可以根据小区实际情况和物业管理的特点,组织举行入住仪式,从而提高小区的整体形象,加强物业服务企业与业主、物业使用人的沟通。

3. 做好场地、资料、办公用具等的准备工作

(1)布置好办理入住手续的场地,如布置标语、指示牌、彩旗、流程图,设立业主休息等待区等。

(2)布置好办理相关业务的场地,如做好有线电视、银行、电信等相关单位业务开展的安排。

(3)准备相关表格与资料。

(4)准备复印机、计算机、文具等办公用品。

(5)针对入住过程中可能发生的紧急情况,如交通堵塞、矛盾纠纷等,制定必要的紧急预案。

(二)入住流程

1. 向业主发送入住文件

物业服务企业在入住服务的工作准备就绪后,应及时向业主发出《入住通知书》《入住手续》《收楼须知》等入住文件。

2. 办理收楼手续

业主持《入住通知书》到开发商销售部办理收楼手续,缴纳剩余房款和其他相关费用,开发商向业主开具收楼证明。

3. 确认业主身份,建立业主档案

物业服务企业工作人员根据开发商提供的业主情况表,确认、核对业主身份,业主确认无误后填写《业主入住登记表》。物业服务企业工作人员收存业主身份证明、照片、房产证复印件、企业法人营业执照等相关资料后,在《手续办理单》上签字。

4. 收缴入住费用

物业服务企业根据收费标准向业主收取当期物业服务费及其他相关费用,并开具相应的票据给业主。

5. 业主签署相关文件并存档

业主签署物业管理的相关文件，如《物业委托管理协议》《车位管理协议》《装修管理协议》等，物业服务企业做好文件的存档工作。

6. 发放相关资料和钥匙

物业服务企业工作人员向业主发放《住宅质量保证书》《住宅使用说明书》《房屋使用、维修、管理规约》《住户手册》《装修责任书》等相关文件资料。业主领取入住资料和钥匙后，应在《业主入住资料、物品领取清单》上签名确认。完毕后，物业服务企业工作人员在《手续办理单》上签字确认。

7. 验房收楼、开通水电

业主缴纳完毕入住费用、领取入住资料和钥匙后，物业服务企业工作人员要陪同业主一起验收其名下的物业，登记水、电、气表起始数，根据房屋验收情况、购房合同，双方在业主入住房屋验收表上签字确认。对于验收不合格的部分，物业服务企业要及时通知开发商和施工单位或产品供应商进行整改。整改完毕后，通知业主复验，直至合格。

8. 资料归档

业主物业验收及其他手续办理完结之后，物业服务企业应及时将已办理入住手续的房间号码和业主姓名通知门卫，并及时将业主、用户资料归档，妥善保管，不得将信息泄露给无关人员。

二、物业装修管理

物业装修管理是指在业主或使用人装修期间，由物业服务企业对装修方案、装修材料、装修人员等方面综合管理。住宅室内装饰装修应当保证工程质量和安全，符合工程建设强制性标准。

为加强住宅室内装饰装修管理，保证装饰装修工程质量和安全，维护公共安全和公众利益，原建设部颁布实施了《住宅室内装饰装修管理办法》（原建设部令第110号，自2002年5月1日起施行）。

（一）装修管理制度

物业服务企业应根据国家和地方政府的有关规定制定所管物业的装修管理制度。房屋装修管理制度一般应包括：①报批程序；②装修范围；③装修时间；④装修保证金；⑤垃圾清运；⑥电梯使用；⑦装修责任；⑧管理权限；⑨违约处理规定等。

（二）装修申请及批准

业主在房屋装修前有事先告知物业服务企业的义务，房屋装修人在住宅室内装修工程前，应当向物业服务企业或房屋管理机构申报登记，主要内容如下：

（1）业主有权对自己的住宅或商铺房进行符合规定范围的装修，但须于装修前向物业管理处办理审批手续。

(2)业主领取单元钥匙办理验房手续，在确认其住宅内的设施齐全、完好后，才能考虑进行装修，否则事后类似设备残缺、下水道堵塞等事件的发生，管理处都将视作是由业主自己装修所造成的。

(3)业主欲进行装修的，须提前5天向小区管理处提出装修申请，并附带有关证件(权属证明、身份证等)、装修示意图，按装修申请表中所列的内容如实、详细填写。业主和装修负责人应同时在《治安责任书》上签字。另外，管理处将与装修负责人签订《装修安全责任书》。

(4)管理处将认真审核装修项目、范围、安全使用性，并于3天之内予以书面批复。如同意，发给《城镇住宅装修许可证》后，方可施工。

(5)业主应将管理处批复的《城镇住宅装修许可证》原件保留，复印件贴于住宅进门的醒目位置，以便物业服务企业从业人员对装修过程中的装修内容进行监督。

(6)如在装修过程中需增加新的内容，应及时到管理处补办手续，管理处将于当天审核决定。

(三)装修管理要求

1. 禁止行为

根据《住宅室内装饰装修管理办法》第五条的规定，住宅室内装饰装修活动，禁止下列行为：

(1)未经原设计单位或者具有相应资质等级的设计单位提出设计方案，变动建筑主体(指建筑实体的结构构造，包括屋盖、楼盖、梁、柱、支撑、墙体、连接接点和基础等)和承重结构(指直接将本身自重与各种外加作用力系统地传递给基础地基的主要结构构件和其连接接点，包括承重墙体、立杆、柱、框架柱、支墩、楼板、梁、屋架、悬索等)。

(2)将没有防水要求的房间或者阳台改为卫生间、厨房间。

(3)扩大承重墙上原有的门窗尺寸，拆除连接阳台的砖、混凝土墙体。

(4)损坏房屋原有节能设施，降低节能效果。

(5)其他影响建筑结构和使用安全的行为。

未经批准不得有下列行为：

(1)搭建建筑物、构筑物。

(2)改变住宅外立面，在非承重外墙上开门、窗。

(3)拆改供暖管道和设施。

(4)拆改燃气管道和设施。

上述第(1)项、第(2)项行为，应当经城市规划行政主管部门批准；第(3)项、第(4)项行为，应当分别经供暖管理单位、燃气管理单位批准。

2. 其他规定

根据《住宅室内装饰装修管理办法》，有关装修行为必须遵守如下规定：

(1)住宅室内装饰装修超过设计标准或者规范增加楼面荷载的，应当经原设计单位或者具有相应资质等级的设计单位提出设计方案。

(2)改动卫生间、厨房防水层的，应当按照防水标准制订施工方案，并做闭水试验。

(3)装修人经原设计单位或者具有相应资质等级的设计单位提出设计方案变动建筑主体和承重结构的,必须委托具有相应资质的装饰装修企业承担。

(4)装饰装修企业必须按照工程建设强制性标准和其他技术标准施工,不得偷工减料,要确保装饰装修工程质量。

(5)装饰装修企业从事住宅室内装饰装修活动,应当遵守施工安全操作规程,按照规定采取必要的安全防护和消防措施,不得擅自动用明火和进行焊接作业,保证作业人员和周围住房及财产的安全。

(6)在装修过程中,不得侵占公共空间,不得损害公共部位和设施。

(四)装修施工管理要求

1. 装修时间管理

装修时间应根据各地不同的作息时间、季节变换以及习惯习俗等综合确定。装修时间包括一般装修时间、特殊装修时间和装修期限。

(1)一般装修时间是指除节假日之外的正常时间。一般装修时间各地不同的季节有不同的规定,如北方某些地区规定作业时间及噪声施工时间为:上午7:00—12:00,下午1:00—8:00。

(2)特殊装修时间是指节假日休息时间。为保障其他业主的休息和正常生产生活秩序,一般节假日原则上不允许装修。特殊情况需要装修,时间上应视具体情况相应缩短装修时间,重大节假日(如元旦、春节、劳动节、国庆节)不得进行施工装修。

(3)装修期限一般规定为:中小工程为20天,较大工程为30天,最长不超过50天,如确实需要延期,应到物业服务公司办理延期手续。

2. 装修人员管理

物业装修管理中应要求装修施工人员佩戴施工标牌(识),严格施工人员的出入管理,杜绝物业管理区域装修期间的不安全问题和无序化状态。

(1)装修施工人员须严格遵守国家法律、法规,自觉遵守小区各项有关规定。

(2)凡进小区的装修人员均须提供本人身份证原件及复印件(两张),到小区门岗亭如实登记工种和装修时间,办理小区临时出入证。施工人员进出小区时,必须佩戴此证。

(3)装修施工人员如果要将各类施工原材料带出小区,需要业主陪同,或待管理人员同业主核实后决定。

(4)装修人员未经管理处批准,不得占用公共场所加工、堆场,更不得私自闯入空置房。

(5)严禁不经过熔断器和漏电开关直接施工用电,否则引起总配电箱烧毁和漏电伤人事故,由施工人员负担一切经济损失及法律责任,施工单位或其负责人负连带责任。

(6)开凿线槽前应先封闭地漏等所有落水口,泥工、油漆工严禁将残存的砂浆、油漆倒入坐便器。实践证明,碎砖、砂浆、油漆残渣是引起下水道堵塞的主要原因。

(7)装修垃圾袋装化后,搬运到小区管理处指定的地点,不得堆放在楼道上、楼梯口,刨花类垃圾需当天清理,不要过夜,以消除火灾隐患。

(8)装修人员的衣着尽量保持整齐,不得赤身、不得随地吐痰、不得在公共区域大声喧哗打闹。

(9)装修期间,管理处的工作人员有权随时进入正在装修的各单元检查装修情况,以确保房屋的完好。

(10)装修施工人员应具备基本的建筑结构、给水排水、电知识,某些明显的违章行为,诸如在框架梁、柱上开洞,污水管接入雨水管等,无论业主是否主动要求,都以欺诈业主,故意破坏公共设施论处,情节严重的移交公安司法机关处理。

3. 装修材料、设备管理

(1)核对是否为审批同意的材料。

(2)装修材料须封装,要及时搬入室内,不得堆放在户门外或公共场所。

(3)对于有特别要求的材料或设备按照规定办理相应的手续。

4. 施工过程管理

(1)核查装修项目。

(2)施工人员检查。检查施工人员是否如实申报、是否办理施工证。

(3)施工现场严禁使用煤气罐、电炉、碘钨灯等,检查防火设备是否配备,操作是否符合安全要求。

(4)施工期间,如要使用电气焊或动用明火,应遵守国家有关消防管理的规定,要向物业服务企业提出申请,填写动用明火申请表,批准后方可使用。装修队的电工、焊工应持证上岗,严格遵守安全操作规程。施工现场禁止吸烟。

(5)检查施工人员的现场操作是否符合相关要求,如埋入墙体的电线是否穿管,是否使用合格的套管,是否破坏了墙、梁等。

(6)注意用电及消防安全。用电时,要注意采用适当的插头,严禁用电源线直接接到漏电开关上;严禁用电炉做饭、烧水。

(7)施工队应严格遵守有关装修规定,如业主要求违章装修时,应与其解释说明,并不予装修。

(8)施工负责人要保证各楼层公用设施完好。

(9)发现新增项目需指导用户及时申报。

(10)出现问题时,施工负责人应及时与物业服务企业联系,双方协商解决,不得擅自做主。

5. 物品搬运管理

为方便业主装修材料、物品的搬运,同时,避免物业的各种设施遭受损坏,并保证区域内有良好的治安秩序和整洁的环境,管理处对小区搬运从业人员及物品搬运实行统一有序管理,特制定以下规定:

(1)小区的搬运、敲墙人员须经物业管理处认可,并按有关规定及程序办理相应手续,自备统一着装,佩戴小区出入证。闲杂人员不得进入小区施工,业主自带区外人员作业,需到门岗处办理登记手续后方可施工,否则所造成的损失,由业主负连带责任。

(2)区内各装修户的大件装修材料(三夹板、木材、石膏板等)的搬运一律实行吊装,不得使用楼梯走廊进行搬运,以避免损坏楼梯踏步、扶手、窗台、灯具、开关及墙面等。

(3)业主及搬运人员在搬运时,应时刻注意上下、左右的安全,避免在吊装过程中对相邻物业造成损坏,同时须时刻检查吊装设备是否安全。

(4)管理处将近期市场上的搬运价格上墙公布,便于业主参考。

(5)业主如遇敲诈、欺骗行为,可拒绝付款,并可向管理处投诉,管理员有责任为业主解决。

(6)搬运人员为业主服务时,应注意安全,不得损坏公共财物,对业主的物品应轻拿轻放,如有损坏须承担赔偿责任。严格按双方商定的价格收费,不得敲诈勒索。

(7)敲墙人员为业主服务时,应依据管理处审批的《装修许可证》上的内容施工,有责任对业主的不合理要求予以阻止。

(8)搬运等人员应洁身自爱,不随地吐痰、大小便,不聚众赌博,禁止打架、盗窃等行为。

6. 物业装修管理费用和垃圾清运管理

装修管理收费的项目和标准国家没有明确规定。为确保物业装修工程的有序进行,维护装修活动涉及各方的合法权益,目前较为通常和相对合理的做法是:在物业装修之前,由装修人和物业服务企业签订物业装修管理协议,约定物业装修相关事项和管理收费,并以此为依据规范各方行为。一般来说,物业装修管理协议中物业服务企业向装修人约定收取的费用包括管理服务费和垃圾清运费。

(1)管理服务费。管理服务费是指因物业装修工程增加物业管理服务工作量而设置的临时性收费项目,一般由装修人和物业服务企业双方约定。该费用可向装修业主收取,也可向装修工程单位收取。

(2)垃圾清运费。垃圾清运费是指由装修工程所产生的垃圾的管理和清运费用。如业主按照要求管理并自行清运装修垃圾,则该费用可免予缴纳;否则,装修人应向物业管理单位缴纳该费用,装修垃圾由物业服务企业代为清运。

(五)装修工程的监督检查

物业管理单位应当按照装饰装修管理服务协议进行现场检查,对违反法律法规和装修管理服务协议的,应当要求装修人和装修企业纠正,并将检查记录存档。有关部门接到物业管理单位关于装修人或者装饰装修企业有违反《住宅室内装饰装修管理办法》行为的报告后,应当及时到现场检查核实,依法处理。

装修人不得拒绝和阻碍物业管理单位依据住宅室内装饰装修管理服务协议的约定,对住宅室内装饰装修活动的监督检查。同时,任何单位和个人对住宅室内装饰装修中出现的影响公众利益的质量事故、质量缺陷以及其他影响周围住户正常生活的行为,都有权检举、投诉、控告。

本章小结

本章主要介绍了物业管理前期接入、前期物业管理、物业管理招标投标、物业承接查验、物业入住与装修管理的概念、内容与基本程序。通过本章的学习,可以对物业管理的基本程序有较清楚的认识,能够在实践中应用所学知识进行物业前期的基本管理。

思考与练习

一、填空题

1. 立项决策阶段的前期介入是指物业服务企业在房地产开发项目可行性研究阶段介入,此时的主要内容是_____。

2. 施工阶段的前期介入是指物业服务企业在房地产开发的施工阶段介入,此时的主要内容是_____和_____。

3. 物业管理招标的主体一般是_____、_____、_____。

4. 物业承接查验分为_____和_____两种类型。

5. 建设单位应当在物业交付使用_____前,与选聘的物业服务企业完成物业共用部位、共用设施设备的承接查验工作。

6. 业主欲进行装修的,须提前_____向小区管理处提出装修申请,并随带有关证件(权属证明、身份证等)、装修示意图,按_____中所列的内容如实、详细填写。

二、简答题

1. 什么是物业管理前期介入和前期物业管理?
2. 简述前期物业管理与前期介入的区别。
3. 简述物业管理招标投标的特点。
4. 常规物业管理招标内容有哪些?
5. 新建物业的承接查验的内容有哪些?
6. 物业竣工验收与承接查验的区别是什么?
7. 简述入住服务的工作准备。
8. 住宅室内装饰装修禁止的行为有哪些?

第五章　物业房屋维修管理

知识目标

通过本章的学习，了解房屋维修和房屋维修管理的概念，房屋维修管理的特点、原则、内容，房屋日常养护的概念和类型；理解房屋损坏的原因；掌握房屋维修责任的划分，房屋完损等级的分类、标准和评定方法，房屋维修的标准，房屋日常养护的内容。

能力目标

能够运用房屋完损等级的评定方法对房屋损坏程度进行评定，能够对房屋进行日常养护与维修管理。

第一节　房屋维修管理概述

一、房屋维修和房屋维修管理的概念

房屋维修是指物业服务企业根据政府房屋以及维修管理的标准、要求以及物业服务合同的约定，在房屋的经济寿命期内在对房屋进行查勘鉴定、评定房屋完损等级的基础上对房屋进行维护和修理，使其保持或恢复原来状态或使用功能的活动。

房屋维修管理是指物业服务企业为做好房屋维修工作而开展的计划、组织、控制、协调等过程的集合。从管理过程讲，房屋维修管理主要是指围绕房屋维修的管理目标而进行的计划、组织、控制和协调工作，从管理层次讲，房屋维修管理一般可分为公司管理层次的维修管理和施工项目层次的维修管理。所谓公司管理层次的维修管理，是指物业服务企业层为实现这个企业的房屋维修目标而开展的管理工作，包括组织开展对所管房屋的查勘鉴定工作，围绕整个企业的房屋维修工作所做的计划管理、质量管理、编制维修工程预算、组织施工项目招标投标，以及开展对技术、劳动、材料、机器等生产要素的管理。所谓施工项目层次的维修管理又分为两种情况：一种是物业服务企业拥有自己的维修施工队伍，为组织好维修项目的施工而以项目施工过程为对象的管理工作，包括编制项目施工计划并确定施工项目的控制目标，做好施工准备工作，对施工过程实施组织和控制并做好项目竣工验收；另一种是物业服务企业自己没有施

工队伍，施工项目是委托其他的专业维修单位来从事施工活动的，在这种情况下，所谓施工项目层次的维修管理，主要是指物业服务企业的项目负责人对维修项目施工过程实施监督管理，以确保施工过程处于受控状态，从而实现企业预定的项目成本、质量和工期目标。通常，将这种情况下的施工项目管理称为房屋维修施工项目的内部监理。

房屋维修管理的主体是物业服务企业，物业服务企业受业主的委托开展相应的物业管理服务工作。房屋维修管理是物业管理的主要组成部分。在房屋维修过程中，实施房屋维修的主体一般是专业房屋维修公司（或物业服务企业内部的专业房屋维修部分）。而房屋维修管理的职能则是对房屋维修过程实施管理，做到在确保质量和实现合理工期的基础上使整个房屋维修过程处于受控状态，合理地使用人力、物力、财力，最大限度地节约维修成本，实现更大的经济效益、社会效益和环境效益。

二、房屋损坏的原因

房屋建成交付使用后，由于多种原因的影响而开始损坏。房屋损坏包括外部损坏和内部损坏。外部损坏是指房屋的外露部位，如屋面、外墙、勒脚、外门窗和防水层等的污损、起壳、锈蚀及破坏等现象；内部损坏是指房屋的内部结构、装修、内门窗、各类室内设备的磨损、污损、起壳、蛀蚀及破坏等现象。房屋外部项目的长期失修，会加速内部结构、装修、设备的损坏。

导致房屋损坏的原因是多方面的，基本上可分为自然损坏和人为损坏两类。

1. 自然损坏

自然损坏的因素有气候因素、生物因素、地理因素和灾害因素。自然损坏的速度是缓慢的、突发性的。

（1）气候因素。房屋因经受自然界风、霜、雨、雪和冰冻的袭击以及空气有害物质的侵蚀与氧化作用，其外部构件产生老化和风化，这种影响随着大气干湿度和温度的变化会有所不同，但都会使构件发生风化剥落，引起质量变化。

（2）生物因素。生物因素主要是虫害（如白蚁、蟑螂、老鼠、蛾、蜘蛛等）、菌类（如霉菌、湿腐菌、干腐菌等）的作用，使建筑物构件的断面减少、强度降低；而且会损坏建筑物装饰材料表面，反映在墙纸的剥落、褪色，地毯虫蛀，木质地板的损坏，石膏碎落，灯饰电源的损坏，通风口的堵塞以及蜘蛛网等方面，影响建筑物的观瞻。

（3）地理因素。地理因素主要指地基土质，如软土、膨胀土、湿陷性黄土等分布地区如预防或处理不当就会引起房屋的不均匀沉降并对上部结构造成不良影响。地基盐碱化作用也会引起房屋的损坏，尤其是建在盐碱土壤上的建筑物，如不采取预防措施，盐碱侵蚀建筑砌体后，不但会影响建筑物的使用功能和观瞻效果，还会大大缩短使用寿命，造成重大经济损失。

（4）灾害因素。灾害因素主要是突发性的天灾人祸，如洪水、火灾、地震、滑坡、龙卷风、战争等对建筑物所造成的损坏。有些损坏是可以修复的，有些损坏是无法修复的。

2. 人为损坏

人为损坏是相对于自然损坏而言的，主要有使用不当、设计和施工质量的低劣、预防保养不善等因素。

(1)使用不当。人们的生产或生活活动以及设备、生活日用品承载的大小、摩擦撞击的频率、使用的合理程度等都会影响房屋的寿命。如不合理地改装、搭建，不合理地改变房屋用途等都会使房屋的某些结构遭受破坏，或者造成超载压损。使用上，爱护不够或使用不当也会产生破坏。此外，还有由于周围设施的影响而造成房屋的损坏，例如因人防工程、市政管理、安装电缆等，因缺乏相应的技术措施而导致塌方或地基沉降，造成房屋墙体的闪动、开裂及其他变形等。

(2)设计和施工质量低劣。房屋在建造或修缮时，由于设计不当，质量差，或者用料不符合要求等，影响了房屋的正常使用，加速了房屋的破坏。例如，房屋坡度不符合要求，下雨时因排水慢造成漏水；砖墙砌筑质量低劣，影响墙体承重力而损坏变形；有的木结构的木材质量差或制作不合格，安装使用后不久就变形、断裂、腐烂等。

(3)预防保养不善。有的房屋和设备，由于没有适时地采取保养措施或者修理不够及时，造成不应产生的损坏或提前损坏，以致发生房屋破损、倒塌事故，如钢筋混凝土露筋、散水裂缝、门窗铰链松动等，这些若不及时保养，都可能酿成大祸。

三、房屋维修管理的特点

1. 经营性和服务性

物业管理是集经营、管理和服务于一体的系统行为过程，而物业维修管理则是物业管理的一个重要经营活动。它对投入使用的物业进行功能的恢复和改善，这与使用者的安全和切身利益有关，而且物业维修管理所提供的维修服务也是有偿的。因此，物业维修管理同时具有经营性和服务性。

2. 技术性

物业维修管理的技术性是指物业维修管理活动本身具有特殊的技术规定性，其必须以建筑工程专业及相关的专业技术知识为基础，制定相应的技术管理规定和质量评定标准，并配备高素质的专业技术人员和技术工人才能较好地完成。物业维修活动的特殊性又决定了它具有独特的设计、施工技术和操作技能，其技术水平的高低直接关系到维修工程质量的优劣。

3. 复杂性

物业维修管理的复杂性是由房屋的多样性、个体性和房屋维修的广泛性和分散性决定的。由于每一幢房屋几乎都有独特的形式、结构和单独的设计图纸，因此，物业维修必须根据不同的结构、不同的设计、不同情况的物业分别制定不同的维修方案，组织不同的维修施工，这就给物业维修管理带来了复杂性。同时，还要对零星、分散又广泛的物业维修进行组织管理，这也使物业维修管理呈现复杂性。

4. 计划性

物业维修过程本身就存在着各阶段、各步骤、各项工作之间一定的不可违反的工作程序。因此，物业维修管理必须严格按照维修施工程序进行，这就决定了物业维修管理也必须按照这一程序有计划地组织实施。

四、房屋维修管理的原则

(1)经济、合理、安全、实用原则。经济是指加强维修工程的成本管理，维修资金和维修定额管理，合理安排开支，尽量做到少支出维修费用；合理是指修缮计划要定得合理，要按照国家规定与标准修房，不随意扩大修缮范围；安全是指通过修缮，使物业不倒、不塌、不破，达到主体结构牢固，用户住用安全，保证物业不发生伤人事件是物业维修的首要原则；实用是从实际出发，因地制宜，以适应用户在使用功能和质量上的要求，充分发挥物业的效能。

(2)区别对待原则。对于各种不同类型的物业，要依据不同的建筑风格、不同的结构、不同的等级标准区别对待。

(3)预防为主、管修结合原则。物业的使用、管理、维修和保养是一个统一的过程。强调这个原则，就是要贯彻"预防为主"的方针，使物业的合理使用、日常保养、维修改造等工作有机结合起来。

(4)为用户服务原则。物业维修的目的是不断满足社会生产和人民居住生活需要。因此，在物业维修管理上，要维护用户的合法使用权，维修管理人员要真正树立为用户服务的思想，改善服务状态，提高服务质量；要建立、健全科学合理的维修服务制度并保证制度的贯彻实施；必须认真解决用户亟须解决的修缮问题，自觉维护用户的合法权益，切实做到为用户服务。

(5)修缮资金投资效果最大化原则。物业修缮资金的管理原则就是获得最大投资效果，少花钱、多修房、修好房，各类工程维修费用的多少，必须确定一个合理的标准，不得随意浪费。

五、房屋物业维修管理的内容

(一)房屋维修计划管理

房屋维修计划管理是指物业服务企业从业人员根据房屋的完损程度，用户对房屋保养与维修的要求以及政府对保养与维修的有关规定，为科学制订并实施房屋的综合保养与维修计划所进行的各项管理工作。物业服务企业应根据实际情况，制定切实可行的房屋维修计划，并积极组织力量，保证计划的完成，确保物业的正常使用，维护业主和使用人的正当权益。

(二)房屋安全管理

房屋的安全检查是房屋使用、管理、维护和修理的重要依据。定期和不定期地对房屋进行检查，随时掌握房屋健康状况，不仅能及时发现房屋的危损情况，抢修加固，解除危险，而且能为科学地管理房屋和修缮房屋提供依据，正确地督导房屋使用，延长房屋的寿命。

1. 房屋安全检查的方法

(1)直观法。直观法是指由房屋检查人对房屋的建筑结构情况进行直接全面的检查。主要检查建筑构件的裂缝、变形、倾斜、腐朽现象的特征、深度、形状、分布及各类原因引起的潜在隐患。

(2)刺探、敲击听声法。用铁钎刺探埋入墙内的柱根、柁檩、椽头等部位，探查腐朽程度。敲击墙体、木构件，判断空鼓或虫蛀的情况。

(3)仪器检查法。仪器检查法是指使用回弹仪、取芯机、超声仪等检查构件的受损程度；使用经纬仪检查房屋垂直度；用水平仪检查房屋沉降量；用小线、尺子检查木构件的变形程度。

(4)结构构件验算。通过结构计算，验算结构构件截面尺寸是否符合强度、刚度要求。

2. 危险房屋管理

房地产行政管理部门与物业服务企业要做好如下工作：

(1)制定危房鉴定检查制度。危房的划分一定要根据房屋构件损坏范围的大小、程度及对周围环境、整个房屋的危害程度而定，一般可以考虑以下几种情况：

1)整幢危房：指房屋结构大部分具有不同程度的损毁，已危及整幢房屋并随时有倒塌的可能，且已无维修价值，不能通过修复保证住用安全的房屋。

2)局部危房：在整个房屋结构中，局部构件受到损坏，一旦发生事故，对整幢房屋无太大影响，只要排除局部危险，可继续安全使用。

3)危险点：指房屋的某个承重构件或某项设施损坏，但对整体还未构成直接威胁，一般可通过维修排除险情。

(2)建立健全危房管理机构。除政府有权威性危险房屋的鉴定机构外，各物业服务企业也应设立相关部门或指定专门技术人员负责此项工作，依据《危险房屋鉴定标准》(JGJ 125—2016)和各地政府颁布的有关规定，按照初始调查、现场勘察、检测验算、论证定性等程序，在掌握测算数据、科学分析论证的基础上，确认房屋的建筑质量及安全可靠程度。

(3)危房处理措施。危房处理措施有观察使用、处理使用、停止使用、整体拆除四种方法。观察使用适用于采取适当安全技术措施后尚能短期使用，但须继续观察的房屋；处理使用适用于采取适当安全技术措施后可解危的房屋；停止使用适用于已无修缮价值，暂无条件拆除，又不危及相邻建筑和影响他人安全的房屋；整体拆除适用于整幢危险且无修缮价值，随时可能倒塌并危及他人人身财产安全的房屋。

(三)房屋维修技术管理

房屋维修技术管理是指对房屋维修过程中的各个技术环节，按国家技术标准进行的科学管理。物业服务企业应根据《房屋修缮技术管理规定》，组织查勘、鉴定，掌握房屋完损情况，按房屋的实际用途和完损情况，拟订维修方案；日常维护，有计划地组织房屋按年轮修；分配年度维修资金、审核维修方案和工程预决算，与施工单位签订施工合同；配合施工单位，适当安置住户，保证维修工作的顺利进行；监督施工单位按规定要求施工，确保工程质量；竣工后，进行工程验收；组织自行施工的维修工程的施工管理，进行工料消耗、工程质量的检查鉴定；建立健全房屋的技术档案，并进行科学管理等。

(四)房屋维修质量管理

房屋维修质量管理是指为保证和提高维修工程质量,贯彻"预防为主""对下道工序负责"和"为业主、使用人负责"的原则而进行的一系列管理工作的总和,它是物业服务企业质量管理的重要组成部分。物业维修质量管理的内容一般包括对物业维修质量的理解(管理理念)、建立企业维修工程质量保证体系以及开展质量管理基础工作等。

(五)房屋维修施工管理

房屋维修施工管理是指针对不同种类的物业维修工程,按照一定施工程序、施工质量标准和技术经济要求,运用科学的方法对物业维修施工过程中的各项工作进行相应有效的、科学的管理。无论物业服务企业的自有维修队伍,还是对外委托的专业维修队伍,均应做好具体维修施工作业的计划管理、组织管理、现场管理、质量与安全管理、机械设备与材料管理、成本管理等工作。

(六)房屋维修档案资料管理

物业服务企业在制订房屋维修计划,确定房屋维修、改建等方案,实施房屋维修工程时,不可缺少的重要依据便是房屋建筑的档案资料。因此,为了更好地完成房屋维修任务,加强房屋维修管理,就必须设置专门部门和专职人员对房屋维修档案资料进行管理。房屋维修所需要的档案资料主要包括以下三个方面:

(1)房屋新建工程、维修工程竣工验收时的竣工图及有关房屋原始资料。
(2)现有的有关房屋及附属设备的技术资料。
(3)房屋维修的技术档案资料。

六、房屋维修责任的划分

自用部位、自用设备的修缮、更新责任,由单元房屋住户承担,费用自理。房屋承重结构、公用部分及公用设备的修缮、更新责任,由整幢房屋住户按各单元房屋建筑面积比例共同承担,费用在专项维修资金中列支。公共设施的修缮、更新费用在专项维修资金中列支。社区服务配套设施的修缮、更新、改造责任,由该设施的所有人承担,费用在经营管理收入中列支。公共部位、公共设施设备,凡属人为损坏的,由行为人负责修复或赔偿,费用由行为人承担。

第二节 房屋完损等级的分类和评定方法

一、房屋完损等级的分类及标准

根据各类房屋的结构、装修、设备等组成部分的完好及损坏程度,房屋完损等级分为以下五类:

(1)完好房。完好房是指房屋的结构构件完好，安全可靠，屋面或板缝不漏水，装修和设备完好，齐全完整，管道畅通，现状良好，使用正常或虽个别分项有轻微损坏，但不影响居住安全和正常使用，一般经过小修就能修复好的房屋。

(2)基本完好房。基本完好房是指房屋结构基本完好，少量构部件有轻微损坏，装修基本完好，油漆缺乏保养，设备、管道现状基本良好，能正常使用，经过一般性的维修即可恢复使用功能的房屋。

(3)一般损坏房。一般损坏房是指房屋结构一般性损坏，部分构部件有损坏或变形，屋面局部漏雨，装修局部有破损，油漆老化，设备管道不通畅，水卫、电照管线、器具和零件有部分老化、损坏或缺损，需要进行中修或局部大修更换部件的房屋。

(4)严重损坏房。严重损坏房是指房屋年久失修，结构有明显变形或损坏，个别构件已处于危险状态，屋面严重渗漏，装修严重变形、破损，油漆老化见底，设备陈旧不齐全，管道严重堵塞，水卫、电照的管线、器具和零件残缺及严重损坏，需要进行大修或翻修、改建的房屋。

(5)危险房。危险房是指房屋承重构件已属危险构件，结构丧失稳定和承载能力，随时有倒塌可能，不能确保住用安全的房屋。

房屋维修管理评价参考的主要指标是房屋完好率、危房率：

房屋完好率＝[(完好房屋建筑面积＋基本完好房屋建筑面积)/房屋总建筑面积]×100%

危房率＝(危险房屋建筑面积/房屋总建筑面积)×100%

二、房屋完损等级评定方法

(1)混凝土、砖混、砖木结构房屋完损等级的评定方法。

1)凡符合下列条件之一者可评为完好房：

①房屋的结构、装修、设备等组成部分各项完损程度符合完好标准。

②在装修、设备部分中有一两项完损程度符合基本完好的标准，其余各项符合完好标准。

2)凡符合下列条件之一者可评为基本完好房：

①房屋的结构、装修、设备等部分各项完损程度符合基本完好标准。

②在装修、设备部分中，有一两项完损程度符合一般损坏标准，其余符合基本完好以上标准。

③结构部分除基础、承重构件、屋面外，只有一项和装修或设备部分中的一项符合一般损坏标准，其余符合基本完好以上标准。

3)凡符合下列条件之一者可评为一般损坏房：

①房屋的结构、装修、设备部分各项完损程度符合一般损坏标准。

②在装修、设备部分中，有一两项完损程度符合严重损坏标准，其余符合一般损坏以上标准。

③结构部分除基础、承重构件、屋面外，可有一项和装修或设备部分中的一项完损程度符合严重损坏标准，其余符合一般损坏以上标准。

4)凡符合下列条件之一者可评为严重损坏房:
①房屋的结构、装修、设备部分各项完损程度符合严重损坏标准。
②在结构、装修、设备部分中,有少数项目完损程度符合一般损坏标准,其余符合严重损坏标准。

(2)其他结构房屋完损等级评定方法。

1)房屋的结构、装修、设备部分各项完损程度符合完好标准的,可评为完好房。

2)房屋的结构、装修、设备部分各项完损程度符合基本完好标准,或者有少量项目完损程度符合完好标准的,可评为基本完好房。

3)房屋的结构、装修、设备部分各项完损程度符合一般损坏标准,或者少量项目完损程度符合基本完好标准的,可评为一般损坏房。

4)房屋的结构、装修、设备部分各项完损程度符合严重损坏标准,或者少量项目完损程度符合一般损坏标准的,可评为严重损坏房。

此外,对于重要房屋及构件,须经过复核或专业测试鉴定才能确定完损程度。

第三节 房屋维修工程

一、房屋维修的分类

(1)按维修对象的不同,房屋维修可分为结构性维修和非结构性维修。

1)结构性维修是指为保证房屋结构安全、适用和耐久,对老朽、破损或强度、刚度不足的房屋结构构件进行检查、鉴定及修理。

2)非结构性维修是指为保障房屋的正常使用和改善居住条件,对房屋的装修、设备等部分的更新、修理和增设,其主要作用是恢复房屋的使用功能,保护结构构件免遭破坏,延长房屋的使用年限。

(2)按所维修房屋的完损程度不同,房屋维修可分为小修、中修、大修、翻修和综合维修。

1)小修也称为维护,是指对房屋的日常零星维修维护工作,其目的是使房屋保持原来的等级,如钢、木门窗的整修,拆换五金,配玻璃,换窗纱,油漆等。小修工程要及时组织,否则会影响生产或生活的正常进行。维修造价小于同类结构新建造价的1%。

2)中修是指房屋少量部位已损坏或不符合建筑结构要求,需进行局部修理,在修理中需牵动或拆换少量主体构件,但保持原房屋的规模和结构。它适用于一般损坏的房屋。中修的维修造价小于同类结构新建造价的20%。

3)大修是指房屋的主要结构部位损坏严重,房屋已不安全,需要进行全面的修理,在修理中需牵动或拆除部分主体构件的修理工作。它适用于严重损坏的房屋,大部分受损但无倒塌危险或局部有危险且仍要继续使用的房屋。

翻修是指房屋已失去维修价值，主体结构严重损坏，丧失正常使用功能，有倒塌危险，需全部拆除，另行设计，重新在原地或异地进行更新建造的过程。其适用于主体结构严重损坏，丧失正常使用功能，有倒塌危险，无维修价值的房屋，基本建设规划范围内需要拆迁恢复的房屋。一般该类工程不能扩大面积，以原有房屋旧料为主，其费用应低于该建筑物同类结构的新建造价。

综合维修工程也称为成片轮修工程，指成片多栋（大楼为单栋）房屋大、中、小修一次性应修、尽修的工程，综合维修工程一次费用应在该片（栋）建筑同类结构新建造价的20%以上。综合维修后的房屋必须符合基本完好或完好房屋标准的要求。

(3) 按经营管理的性质不同，房屋维修可分成恢复性维修、赔偿性维修、补偿性维修、返工性维修和救灾性维修。

1) 恢复性维修是指修复因自然损耗造成损坏的房屋及其构件的维修活动，它的作用是恢复房屋的原有状况与功能，保障居住安全和安全适用。

2) 赔偿性维修是指修复因用户私自拆改、增加房屋荷载、改变使用性质、违约使用以及过失造成损坏的房屋及其构件的维修活动，其维修费用应由责任人承担。

3) 补偿性维修是指在房屋移交时，通过对该房屋的质量、完损情况进行检查鉴定，发现影响居住安全和使用的损坏部位，而对房屋进行的一次性维修工作，其费用由移交人与接收人通过协商解决。

4) 返工性维修是指因房屋的设计缺陷、施工质量不好或管理失当造成的再次维修，其维修费用由责任人承担。

5) 救灾性维修是指修复因自然灾害造成损坏的房屋及其构件的维修活动，对于重大天灾，如风灾、火灾、水灾、震灾等，维修费用由政府有关部门拨专款解决，对于人为失火造成的灾害，维修费用按"赔偿性维修"规定的办法处理，责任者需担负全部或部分费用。

二、房屋维修的标准

1. 房屋维修标准分类

房屋维修标准是按不同的结构、装修、设备条件，将房屋分为一等、二等以下两类。

符合下列条件的为一等房屋：

(1) 钢筋混凝土结构、砖混结构、砖木（含高级纯木）结构中，承重墙柱不得使用空心砖、半砖、乱砖和乱石砌筑。

(2) 楼地面不得使用普通水泥或三合土面层。

(3) 使用纱门窗或双层窗的正规门窗。

(4) 墙面有中级或中级以上粉饰。

(5) 独厨，有水、电、卫设备，采暖地区有暖气。

低于上述条件的为二等以下房屋。划分两类房屋的目的是对原结构、装修、设备较好的一等房屋，加强维修养护，使其保持较高的使用价值；对二等以下房屋，主要是通过维修，保证其住用安全，适当改善其住用条件。

2. 房屋维修标准

房屋修缮标准按主体工程，木门窗及装修工程，楼地面工程，屋面工程，抹灰工程，油漆粉饰工程，水、电、卫、暖等设备工程，金属构件工程以及其他工程九个分项工程进行确定。

(1) 主体工程。

1) 屋架、柱、梁、檩条、楼楞等在修缮时应查清隐患，损坏变形严重的，应加固、补强或拆换。不合理的旧结构、节点，若影响安全使用的，大修时应整修改做。损坏严重的木构件在修缮时要尽可能用砖石砌体或钢筋混凝土构件代替。对钢筋混凝土构件，如有轻微剥落、破损的，应及时修补。混凝土碳化、产生裂缝、剥落、钢筋锈蚀较严重的，应通过检测计算，鉴定构件承载力，采取加固或替代措施。

2) 基础不均匀沉降，影响上部结构的，砌体弓凸、倾斜、开裂、变形，应查清原因，有针对性地予以加固或拆砌。

(2) 木门窗及装修工程。木门窗修缮应开关灵活，接缝严密，不松动；木装修工程应牢固、平整、美观，接缝严密。

1) 木门窗开关不灵活、松动、脱榫、腐烂损坏的，应修理接换，小五金应修换配齐。大修时，内外玻璃应一次配齐，油灰嵌牢。木门窗损坏严重、无法修复的，应更换；一等房屋更换的门窗应尽量与原门窗一致。材料有困难的，可用钢门窗或其他较好材料的门窗替代。

2) 纱门窗、百叶门窗属一般损坏的，均应修复。属严重损坏的，一等房屋及幼儿园、托儿所、医院等特殊用房可更换；二等以下房屋可拆除。原来没有的，一律不新装。

3) 木楼梯损坏的，应修复。楼梯基下部腐烂的，可改做砖砌踏步。扶手栏杆、楼梯基、平台阁栅应保证牢固安全。损坏严重、条件允许的，可改为砖混楼梯。

4) 板条墙、薄板墙及其他轻质墙隔损坏的，应修复；损坏严重且条件允许的，可改砌砖墙。

5) 木阳台、木晒台一般损坏的，应修复；损坏严重的，可拆除，但应尽量解决晾晒问题。

6) 挂镜线、窗帘盒、窗台板、筒子板、壁橱、壁炉等装修，一般损坏的，应按原样修复。严重损坏的，一等房屋应原样更新，或在不降低标准、不影响使用的条件下，用其他材料代用更新；二等以下房屋，可改换或拆除。

7) 踢脚板局部损坏、残缺、脱落的，应修复；大部损坏的，改做水泥踢脚板。

(3) 楼地面工程。

1) 普通木地板的损坏占自然间地面面积25%以下的，可修复；损坏超过25%以上或缺乏木材时，可改做水泥地坪或块料地坪。一等房屋及幼儿园、托儿所、医院等特殊用房的木地板、高级硬木地板及其他高级地坪损坏时，应尽量修复；确实无法修复的，可改做相应标准的高级地坪。

2) 木楼板损坏、松动、残缺的，应修复；如磨损过薄、影响安全的，可局部拆换；条件允许的，可改做钢筋混凝土楼板。一等房屋的高级硬木楼板及其他材料的高级楼板面层损坏时应尽量修复；确实无法修复的，可改做相应标准的高级楼板面。夹沙楼板面损坏的，可夹接加固木基层、修补面层，也可改做钢筋混凝土楼板面。木楼楞腐烂、扭曲、损坏、刚度不足的，应抽换、增添或采取其他补强措施。

注：夹沙楼板面指木基层、混凝土或三合土面层的楼板面。

3）普通水泥楼地面起砂、空鼓、开裂的，应修补或重做。一等房屋的水磨石或块料楼地面损坏时，应尽量修复；确实无法修复的，可改做相应标准楼地面。

4）砖地面损坏、破碎、高低不平的，应拆补或重铺。室内潮湿严重的，可增设防潮层或做水泥及块料地面。

（4）屋面工程。

1）屋面结构有损坏的，应修复或拆换；不稳固的，应加固。如原结构过于简陋，或流水过长、坡度小、冷摊瓦等造成渗水漏雨严重时，按原样修缮仍不能排除屋漏的，应翻修改建。

2）屋面上的压顶、出线、屋脊、泛水、天窗、天沟、檐沟、斜沟、水落、水管等损坏渗水的，应修复；损坏严重的，应翻做。大修时，原有水落、水管要修复配齐，二层以上房屋原来无水落、水管的，条件允许可增做。

3）女儿墙、烟囱等屋面附属构件损坏严重的，在不影响使用和市容条件下，可改修或拆除。

4）钢筋混凝土平屋面渗漏，应找出原因，针对损坏情况采用防水材料嵌补或做防水层；结构损坏的，应加固或重做。

5）玻璃天棚、老虎窗损坏漏水的，应修复；损坏严重的，可翻做，但一般不新做。

6）屋面上原有隔热保温层损坏的，应修复。

（5）抹灰工程。

1）外墙抹灰起壳、剥落的，应修复；损坏面积过大的，可全部铲除重抹，重抹时，如原抹灰材料太差，可提高用料标准。一等房屋和沿主要街道、广场的房屋的外抹灰损坏，应原样修复；复原有困难的，在不降低用料标准、不影响色泽协调的条件下，可用其他材料替代。

2）清水墙损坏，应修补嵌缝；整垛墙风化过多的，可做抹灰。外墙勒脚损坏的，应修复；原无勒脚抹灰的，可新做。

3）内墙抹灰起壳、剥落的，应修复；每面墙损坏超过一半以上的，可铲除重抹。原无踢脚线的，结合外墙面抹灰应加做水泥踢脚线。各种墙裙损坏应根据保护墙身的需要予以修复或抹水泥墙裙。因室内外高差或沟渠等影响，引起墙面长期潮湿，影响居住使用的，可做防水层。

4）天棚抹灰损坏，要注意检查内部结构，确保安全。抹灰层松动，有下坠危险的，须铲除重抹。原线脚损坏的，按原样修复。损坏严重的复杂线脚全部铲除后，如系一等房屋应原样修复，或适当简略；二等以下房屋，可不修复。

（6）油漆粉饰工程。

1）木门窗、纱门窗、百叶门窗、封檐板裙板、木栏杆等油漆起壳、剥落、失去保护作用的，应周期性地进行保养；上述木构件整件或零件拆换，应油漆。

2)钢门窗、铁晒衣架、铁皮水落水管、铁皮层面、钢层架及支撑、铸铁污水管或其他各类铁构件(铁栅、铁栏杆、铁门等),其油漆起壳、剥落或铁件锈蚀,应除锈、刷防锈涂料或油漆。钢门窗或各类铁件油漆保养周期一般为3~5年。

3)木楼地板原油漆褪落的,一等房屋应重做;二等以下房屋,可视具体条件处理。

4)室内墙面、天棚修缮时可刷新。其用料,一等房屋可采取新型涂料、胶白等,二等以下房屋,刷石灰水。高级抹灰损坏,应原样修复。

5)高层建筑或沿主要街道、广场的房屋的外墙原油漆损坏的,应修补,其色泽应尽量与原色一致。

(7)水、电、卫、暖等设备工程。

1)电气线路的修理,应遵守供电部门的操作规程。原无分表的,除各地另有规定者外,一般可提供安装劳务,但表及附件应由用户自备;每一房间以一灯一插座为准,平时不予改装。

2)上、下水及卫生设备的损坏、堵塞及零件残缺,应修理配齐或疏通,但人为损坏的,其费用由住户自理。原无卫生设备的,是否新装由各地自定。

3)附属于多层、高层住宅及其群体的压力水箱、污水管道及泵房、水塔、水箱等损坏,除与供水部门有专门协议者外,均应负责修复;原设计有缺陷或不合理的,应改变设计,改道重装。水箱应定期清洗。

4)电梯、暖气、管道、锅炉、通风等设备损坏时,应及时修理;零配件残缺的,应配齐全;长期不用且今后仍无使用价值的,可拆除。

(8)金属构件工程。

1)金属构件锈烂损坏的,应修换加固。

2)钢门窗损坏、开关不灵、零件残缺的,应修复配齐;损坏严重的,应更换。

(9)其他工程。

1)水泵、电动机、电梯等房屋正在使用的设备,应修理、保养。避雷设施损坏、失效的,应修复;高层房屋附近无避雷设施或超出防护范围的,应新装。

2)原有院墙、院墙大门、院落内道路、沟渠下水道、窨井损坏或堵塞的,应修复或疏通。原来无下水系统,院内积水严重,影响居住使用和卫生的,条件允许的,应新做。院落里如有共用厕所,损坏时应修理。

三、房屋维修的工作程序

1. 施工准备工作

施工准备是指为了保证工程顺利开工而事先必须做好的一项综合性的组织工作。施工准备工作主要包括以下内容:

(1)勘察施工现场情况,包括地面上和地面下有关房屋、设备状态;

(2)工程设计图纸应齐全;

(3)编制施工组织设计或施工方案并获有关部门批准。

(4)储备材料、成品和半成品等构件,能陆续进场,确保连续施工;
(5)领取建筑施工执照;
(6)安置好需搬迁的住户,切断或接通水源、电源;
(7)落实资金和劳动力计划。

2. 技术交底

技术交底是维修施工前的一项技术性工作,是在图纸会审的基础上,由施工负责人向负责该项工程的技术员、工长、班长等进行技术上的说明。技术交底主要包括以下内容:

(1)根据工程特点和技术要求,提出维修工程应达到的质量标准,并按照施工组织设计、施工方案和施工说明的总要求,提出保证工程质量和安全的技术措施。

(2)原有房屋或结构部件的拆除(如需拆除)程序、方法和安全技术措施,本工程对毗邻房屋的影响程度及应采取的安全技术措施。

(3)冬雨期、夜间施工安排和技术措施,针对维修工程质量通病制定防治措施。

(4)各工种施工的平行交叉与协调配合的注意事项。

(5)旧料利用的施工要求和技术措施。

3. 施工现场管理

施工现场管理是以施工组织设计、一般工程施工方案或小型工程施工说明为依据,在施工现场进行的各种管理活动。施工现场管理主要内容包括:

(1)安排好施工衔接和料具进退场,节省施工用地。

(2)及时清运场内建筑垃圾、多余土方、余料和废料。

(3)做好施工线材的材料、机具设备管理。

(4)确保住户人身安全和财产安全,做好施工防护工作,处理好毗邻建筑物的关系,做到文明施工。

4. 施工质量管理

施工质量管理是指为了保证和提高维修工程质量,贯彻"预防为主"的方针,为下一道工序负责、为住户负责而进行的一系列工作的总和。要做好施工质量的检查验收工作,坚持分项工程的检查,做好隐蔽工程的验收和工程质量的评定,不合格的工程不予验收签字。

5. 工程验收

施工单位在维修工程竣工后要根据竣工验收标准进行自检。在自检合格基础上,具备了交付使用条件后,在正式验收前10天,向发包单位发出"竣工验收通知书",提请竣工验收。工程竣工验收由发包单位邀请设计单位及有关方面,同施工单位一起进行检查验收。合格者,由发包单位签发"施工验收证明书",并办理工程移交和工程档案资料移交手续。同时,发包单位和施工单位还应签订工程回访保修协议,在保修期内若发现质量问题,由施工单位负责修复,最后办理工程费用结算手续。

第四节 房屋的日常养护

一、房屋日常养护的概念

房屋日常养护是物业服务企业为确保房屋的完好和正常使用所进行的经常性的日常修理、季节性预防保护以及房屋的正确使用维护管理等工作，是物业服务企业房屋修缮的重要环节。

房屋日常养护与房屋修缮一样，都是为了保证房屋能正常使用，但两者又有区别。日常养护是对房屋及时的预防保养和经常性的零星修理；修缮则是相隔一定时间后，按需要进行的大、中修等。通过对房屋的日常养护，可以维护房屋和设备的功能，使发生的损失及时得到修复。对一些由于天气的突变或隐蔽的物理、化学损坏导致的猝发性损失，不必等大修周期到来就可以及时处理。同时，经常检查房屋完好状况，从养护入手，可以防止事故发生，延长大修周期，并为大、中修提供查勘、施工的可靠资料，最大限度地延长房屋的使用年限，还可以不断改善房屋的使用条件，包括外部环境的综合治理。

二、房屋日常养护的类型

房屋日常养护主要包括零星养护和计划养护两种类型。

（1）零星养护。房屋的零星养护是指结合实际情况确定或因房屋突然损坏引起的住户临时发生报修的养护工程。主要包括下列七个方面：

1）屋面补漏、修补泛水等。
2）修补楼地面面层。
3）修补内外墙、墙面抹灰、窗台、踢脚线等。
4）门窗整修、油漆等。
5）水暖电等设备的故障排除及零部件的维修等。
6）下水管道的疏通、散水、雨水管维修等。
7）房屋检查发现的危险构件的临时加固、维修等。

（2）计划养护。房屋的计划养护是指物业服务企业通过平常掌握的检查资料从房屋管理角度提出来的养护工程。房屋的各种结构、部件均有合理的使用年限，超过这一年限就会开始出现问题。因此，要管好房屋，就不能等到问题出现后再采取补救措施，而应当提前制定科学的大、中、小修三级修缮制度，对房屋进行定期的养护保养，以保证房屋的正常使用，延长其整体的使用年限。

三、房屋日常养护的内容

房屋日常养护的具体内容包括以下七个方面。

1. 地基基础的养护

（1）防止出现不合理荷载。地基基础上部结构使用荷载分布不合理或超过设计荷载，会危及整个房屋的安全，而在地基基础附近的地面堆放大量材料或设备，也会形成较大的堆积荷载，从而使地基由于附加压力增加而产生附加沉降。因此，日常应加强对房屋使用情况的技术监督，防止地基出现不合理荷载状况。

（2）防止地基浸水。地基浸水会使地基基础产生不利的工作条件，因此，对于地基基础附近上下水管、暖气管道等用水设施，要注意检查其工作情况，防止漏水。同时，要加强对房屋内部及四周排水沟、散水等排水设施的管理与维修。

（3）保证勒脚完好无损。勒脚位于基础顶面，将上部荷载进一步扩散并均匀传递给基础，同时起到基础防水的作用。勒脚破损或严重腐蚀剥落，会使基础受到传力不合理的间接影响而处于异常的受力状态，也会因防水失效而产生地基浸水的直接后果。因此，要做好勒脚的日常养护。

（4）防止地基冻害。在季节性冻土地区，要注意基础的保温。在使用中有闲置不采暖房间，尤其是与地基基础较近的地下室，应在寒冷季节将门窗封闭严密，防止冷空气大量侵入，如还不能满足要求，则应增加其他的保温措施。

2. 楼地面工程的养护

（1）保证经常用水房间的有效防水。对厨房、卫生间等经常用水的房间，要注意保护楼地面的防水性能，同时要加强对上下水设施的检查与保养，防止管道漏水、堵塞，造成室内长时间积水而渗入楼板，导致侵蚀损害。

（2）避免室内受潮与虫害。室内潮湿不仅影响使用者的身体健康，也会因大部分材料在潮湿环境中容易发生不利的化学反应而导致变性失效，如腐蚀、膨胀、强度减弱等，造成重大的经济损失。因此，必须针对材料的各项性能指标，做好防潮措施，如保持室内有良好的通风等。

建筑虫害，如常见的建筑白蚁病，会造成房屋结构的根本性破坏，导致无法弥补的损伤。而且建筑虫害通常出现在较难发现的隐蔽性部位，所以，更须做好预防工作。

3. 墙台面及吊顶工程的养护工程

墙台面及吊顶工程一般由下列装饰工程中的几种或全部组成：抹灰工程，油漆工程，刷（喷）浆工程，裱糊工程，块材饰面工程，罩面板及龙骨安装工程，都要根据其具体的施工方法、材料性能以及可能出现的问题，采取适当的养护措施。但无论对哪一种工程的养护，都应满足以下五个共性的要求：

（1）定期检查，及时处理。定期检查一般不少于每年 1 次。对容易出现问题的部位重点检查，尽早发现问题并及时处理。对于使用磨损频率较高的工程部位，要缩短定时检查的周期。

（2）加强保护与其他工程衔接处。墙台面及吊顶工程经常与其他工程相交叉，在相接处要注意防水、防腐、防胀。

（3）保持清洁与常用的清洁方法。灰尘与油腻等积累太多，容易导致吸潮、生虫以及直接腐蚀材料。所以，应做好经常性的清洁工作。清洁时需根据不同材料各自的性能，采用适当的方法，如防水、防酸碱腐蚀等。

（4）注意日常工作中的防护。各种操作要注意，防止擦、划、刮伤墙台面，防止撞击。遇有可能损伤台面材料的情况，要采取预防措施。在日常工作中有难以避免的情况，要加设防护措施，如台面养花、使用腐蚀性材料等，应有保护垫层。

（5）定期更换部件，保证整体协调性。由于墙台面及吊顶工程中各工种以及某一工程中各部件的使用寿命不同，因而，为保证整体使用效益，可根据材料部件的使用期限与实际工作状况，及时予以更换。

4. 门窗工程的养护

（1）严格遵守使用常识与操作规程。门窗是房屋中使用频率较高的部分，要注意保护。在使用时，应轻开轻关；通风雨天，要及时关闭并固定；开启后，旋启式门窗扇应固定；严禁撞击或悬挂物品。避免长期处于开启或关闭状态，以防门窗扇变形、关闭不严或启闭困难。

（2）经常清洁检查。门窗构造比较复杂，应经常清扫，防止积垢而影响正常使用。发现门窗变形或构件短缺失效等现象，应及时修理或申请处理，防止对其他部分造成破坏或发生意外事件。

（3）定期更换易损部件。对于使用中损耗较大的部件，应定期检查更换，需要润滑的轴心或摩擦部位，要经常采取相应的润滑措施。

5. 屋面工程的维修养护

（1）定期清扫，保证各种设施处于有效状态。一般非上人屋面每季度清扫1次，防止堆积垃圾、杂物及非预期植物如青苔、杂草的生长，遇有积水或大量积雪时，及时清除，秋季要防止大量落叶、枯枝堆积。上人屋面要经常清扫。在使用与清扫时，应注意保护重要排水设施如落水口，以及防水关键部位如大型或体形较复杂建筑的变形缝。

（2）定期检查、记录，并对发现的问题及时处理。定期组织专业技术人员对屋面各种设施的工作状况按规定项目内容进行全面详查，并填写检查记录。对非正常损坏要查找原因，防止产生隐患；对正常损坏要详细记录其损坏程度。检查后，对所发现的问题及时汇报处理，并适当调整养护计划。

（3）加强屋面使用的管理。在屋面使用中，要防止产生不合理荷载与破坏性操作。上人屋面在使用中要注意污染、腐蚀等常见病，在使用期应有专人管理。

6. 通风道的养护管理

（1）住户在安装抽油烟机和卫生间通风器时，必须小心细致地操作，不要乱打乱凿，以免对通风道造成损害。

(2) 不要往通风道里扔砖头、石块或在通风道上挂东西，挡住风口，堵塞通道。

(3) 物业服务企业每年应逐户对通风道的使用情况及有无裂缝破损、堵塞等情况进行检查。发现不正确的使用行为要及时制止，发现损坏要认真记录，及时修复。

(4) 检查楼顶通风道出屋面外侧通风道的通风状况，并用铅丝悬挂大锤放入通风道检查其是否畅通。

(5) 通风道发现小裂缝应及时用水泥砂浆填补，严重损坏的在房屋大修时应彻底更换。

7. 垃圾道的养护管理

(1) 指定专人负责垃圾清运，保持垃圾道通畅。

(2) 搬运重物时要注意保护好垃圾道，避免碰撞，平时不要用重物敲击垃圾道。

(3) 不要往垃圾道中倾倒体积较大或长度较长的垃圾。

(4) 垃圾道出现堵塞时应尽快组织人员疏通，否则越堵越严，疏通起来更加费时费力。

(5) 垃圾斗、出垃圾门每两年应重新油漆一遍，防止锈蚀，延长其寿命，降低维修费用。

(6) 垃圾道出现小的破损要及时用水泥砂浆或混凝土修补，防止其扩大。

本章小结

本章主要介绍了房屋损坏的原因，房屋维修管理的特点、原则与内容，房屋维修责任的划分，房屋完损等级的分类、标准和评定方法，房屋维修的分类、标准，房屋的日常养护。通过本章的学习，可以掌握物业房屋维修管理的基本方法，为日后的学习与工作打下坚实的基础。

思考与练习

一、填空题

1. 房屋损坏包括_____和_____。

2. 导致房屋损坏的原因是多方面的，基本上可分为_____和_____两类。

3. 根据各类房屋的结构、装修、设备等组成部分的完好及损坏程度，房屋的完损等级分为_____、_____、_____、_____、_____。

4. 按维修对象的不同，房屋维修可分为_____和_____。

5. 按所维修房屋的完损程度不同，房屋维修可分为_____、_____、_____、_____和_____。

6. 房屋日常养护的主要包括_____和_____两种类型。

二、简答题

1. 什么是房屋维修和房屋维修管理?
2. 简述房屋维修管理的特点。
3. 房屋维修管理的原则有哪些?
4. 简述房屋主体结构的维修标准。
5. 简述楼地面工程的养护。
6. 简述屋面工程维修养护。

第六章 物业设备设施管理

知识目标

通过本章的学习,了解物业设备设施的概念,物业设备设施管理的内容、特点、制度;理解物业设备设施管理的目标;掌握给水排水系统、供配电系统和电梯设备、供暖和燃气设备、通风和空气调节设备、物业消防和安防设备的管理。

能力目标

能够运用所学知识进行物业设备设施的日常管理与维护。

第一节 物业设备设施管理概述

一、物业设备设施的概念

物业设备设施是指物业内部附属的和相关的各类市政、公用设备、设施的总称。物业设备设施管理是由物业服务企业的工程管理人员通过熟悉和掌握设施设备的原理性能,对其进行保养维修,使之能够保持最佳运行状态,有效地发挥效用,从而为业主和客户提供一个更高效和更安全、舒适的环境。物业设备设施既包括室内设备,又包括物业红线内的室外设备与设施系统,具体主要有给水排水、供暖、供电、消防、通风、电梯、空调、燃气供应以及通信网络等设备,这些设备构成了物业设备设施的主体,是物业全方位管理与服务的有机组成部分。它保证着物业各类功能的实现,为人们的工作和生活营造出特定的物业环境。

物业设备设施管理是一门发展中的应用学科,它包括系统的理论和丰富的实践经验两个组成部分。为了实现物业设备设施管理现代化的目的,从业人员必须学习和掌握设备设施管理的基本原理,树立现代化科学管理的思想,结合物业设施的特征和具体实践,完善管理组织和管理制度,提高管理人员的素质,推广先进的管理方法和管理技术,以促进物业设备设施管理的发展。

二、物业设备设施管理的目标

科学的物业设备设施管理是对设备设施从购置、安装、使用、维护保养、检查修理、更新改造直至报废的整个过程进行技术管理和经济管理,使设备设施始终可靠、安全、经济地运行,给人们的生活和工作创造舒适、方便、安全、快捷的环境,体现物业的使用价值和经济效益。物业设备设施管理的根本目标是:用好、管好、维护好、检修好、改造好现有设备设施,提高设备设施的利用率和完好率。

设备技术性能的发挥、使用寿命的长短,很大程度上取决于设备的管理质量,一般用设备的有效利用率和设备的完好率来衡量物业设备管理的质量。

对于评定为不完好的设备,应针对问题进行整改,经过维护、修理,使设备恢复到完好状态。对于经过维修仍无法达到完好的设备,应加以技术改造或做报废处理。

三、物业设备设施管理的内容

物业设备设施管理的内容主要包括以下七个方面:

(1)物业设备设施基础资料管理。物业设备设施基础资料的管理是为设备管理提供可靠的条件和保证。物业设备设施进行管理,主要是物业设备设施及设备设施系统要有齐全、详细、准确的技术档案,主要包括设备设施原始档案、设备设施技术资料以及政府职能部门颁发的有关政策、法规、条例、规程、标准等强制性文件。

(2)物业设备设施运行管理。在物业设备设施运行管理中,必须取得两方面成果:一是设备设施的运行在技术性能上始终处于最佳状态;二是从设备设施的购置到运行、维修与更新改造中,寻求以最少的投入得到最大的经济效益,即设备设施的全过程管理的各项费用最经济。因此,物业设备设施的运行管理包括物业设备设施技术运行管理和物业设备设施经济运行管理两部分内容。

1)物业设备设施技术运行管理。物业设备设施技术运行管理主要是要建立合理的、切合实际的运行制度、运行操作规定和安全操作规程等运行要求或标准,建立定期检查运行情况和规范服务的制度,保证设备设施安全、正常运行。

2)物业设备设施经济运行管理。物业设备设施经济运行管理的主要任务是在设备设施安全、正常运行的前提下,节约能耗费用、操作费用、维护保养费用以及检查维修等方面的费用。其内容包括在物业设备设施运行管理过程中采用切实有效的节能技术措施和加强设备设施能耗的管理工作。

(3)物业设备设施维护管理。物业设备设施维护管理主要包括维护保养和计划检修。设备设施维护保养的目的,是及时地处理设备在运行中由于技术状态的发展变化而引起的大量、常见的问题,随时改善设备的使用状况,保证设备正常运行,延长其使用寿命。同样,设备设施计划检修的目的是及时修复由于正常或不正常的原因引起的设备损坏。

1)物业设备设施的维护保养。设备设施在使用过程中会发生污染、松动、泄漏、堵塞、磨损、振动、发热、压力异常等各种故障，影响设备设施正常使用，严重时会酿成设备设施事故。因此，应经常对使用的设备设施加以检查、保养和调整，使设备设施随时处于最佳的技术状态。维护保养的方式主要是清洁、紧固、润滑、调整、防腐、防冻及外观表面检查。对长时期运行的设备设施要巡视检查，定期切换，轮流使用，进行强制保养。

2）物业设备设施的计划检修。物业设备设施的计划检修是指对在用设备设施，根据运行规律及计划点检的结果可以确定其检修间隔期。以检修间隔期为基础，编制检修计划，对设备设施进行预防性修理。实行计划检修，可以在设备设施发生故障之前就对其进行修理，使设备设施一直处于完好能用状态。根据设备设施检修的部位、修理工作量的大小及修理费用的高低，计划检修工作一般分为小修、中修、大修和系统大修四种。

①小修主要是清洗、更换和修复少量易损件，并作适当的调整、紧固和润滑工作。小修一般由维修人员负责，操作人员协助。

②中修除包括小修内容之外，对设备设施的主要零部件进行局部修复和更换。中修应由专业人员负责。

③大修对设备设施进行局部或全部的解体，修复或更换磨损或腐蚀的零部件，力求使设备设施恢复到原有的技术特性。在修理时，也可结合技术进步的条件，对设备设施进行技术改造。大修应由专业检修人员负责，操作人员只能做一些辅助性的协助工作。

④系统大修是一个系统或几个系统甚至整个物业系统的停机大检修。系统大修的范围很广，通常将所有设备设施和相应的管道、阀门、电气系统及控制系统都安排在系统大修中进行检修。在系统大修过程中，所有的相关专业检修人员以及操作人员、技术管理人员都应参加。

（4）物业设备设施更新改造管理。物业设备设施中的任何设备设施使用到一定的年限以后，其效率会变低，能耗将加大，每年的维护费用亦相应增加，并有可能发生问题严重的事故。为了使物业设备设施性能在使用运行中得到有效的改善和提高，降低年度维护成本，则需对有关设备设施进行更新改造。

1）设备设施更新。设备设施更新是以新型的设备设施代替原有的老设备。任何设备设施都有使用期限，如果设备设施达到了它的技术寿命或经济寿命，则必须进行更新。

2）设备设施改造。设备设施改造是指应用现代科学的先进技术对原有的设备设施进行技术改进，以提高设备设施的技术性能及经济特性。

（5）备品配件管理。备品配件管理是在检修之前将新的零部件准备好。设备在运行过程中，零部件往往会磨损、老化，从而降低了设备设施的技术性能。要恢复设备的技术性能，必须用新的零部件更换已磨损、老化的零部件。为了减少维修时间，提高工作效率，应在检修之前准备好新的零部件。管理实践应做到：计划管理、合理储备、节约开支、管理规范。

（6）固定资产管理。固定资产是指使用时间较长（年限在一年以上），单位价值在规定标准以上，并在使用过程中保持原有物质形态的资产，包括房屋及建筑物、机器设备、运输设备、工具等。固定资产必须同时具备下列两个条件：一是使用年限在一年以上；二是单位价值在规定的限额以上(1 000元、1 500元、2 000元)。不同时具备这两个条件的列为低值易耗品，按流动资产管理。但是，不属于生产经营主要设备设施的物品，单位价值在 2 000 元以上并且使用期限超过两年的，也应作为固定资产管理。

(7)工程资料管理。在管理过程中，必须使具有保存价值的工程资料得到有效的管理，方便查找和使用，并使其内容具有可追溯性，能及时、有效地对工作起到指导作用。

四、物业设备设施管理与维修的特点

1. 与业主或非业主使用人关系紧密

要保证维修工作的顺利进行，除与外部有关单位和内部工种间的协调外，还须与业主或物业使用人保持密切的联系。在物业设备维修过程中，有时需停水、停电维修，有时需进入业主或物业使用人房间内进行维修，给业主和物业使用人造成不便，这就要求物业服务企业从业人员和维修人员处处体现服务精神，进行文明修缮，不断提高服务质量。

2. 维修费用大

相对于房屋建筑本身而言，物业设备使用年限较短，随着物业设备使用年限的增加，必然要发生有形损耗，需要进行维修。此外，由于新技术、新设备的出现，物业设备的无形损耗也会增加。这种无形的和有形的损耗，都会引起物业设备维修更新间隔期的缩短，从而使维修更新成本增加。另外，新型的、使用效能更高、更舒适方便、更能节能的设备一次性投资较大，维修更新这种设备的成本就更高。

3. 维修技术要求高

物业设备包含上水、下水、电气、运输设备、燃气、通信、供热、通风、计算机等多项内部功能，其对灵敏程度和精确程度的要求都较高。在物业管理范畴中，物业设备管理是管理难度较高、技术最为复杂的一项工作，它牵涉十几个技术工种，其中，工种与工种之间、班组与班组之间的分工与合作、交叉与配合等构成一个复杂的系统。若组织不当，往往会出现各种问题，因此，管理这支队伍要付出比其他部门更大的努力。而不同的设备管理，必须配备各自的专业技术人员，这也是物业设备管理技术含金量高的主要原因。

4. 突发性与计划性结合

房屋设备故障的发生往往具有很强的突发性，这就使房屋设备的维修具有很强的随机性，事先很难确定故障究竟何时以何种程度发生。但同时房屋设备又都有一定的使用寿命和大修更新周期，因此，设备的维修又具有很强的计划性，可以制订房屋设备维修更新计划，有计划地制定维修保养次序、期限和日期。此外，房屋设备日常的维护保养、零星维修和突发性抢修是分散进行的，而大修更新却往往是集中地按计划进行的，因此，房屋设备的维修又具有集中维修与分散维修相结合的特点。

五、物业设备设施管理制度

(1)岗位责任制。岗位责任制主要说明各相关岗位的职责，包括工程部经理的岗位职责、各

技术专业主管的岗位职责、领班的岗位职责、技术工人的岗位职责、资料统计员的岗位职责等。

(2)值班制度。建立值班制度并严格执行，可以及时发现事故隐患并排除故障，从而保证设备安全、正常地操作运行。值班制度主要说明值班人员的工作时间、操作规程、意外事故处理、请假制度等。

(3)交接班制度。交接班制度的具体内容包括值班人员交接班前的工作、交接班手续等。

1)值班人员做好交接班前工作，包括按巡查表所列项目认真仔细巡查，发现问题及时解决，当班问题尽量不留给下一班，并做好记录和环境卫生工作；

2)接班人员提前15分钟上岗接班，清查了解所上班次的任务和位置，办理好交接班手续；

3)值班人员办完交接班手续后方可下班，若接班人员因故未到，值班人员应坚守岗位，待接班人员到达并办完手续后才能离开；

4)除值班人员外，无关人员不得进入值班室。

(4)报告记录制度。报告记录制度可以让物业经理、技术主管和班组长及时了解设备的运行情况及设备维修管理情况，及时发现设备管理中存在的问题，以便及时解决。

(5)工具领用保管制度。主要说明维修工作人员在领用工具材料时应办理的手续，工具使用完后如何归还，相关定额资料等内容。

(6)计划维修保养制度。具体内容包括维修及保养工作的类别及内容、设备维修保养的要求、维修保养的周期、维修保养计划等。

(7)维修工程审批制度。对设备的中、大修与改造更新应提出计划，经上级部门批准后，安排施工。施工要严格把好工程质量关，竣工后要按规范组织验收。

(8)巡检制度。根据各类设备设施的使用特点，制定相关的巡回检查制度，检查仪表是否正常工作，设备运转有无异常噪声、发热，系统是否泄漏等情况，并做相应的记录。

(9)季度和年度安全检查制度。除了日常的巡检以外，还应进行季度和年度检查或试验，并做好相应的记录。

第二节 给水排水系统管理

给水排水系统是指房屋的冷水、热水管道，阀门，水箱(蓄水池)，生活及消防水泵，污水排放管道设施等。给水排水系统是否正常运行，关系到千家万户的生活质量。因此，物业服务企业应做好给水排水系统的日常维护管理工作，尽量降低故障率，确保供水安全和排水畅通。

一、物业给水、排水系统管理范围

1. 物业给水系统管理范围

供水管线与设施设备管理、维修范围的界定应实行供水单位、物业管理单位、业主三方分段负责制。

(1)业主职责。从单元供水立管三通开始到用户总阀门、水表及终端部位应由业主负责管理。当这些部位出现漏水或损坏时,应由业主自行维修或实行有偿维修。由此造成相邻房屋损坏或影响使用的应积极主动维修。

(2)物业管理单位职责。从水泵房输出总阀门至各单元供水管线与立管应由物业管理单位负责管理。当该段供水管线或立管发生漏水或出现故障时,应由物业管理单位负责维修,当该段管线需要中修、大修时,应由物业管理单位向业主委员会提交物业维修申请报告、开发建设单位住宅质量保证书、工程预算书、维修资金分摊情况说明等材料,经业主大会审议通过并形成书面决议,向市区房管局申报使用房屋专项维修资金。

(3)供水单位职责。从供水主干线至水泵房(含水泵房设施设备、水箱)输出总阀门(含总阀门)应由供水单位负责管理。当该段供水干线或设施设备出现漏水或损坏时,应由供水单位负责维修,其费用由供水单位自行解决。

2. 物业排水系统管理范围

排水管道管理及维修范围的界定实行市政部门、物业管理单位、业主三方分段负责制。

(1)业主职责。从下水立管三通开始至地漏、坐便器、洗手盆、洗菜盆等部位应由业主负责管理。当这些部位出现漏水或损坏时,应由业主自行维修或实行有偿维修。由此造成相邻房屋损坏或影响使用的应积极主动维修。

(2)物业管理单位职责。从单元下水立管至小区排水管道(雨水排放管道)、窨井、化粪池应由物业管理单位负责管理。当该段排水管道发生堵塞或外溢时,应由物业管理单位负责维修。当该段管道需要中修、大修时,应由物业管理单位向业主委员会提交物业维修申请报告、开发建设单位住宅质量保证书、工程预算书、维修资金分摊情况说明等材料,经业主大会审议通过并形成书面决议,向市区房管局申报使用房屋专项维修资金。

(3)市政部门职责。化粪池以外的排水管道和窨井应由市政部门负责管理,当该段管道和窨井发生堵塞或外溢时,应由市政部门负责维修,其维修费用由市政部门自行解决。

二、物业给水、排水系统管理的基本内容

(1)建立正常的给水排水管理制度,如岗位责任制度、定期检修制度、巡回检查制度和等级保修制度等,严格执行操作规程,并记录保养、检修的情况。

(2)对供水管道、水泵、水箱、阀门、水表等进行经常性维护和定期检查。

(3)经常对水池、水箱、管道进行清洗、保洁、消毒,防止供水水质二次污染。

(4)注意节约用水,防止跑、冒、滴、漏及大面积跑水、积水事故的发生,发现阀门滴水、水龙头关闭不严等现象应及时维修。

(5)制定突发事故的处理方案,出现跑水、断水等故障时要及时处理,防止事故范围扩大。

(6)需停水作业时,应事先向物业使用人发出停水通知,说明停水原因、停水时间,让业主能早做准备。

三、物业给水、排水系统保养周期及项目

物业给水、排水系统保养周期及项目包括以下内容：

1. 月度维护保养

月度维护保养项目如下：

(1)卫生间和茶水间的公共设施：检修天花板、洗手盆、小便器、蹲厕、坐厕、水龙头、洗手液盒、纸卷盒、干手器等。

(2)给排水泵：检查手动/自动运行状况、工作指示灯、水泵密封、减速箱油位、泵房照明。

(3)记录减压阀压力：上端压力、下端压力、调校偏差的下端压力。

(4)调整水龙头、手动冲洗阀的出水量。

2. 季度维护保养

季度维护保养项目如下：

(1)给排水泵：清洁管道、泵房、控制电箱；测试水泵故障自动转换；检查泵房和设备是否完好。

(2)减压阀：清洁管道，检查泵房和设备是否完好。

3. 半年维护保养

半年维护保养项目如下：

(1)给排水泵：检查水泵轴承运行有无异响；测试电源故障、水泵故障、水位溢流中控室报警显示。

(2)设备层：给排水闸阀螺杆上黄油。

(3)粪池：粪池、管道和阀门除锈、刷漆。

(4)设备层：给排水闸阀螺杆加润滑油。

4. 年度维护保养

年度维护保养项目如下：

(1)给排水泵：控制箱接线口进线、电动机紧线、检测运行电流。

(2)减压阀：清洗减压阀、隔滤网。

(3)给排水泵：水泵轴承上黄油。

(4)水泵、减压阀和管道除锈、刷漆。

(5)给排水设备：水泵、管道、阀门除锈、刷漆。

四、物业给水、排水系统维护

1. 管道维护

管道维护主要有防腐、防冻、防露、防漏和防振等。

(1)防腐。为延长管道的使用寿命，金属管道都要采取防腐措施。通常的防腐做法是管道

除锈后，在外壁刷涂防腐材料。明装的焊接钢管和铸铁管外刷防锈漆一道，银粉面漆两道；镀锌钢管外刷银粉面漆两道；暗装和埋地管道均刷沥青漆两道。对防腐要求高的管道，应采用有足够的耐压强度，与金属有良好的黏结性以及防水性、绝缘性和化学稳定性能好的材料做管道防腐层。例如，沥青防腐层就是在管道外壁刷底漆后，再刷沥青面漆，然后外包玻璃布。

（2）防冻、防露。敷设在冬季不采暖建筑物内的给水管道以及安设在受室外空气影响的门厅、过道等处的管道，在冬季结冻时，应采取防结冻保温措施。保温材料通常宜采用管外壁缠包岩棉管壳、玻璃纤维管壳、聚乙烯泡沫管壳等材料。在采暖的卫生间及工作室温度较室外气温高的房间（如厨房、洗涤间等），空气湿度较高的季节或管道内水温较室温低的时候，管道外壁可能产生凝结水，影响使用和室内卫生，必须采取防潮隔热措施；给水管道在吊顶内、楼板下和管井内等不允许管道表面结露而滴水的部位，也应采取防潮隔热措施。防潮隔热层材料，一般宜采用管外壁缠包 15 mm 厚岩棉毡带，外缠塑料布，接缝处用胶粘紧；或采用管外壁缠包 20 mm 厚聚氨酯泡沫塑料管壳，外缠塑料布。

（3）防漏。管道布置不当或管材质量和施工质量低劣时，会导致管道漏水，不仅浪费水量，影响给水系统正常供水，还会损坏建筑，特别是湿陷性黄土地区，埋地管道将会造成土壤湿陷，严重影响建筑基础的稳定性。防漏主要措施是避免将管道布置在易受外力损坏的位置或采取必要的保护措施，避免其直接承受外力；要健全管理制度，加强管材质量和施工质量的检查监督。在湿陷性黄土地区，可将埋地管道敷设在防水性能良好的检漏管沟内，一旦漏水，水可沿沟排至检漏井内，便于及时发现和检修。管径较小的管道，也可敷设在检漏套管内。

（4）防振。当管道中水流速度过大时，启闭水龙头、阀门，易出现"水锤"现象，引起管道、附件的振动，这不但会损坏管道附件造成漏水，还会产生噪声。为防止管道的损坏和噪声的污染，在设计给水系统时应控制管道的水流速度，在系统中尽量减少使用电磁阀或速闭型水栓。住宅建筑进户管的阀门后（沿水流方向），应装设家用可曲挠橡胶接头进行隔振，并可在管支架、吊架内衬垫减振材料，以缩小噪声的扩散。

2. 水箱维护

（1）水箱清洗。根据环境和卫生部门要求，为确保水箱水质符合标准，必须定期（三个月）对水箱进行清洗。水箱清洗的操作要求如下：

1）清洗准备阶段。

①清洗水箱操作人员须有卫生防疫部门核发的体检合格证。

②提前通知物业使用人，以免发生不必要的误会。

③关闭双联水箱进水阀门，安排排风扇等临时排风设施、临时水泵、橡皮管，打开水箱人孔盖，用风扇连续排风，放入点燃的蜡烛不熄灭才可进入工作，避免发生人员窒息等事故。

2）清洗工作阶段。

①当双联水箱内水位降低到距水箱底部 1/2 或 1/3 时，将待洗水箱出水阀门关闭，打开底部排污阀，同时打开另一联进水阀以确保正常供水。不允许一只水池排空清洗，另一只水池满

水工作，避免因负荷不均造成水池壁受压变形。

②清洗人员从人孔处沿梯子下至水池底部，用百洁布将水池四壁和底部擦洗干净，用清水反复冲洗干净。

③水池顶上要有一名监护人员，负责向水池内送新风，防止清扫人员中毒，并控制另一联水池的水位。

3）清洗结束工作。

①清洗结束，关闭清洗水池的排污阀，打开水池进水阀开始蓄水。

②当两个水池水位接近时，打开清洗水池的出水阀门，收好清洗工具，将水池进水盖盖上并上锁。

③通知监控室清洗结束，做好相关记录。

(2)生活水箱(池)的清洗消毒。

生活水箱(池)可能会由于多种原因导致水质污染，从而达不到生活用水卫生标准，故应定期进行清洗和消毒，防止水质污染。如发现水质已受污染，应及时清洗消毒。有关部门应每年对水箱进行一次水质化验，供水水质不符合国家规定标准的由供水管理机构责令改正，并可罚款；情节严重的，经人民政府批准，责令停业整顿。

3. 水泵房维护

水泵房的维护一般应满足通风、采光、防冻、防腐、排水等基本要求。

(1)值班人员应对水泵房进行日常巡视，检查水泵、管道接头和阀门有无渗漏水。

(2)经常检查水泵控制柜的指示灯状况，观察停泵时水泵压力表指示。在正常情况下，生活水泵、消防水泵、喷淋泵、稳压泵的选择开关应置于自动位置。

(3)生活水泵规定每星期至少轮换一次，消防泵每月自动和手动操作一次，确保消防泵在事故状态下正常启动。

(4)泵房每星期由分管负责人员至少彻底打扫一次，确保泵房地面和设备外表的清洁。

(5)水池观察孔应加盖并上锁，钥匙由值班人员管理；透气管应用不锈钢网包扎，以防杂物掉入水池中。

(6)按照水泵保养要求定期对其进行维修保养。

(7)保证水泵房的通风、照明及应急灯在停电状态下的正常使用。

4. 屋面雨水排水系统管理

屋面雨水排水系统管理目的是迅速排放屋面、地面积留的雨水，保证人们的正常工作和生活。为此，必须定期对雨水系统入口部位的周边环境进行检查、清洁，保证雨水能够顺畅流入雨水管。对屋面雨水排水系统的日常检查一般结合对小区室外排水系统的检查同时进行，类似故障的处理方法基本相同。针对屋面雨水排水系统的管理与维护的内容如下：

(1)至少每年对屋面进行一次清扫，一般是在雨期来临前，清除屋顶落水、雨水口上的积尘、污垢及杂物，并清除天沟的积尘、杂草及其他杂物，对屋面及泛水部位的青苔杂草，均应及时清除。同时，检查雨水口、落水管、雨水管支(吊)架的牢固程度。

(2)对内排水系统,要做一次通水试验,重点检查雨水管身及其接头是否漏水,并检查检查井、放气井内是否有异物。

(3)室外地面要定期冲洗,小区较大时,可进行每日冲洗。雨水口箅子及检查井井盖要完好无缺。做好宣传,制止行人、小孩随手往雨水口扔垃圾、杂物,对雨水口箅子上的杂物要随时清除。

(4)每次大雨之后,都要对小区室外雨水管道进行一次检查,清除掉入管中的杂物。另外,为便于雨水利用,屋面等处的防水材料应具低污染性。对新建构筑物宜使用瓦质、板式屋面,已有的沥青油毡屋面应进行技术升级,代以新型防水材料,从源头控制雨水的污染。

5. 小区排水管道维护

小区排水管道疏于养护容易出现堵塞、流水不畅等现象。养护的重点在于定期检查和冲洗排水管道。

(1)附属构筑物及养护。在小区排水系统中,附属构筑物主要有检查井、跌落井和水封井等。

1)检查井。在管道交接和转弯、改变管径或坡度的地方均应设检查井,超过一定的直线距离也应设检查井。检查井一般采用圆形,直径在 1 000 mm 以上,以保证井口、井筒及井室的尺寸便于维护检修人员出入和提供安全保障。检查井井底应设流槽,必要时可设沉泥槽。流槽顶与管顶平接。井内流槽转弯时,其流槽中心线的弯曲半径按转角大小和管径确定,但不得小于最大管的管径。

2)跌落井。小区的排水管道和较深的市政排水管网相接时,应做跌落井,一般管道跌水大于 1 m 时应设跌落井。

3)水封井。在生产污水中有产生引起爆炸的物质和引起火灾的气体时,其管道系统应设水封井。水封深度一般为 250 mm。

检查井、跌落井、水封井一般采用砖砌井筒、铸铁井盖和井座,如井盖设置在草地上,井盖面应高出地面 50~100 mm;井盖设置在路面上时,应与路面平。应尽量避免把井设在路面上,以便于维修和行车安全。

排水井的维护管理重点在于经常检查和保持井室构筑物完好,使井盖、井座不缺不坏,防止泥石杂物从井口进入堵塞排水管道,造成排水不畅;防止雨季时因井盖不严或缺损,造成大量雨水进入排水管道,使污水倒灌和淤塞;防止行人和儿童误入,保证人身安全。

排水井内堆积沉积的污泥要定期检查清理,以保持管道畅通。清淤工作一般与管道养护检查工作同步。暴雨过后一定要检查和清理排水和雨水管道内的淤泥及杂物。

(2)排水管线的日常养护。小区乔木树根能从管道接口处、裂缝处进入管道内吸取排水管道内的养分,生长快且粗大,在管内形成圆节状根系,使管道堵塞。在排水管道附近有树或常年生植物时,至少每半年应检查一次树根生长情况。另外,排水管道地面上部不能堆放重物或遭受重车压碾。小区可利用室外消火栓或设冲洗专用固定水栓定期冲洗管线,至少一季度一次。

第三节　供配电系统和电梯设备管理

一、供配电系统管理

(一)供配电系统组成

发电厂通过高、低压输送线路将高压 10 kV 或低压 220/380 V 的电能送入建筑物内称为供电；送入建筑物的电能经配电装置分配给各个用电设备称为配电。选用相应的电气设备将电源与用电设备联系在一起即组成供配电系统。供配电系统常用的电气设备有电力变压器、高低压配电箱(盘)、高低压配电柜(屏)、刀开关、熔断器、自动空气开关和漏电保护器等。

(二)供配电系统管理内容

1. 配备专业的管理人员

接收供配电设备后，应根据管理供配电设备的种类和数量分别配备专业技术人员进行管理。

2. 建立供电设备档案

住宅区或高层楼宇以每栋楼为单位收集和整理有关技术资料，建立和健全供配电设备的档案。档案内容主要包括各类图纸、数据、记录和报告等。

3. 明确供电系统的产权分界

供电系统产权分界的目的是分清供电系统维护的范围和事故的责任。维护管理与产权分界规定如下：

(1)低压供电，以供电接户线的最后(第一)支持物为分界点，支持物属供电局。

(2)10 kV 及以下高压供电，以用户墙界外或配电室前的第一断路器或进线套管为分界点，第一断路器或进线套管的维护责任由双方协商确定。

(3)35 kV 及以上高压供电，以用户墙界或用户变电站外第一基电杆为分界点，第一基电杆属供电局。

(4)若采用电缆供电，本着便于维护管理的原则，由供电局与用户协商确定。

(5)产权属于用户的线路，以分支点或以供电局变电所外第一基电杆为分界点，第一基电杆维护管理责任由双方协商确定。

4. 供电系统管理

(1)负责供电运行和维修的人员必须持证上岗，并配备专业人员。

(2)建立严格的配送电运行制度和电气维修制度，加强日常维护检修。

(3)建立 24 小时值班制度，做到发现故障及时排除。

(4)保证公共使用的照明灯、指示灯、显示灯和园艺灯的良好状态；电气线路符合设计、施工技术要求，线路负荷要满足业主需要，确保变配电设备安全运行。

(5)停电、限电提前出告示，以免造成经济损失和意外事故。
(6)对临时施工工程及住户装修要有用电管理措施。
(7)对电表安装、抄表、用电计量及公共用电进行合理分配。
(8)发生特殊情况，如火灾、地震和水灾时，要及时切断电源。
(9)禁止乱拉接供电线路，严禁超载用电，如确有需要，必须取得主管人员的书面同意。
(10)建立各类供电设备档案，如设备信息卡等。

5. 供电设备运行中的巡视管理

供电设备运行中的巡视管理的依据是公司工程部制定的运行巡视管理规范。
(1)运行巡视制度主要考虑巡视的间隔次数并按规定填写《运行巡视记录表》。
(2)运行巡视的内容包括变配电室巡视和线路巡视，在巡视过程中发现问题和故障应及时进行处理。
(3)在巡视中发现问题时应考虑个人的能力，处理问题时应严格遵守物业服务企业制定的《供配电设备设施安全操作标准作业规程》和《供配电设备设施维护保养标准》的规定。

6. 发电机房管理

(1)未经管理处主管同意，非管理处人员不得随意进入机房。
(2)柴油机组平时应置于良好的状态，蓄电池置于浮充电状态，冷却水应满足运行要求，油箱内应储备8 h满负荷用油量，室内应配备应急照明灯。柴油机组的开关及按钮，非值班技工或维修人员不得操作。操作人员必须熟悉设备，严格按照操作规程操作。
(3)机房内严禁抽烟、点火，不能堆放任何杂物，更不能存放易燃物品。室内应配备手持式气体灭火器。
(4)每两个星期启动柴油机空载试机一次，时间为15～20 min，发现问题及时处理并做好记录。
(5)机房及机组的清洁卫生由技工班负责，确保设备无积尘，墙、地面卫生整洁。

7. 配电房管理

配电房是安装配电设备设施的建筑，如果设备出现事故，后果将十分严重，因此，配电房全部机电设备由机电班负责管理和值班，停送电由值班电工操作，非值班电工禁止操作，无关人员禁止进入配电室，非管理处人员须办理书面许可才能进入。配电房的日常管理应严格执行相关规定。

8. 配电室交接班管理

(1)接班人员应提前10 min到达工作岗位，以便及时做好接班准备，了解设备运行情况，准确无误地做好接班手续。
(2)接班人员生病、有酒意或精神不振者不得接班；值班人员缺勤时，应报告主管领导。
(3)交接班双方事先做好准备，必须按照下列内容进行交接：
1)运行记录、事故记录及设施记录、工作票、操作票、主管部门的通知及运行图纸等应正确齐全。

2)工具、设备用具、仪器、消防设备及钥匙等应齐全完整,室内外应清洁。

3)在交接班时发生事故或执行重大操作时,应由交班人员处理完毕后方可交接,接班人员要协助处理。

4)以上手续办好之后,双方应在记录本上签字。

5)双方签字之后,表示交接班手续已办妥,正式生效;未履行交接班手续的值班人员不可离开工作岗位。

(三)供配电系统保养周期和项目

1. 月度维护保养项目

(1)检查各楼层和机房应急灯、疏散指示灯、楼梯灯、前室灯、电房照明、外广场路灯。

(2)检查地下层排风机和送风机运行状况与机房照明。

(3)发电机:机身清洁除尘;检查各螺栓有无松动、机油油位、水箱水位、燃油箱油位、蓄电池;启动机组运行10 min,停机后检查有无漏水、漏油。

2. 季度维护保养项目

(1)各层配电母线槽接头;检测运行温度。

(2)外立面泛光灯和外墙灯:检查镇流器、灯座、灯泡、控制开关和线路有无损坏;开关箱清洁除尘。

(3)喷水池灯:检查灯座、灯泡、控制开关和线路有无损坏;潜水泵运行有无异响;更换密封不良灯座和老化电缆;开关箱清洁除尘。

(4)公共大堂灯、招牌射灯和灯箱:检查灯座、灯泡、光管、控制开关和线路有无损坏;开关箱清洁除尘。

(5)各层配电房:清洁母线槽表面;检测运行温度。

(6)高压配电房:检查清洁直流屏、电池。

(7)地下层送风机:检查电动机风机轴承有无异响;轴承上黄油;清洁风机房和设备;控制箱清洁除尘。

3. 半年维护保养项目

(1)各层配电房电箱:检查电源开关、接触器、指示灯、转换开关、按钮、各接线有无损坏和过载过热;电动箱电缆T接口和母线接线箱接口、电源开关接口有无过载、过热。

(2)低压配电房电柜:检测母排接口、电缆接口、开关接口运行温度;检查电容器、避雷器瓷瓶;清扫电柜灰尘。

4. 年度维护保养项目

(1)变压器房:紧固各接口螺栓,检查各接地线情况;清扫变压器灰尘。

(2)高压配电房:配电柜除尘,检查小车接口螺栓、开关触头、二次接线,试验开关分合闸,直流屏电池架除锈、刷漆。

(3)低压配电房电柜:电容器接口、避雷器瓷瓶连线、母排和电缆接口、熔断器接口、开关等接口除尘紧线；试验开关分合闸。

(4)楼层配电房电源插座开关箱：除尘、紧线。

(5)各层其他功能的设备配电房电箱：检查电源开关、接触器、指示灯、转换开关、按钮、各连线有无损坏和过载过热；动力箱T接口和总电源开关接口有无过载、过热；清扫电箱内灰尘；接口除尘紧线。

(6)发电机：控制电箱和开关电箱接口除尘、紧线；机架除锈、刷漆；机座防震弹簧上黄油。

(7)地下层送风机：检查、调校风机皮带，控制箱接口和电动机接口紧线；测量电动机运行电流，设备除锈、刷漆。

(8)建筑物外围射灯：铁架、线管除锈、刷漆。

(9)外围喷水池灯：开关箱紧线、消防接合器除锈、刷漆。

(四)供电系统养护

供电设备设施的养护由值班电工负责实施，遵照相关规定定时进行。

1. 低压配电柜的养护

低压配电柜的养护，每半年一次。

低压配电柜养护前一天，应通知用户拟停电的起止时间。将养护所需使用工具和安全工具准备好，办理好工作票手续。由电工组的组长负责指挥，要求全体人员思想一致、分工合作，高效率完成养护工作。

2. 配电柜的分段养护

当配电柜较多时，一般采用双列方式排列。两列之间由柜顶的母线隔离开关相连。为缩减停电范围，对配电柜进行分段养护。先停掉一段母线上的全部负荷，打开母线隔离开关。检查确认无电后，挂上接地线和标示牌即可开始养护。养护时应检查下列内容：

(1)检查母线接头有无变形、放电的痕迹，紧固连接螺栓确保连接是否紧密。母线接头处有脏物时应清除，螺母有锈蚀现象应更换。

(2)检查配电柜中各种开关，取下灭弧罩，看触头是否有损坏。紧固进出线的螺栓，清洁柜内尘土，试验操动机构的分合闸情况。

(3)检查电流互感器和各种仪表的接线，并逐个接好。

(4)检查熔断器的熔体和插座是否接触良好，有无烧损。

在检查中发现的问题，视其情况进行处理。该段母线上的配电柜检查完毕后，用同样的办法检查另一段。全部养护工作完成后恢复供电，并填写《配电柜保养记录》。

3. 变压器的养护

变压器的养护每半年一次（一般安排在每年的4月和10月），由值班电工进行外部清洁保养。在停电状态下，清扫变压器的外壳，检查变压器的油封垫圈是否完好。拧紧变压器的外引线接头，若有破损应修复后再接好。检查变压器绝缘子是否完好，接地线是否完好，若损伤则予以更换。测定变压器的绝缘电阻，当发现绝缘电阻低于上次的30%～50%时，应安排修理。

(五)配电系统维护

1. 架空线路的维护

架空线路由于在露天设置，常年经受风、雨、雷、电侵袭和自身机械荷载，还经常遭受其他外力因素的影响，如电杆和拉线被攀登、碰撞等，容易使线路出现故障直至停电，所以架空线路需进行经常维护。其基本措施是巡视检查，以及时发现故障并及时处理。

物业小区的架空线路一般要求每月进行一次巡视检查；如遇恶劣天气及发生故障时，应临时增加检查次数。巡视检查的项目内容如下：

(1)检查电杆有无倾斜、变形或损坏；察看电杆基础是否完好。
(2)检查拉线有无松弛、破损现象，拉线金具及拉线桩是否完好。
(3)线路是否与树枝或其他物体相接触，导线上是否悬挂风筝等杂物。
(4)导线的接头是否完好，有无过热发红、氧化或断脱现象。
(5)绝缘子有无破损、放电或严重污染等现象。
(6)沿线路的地面有无易燃、易爆或强腐蚀性物体堆放。
(7)沿线路附近有无可能影响线路安全运行的危险建筑物或新建违章建筑物。
(8)检查接地装置是否完好，特别是在雷雨季节前应对避雷接地装置进行重点检查。
(9)其他可能危及线路安全的异常情况。

巡视人员应将检查中发现的问题在专用的运行维护记录中做好记录，对能当场处理的问题应当立即处理；对重大的异常现象应报告主管部门迅速处理。

2. 电缆线路的维护

电缆线路大多埋设于地下，维护人员应首先全面细致地了解电缆的走线方向、敷设方式及电缆头的位置等基本情况，一般每季度进行一次巡视检查。如遇大雨、洪水等特别情况，则应临时增加巡视次数。巡视的内容如下：

(1)明敷的电缆，应检查其外表有无损伤，沿线的挂钩、支架是否完好。
(2)暗敷的电缆，应检查有关盖板或其他覆盖物是否完好，有无挖掘破坏痕迹。
(3)电缆沟有无积水、渗水现象，是否堆有易燃、易爆物品或其他杂物。
(4)电缆头(中间接头及终端封头)是否完好，有无破损、放电痕迹，有无开裂或绝缘填充物溢出等现象。
(5)其他可能危及电缆线路安全运行的问题。

巡视检查中发现的问题应进行记载并及时报告处理。

二、电梯设备管理

电梯是高层建筑和商场中不可缺少的运输设备。物业服务企业应加强电梯的安全使用管理和维修养护，建立健全必要的运行管理制度，以确保人身安全和电梯的可靠运行。

(一)电梯使用过程中的检查

1. 日常检查

电梯的日常检查是电梯维护管理人员必须经常进行的检查工作,主要检查以下五个方面:

(1)每周应对各层厅门、门锁进行检查,当电梯正常工作时,如有任一层厅门被开启,则电梯应停止运行或不能启动。厅门关闭时用外力不能将厅门扒开。

(2)每周检查轿门的防护装置是否自动使门重新开启,当自动门在关闭过程中触及安全触板时,轿门应能自动打开。

(3)对有消防专用功能的电梯,每周应对其功能进行检查。

(4)每周检查轿内警铃、对讲系统、电话等紧急报警装置,与建筑物内的管理部门应能及时应答紧急呼救。

(5)每周应检查备用电源的工作情况,正在运行的电梯如突然中断供电,备用电源应能使轿厢停靠在最近的楼层。

2. 季度检查

使用单位按季度对机房的主要设备进行一次全面的检查。检查内容主要包括曳引机运行时有无异常噪声、减速机是否漏油、减速箱及电动机的温升情况、制动器的可靠制动情况、限速器运转是否灵活可靠、控制柜内电气元件动作是否可靠、极限开关动作是否可靠等。

3. 年度检查

由使用单位组织的年度检查是针对电梯运行过程中的整机性能和安全设施进行全面的检查。整机性能检查主要包括乘坐舒适感、运行的噪声、振动、速度和平层准确度五个方面;安全设施检查主要包括超速保护、断相保护、缓冲装置等保护功能的检查。同时还应进行电气设备的接地、接零的装置、设备耐压绝缘的检查。

4. 定期安全检查

定期安全检查是根据政府主管部门的规定,由负责电梯注册登记的有关部门或主管部门委派电梯注册或认证工程师进行的安全检查。检查的周期、内容由各地主管部门决定。检查合格的电梯发给使用许可证,证书注明安全有效期并应悬挂在轿厢内,超过期限的电梯应禁止使用。定期检查的主要部件有门厅锁闭装置、钢丝绳、制动器、限速器、安全钳、缓冲器、报警装置等。对每一项检查内容均应出台试验及检验报告,合格后由主管部门存档并予以发证。

(二)电梯司梯人员安全操作管理

为了确保电梯的安全运行,司梯人员均应持证上岗,并应制定相应的司梯人员安全操作守则。

(1)保证电梯正常运行,坚持正常出勤,不得擅离岗位,提高服务质量。

(2)电梯不带病运行、不超载运行。

(3)操作人员操作时不吸烟、不闲谈等。

(4)执行司机操作规程。

1)每次开启厅门进入轿厢内,必须做试运行,确定正常时才能载人。
2)电梯运行中发生故障时,立即按停止按钮和警铃,并及时要求修理。
3)遇停电或电梯未平层时禁止乘客打开轿厢门,并及时联系外援。
4)禁止运超大、超重的物品。
5)禁止在运行中打开厅门。
6)工作完毕时,应将电梯停在基站并切断电源,关好厅门。

(三)乘梯人员安全管理

制作电梯乘梯人员安全使用乘梯的警示牌,悬挂于乘客经过的显眼位置。警示牌要显而易见,并在显眼处张贴乘梯须知,警告乘梯人员安全使用电梯的常识,乘梯须知应做到言简意赅。

(四)电梯管理部门的职责

(1)全面负责电梯安全使用、管理方面的工作。

(2)建立健全电梯使用操作规程、作业规范以及管理电梯的各项规章制度,组织制订电梯中修、大修计划和单项大修计划,并督促检查实施情况。

(3)搞好电梯的安全防护装置,设施要保持完好、可靠,确保电梯正常、安全运行。

(4)负责对电梯特种作业人员的安全技术培训工作。

(5)组织对电梯的技术状态做出鉴定,及时进行修改,消除隐患,对由于电梯管理方面的缺陷造成的重大伤亡事故负全责。

(6)搞好电梯安全评价,制定整改措施,并监督实施情况。

(五)电梯专职或兼职管理人员岗位职责

(1)收取控制电梯厅外自动开关门锁的钥匙、操纵箱上电梯工作状态转移开关的钥匙、操纵箱钥匙以及机房门锁的钥匙。

(2)根据本企业的具体情况,确定司机和维修人员的人选并进行培训,保证每位司机和维修人员都要持证上岗。

(3)收集和整理电梯的有关技术资料,包括井道及机房的土建资料,安装平面布置图,产品合格证书,电气控制说明书,电路原理图和安装接线图,易损件图册,安装说明书,使用维护说明书,电梯安装及验收规范,装箱单和备品备件明细表,安装验收试验和测试记录以及安装验收时移交的资料,国家有关电梯设计、制造、安装等方面的技术条件、规范和标准等。资料收集齐全后应登记建账,妥善保管。

(4)收订并妥善保管电梯备品、备件、附件和工具。根据随机技术文件中的备品、备件、附件和工具明细表,清理校对随机发来的备品、备件、附件和专用工具,收集电梯安装后剩余的各安装材料,并登记建账,合理保管。除此之外,还应根据随机技术文件提供的技术资料编制备品、备件采购计划表。

(5)根据本企业的具体情况和条件,建立电梯管理、使用、维护保养和修理制度。制定各工种岗位责任制、安全操作规程、管理规程、维保周期和内容,制订大修、中修计划,督促例行和定期维修计划的实施，并安排年检。

(6)熟悉收集到的电梯技术资料，向有关人员了解电梯在安装、调试、验收时的情况并认真检查电梯的完好程度。参与、组织电梯应急救援或困人演习预案的实施。

(7)完成必要的准备工作，而且相关条件具备后可交付使用，否则应暂时封存。封存时间过长时，应按技术文件的要求妥当处理。

(8)负责电梯的整改，在整改通知单上签字并反馈有关部门和存档。

(六)电梯设备的运行巡视监控管理

巡视监控管理，是由电梯机房值班人员实施的定时对电梯设备进行巡视、检查，发现问题及时处理的管理方式。电梯机房值班人员每日对电梯进行一次巡视，根据巡视情况填写《电梯设备巡视记录》，见表6-1。

表6-1 电梯设备巡视记录

巡视时间		检查结果	备注
电梯编号			
序号	运行监控项目		
1	机房温度、湿度		
2	曳引电动机温度、润滑油、紧固情况		
3	减速箱油位油色、联轴器紧固情况		
4	限速器、机械选层器运行情况		
5	控制柜的继电器工作情况		
6	制动器		
7	变压器、电抗器、电阻器		
8	对讲机、警铃、应急灯		
9	轿厢内照明、风扇		
10	厅外轿内指层灯及指令按钮		
11	厅门及轿门踏板清洁		
12	开关门有无异常		
13	井道底坑情况		
14	各种标示物及救援工具情况		
15	电梯运行舒适感		
电梯值班员：		负责人：	

巡视中发现不良状况时，机房值班人员应及时采取措施进行调整。如果问题严重则及时报告公司工程部主管，协同主管进行解决。整修时应严格遵守电梯维修保养的相关规定。

(七)电梯运行中出现异常情况的管理

当电梯运行中出现异常情况时,司梯人员应保持清醒的头脑,以便寻求比较安全的解决方案。

1. 发生火灾时的处置

当楼层发生火灾时,电梯的机房值班人员应立即设法按动"消防开关",使电梯进入消防运行状态;电梯运行到基站后,疏导乘客迅速离开轿厢;电话通知工程部并拨打119电话报警。井道或轿厢内失火时,司梯人员应立即停梯并疏导乘客离开,切断电源后用干粉灭火器等灭火,同时电话通知工程部,若火势较猛应拨打119电话报警,以便保证高层建筑内的人员和财产安全。

2. 电梯遭到水浸时的处置

电梯的坑道遭水浸时,应将电梯停于二层以上;当楼层发生水淹时,应将电梯停于水淹的上一层,然后断开电源总开关并立即组织人员堵水源,水源堵住后进行除湿处理,如热风吹干。用摇表测试绝缘电阻,当达到标准后,即可试梯。试梯正常后,才可投入使用。

3. 地震时的处置

感到地震时,应立即按最近目的层按钮或最近层使电梯"停止运行"。停梯后,请乘客离开轿厢,不要再使用电梯。若被困电梯,则不要外逃,保持镇静等待救援。震后应对电梯进行检查。若发生的是三级及三级以下地震,则以低速(检修速度)下行至最底层端站,再以低速(检修速度)上行至最高层端站。若运行过程中无异常声响、振动及冲击,即可恢复正常运行。但要做几次全自动运行试验,确认正常后才能交给乘客使用。若有异常现象,应立即停梯,向相反方向运行至最近的层站停梯,并与电梯专业公司联系检查修复;四级及四级以上的地震,震后要与电梯专业公司或制造厂家联系,进行全面检查修复后,才能投入运行。

4. 电梯困人的处置

监控中心值班人员接到乘梯者报警或发现有乘客被困在电梯内,应一方面通过监控系统或对讲机了解电梯困人发生地点、被困人数、人员情况以及电梯所在楼层,另一方面通过对讲机向保安部经理或当班领班汇报,请求派人或联系工程部前往解救。

保安部经理或当班领班接报后,立即亲自到场或派员到场与被困乘客取得联系,安慰乘客,要求乘客保持冷静,耐心等待求援。尤其当被困乘客惊恐不安或非常急躁,试图采用撬门等非常措施逃生时,要耐心告诫乘客不要惊慌和急躁,不要盲目采取无谓的行动,以免使故障扩大,发生危险。注意在这一过程中,现场始终不能离人,要不断与被困人员对话,及时了解被困人员的情绪和健康状况,同时及时将情况向公司总经理或值班领导汇报。

工程部人员接报后,应立即派人前往现场解救,必要时电话通知电梯维修公司前来抢修。若自己无法解救,应设法采取措施,确保被困乘客的安全,等待电梯维修公司技工前来解救。

工程部技术人员在进行处置时,为防止轿厢突然移动,发生危险事故,应将该电梯的主电源切断。在解救被困乘客时,由机房控制柜或层站的轿厢位置指示器确认轿厢位置。若机房内无法确认轿厢位置时，可用专用钥匙小心开启层门，再用电筒观察确认轿厢在井道内位置。

若轿厢停于接近层门位置，且高于或低于楼层不超过 0.5 m 时，应用专用层门钥匙开启层门，在轿顶用人力开启轿厢门，协助乘客离开轿厢，并重新将门关妥。

若轿厢停于高于或低于楼层超过 0.5 m 时，应先将轿厢移至接近层门，再按上述方法接出乘客。移动轿厢的方法如下：

(1)通知轿厢内乘客保持镇定，并说明轿厢随时可能会移动，不可将身体任何部分探出轿厢外，以免发生危险。如果此时轿厢门处于未完全闭合状态，则应将其完全关闭。

(2)将盘车手轮装在电动机轴上。一名技术人员控制盘车手轮，另一名技术人员手持释放杆，轻轻松开制动器，轿厢会由于自重而移动。若轿厢无法因自重而移动，应用盘车手轮使轿厢向正确方向移动。为了避免轿厢上升或下降太快发生危险，操作时应点动动作使轿厢逐步移动，直至轿厢到达平层区域。

在解救过程中，若发现被困乘客中有人晕厥、神志昏迷(尤其是老人和小孩)，应立即通知医护人员到场，以便被困人员救出后即可进行抢救。

被困者救出后，工程部应立即请电梯维修公司查明故障原因，修复后方可恢复正常运行。

5. 电梯突然停电的处置

电梯在运行中突然停电，如果预测停电在短时间内就可以恢复正常或备有发电机，则通过监控系统或对讲机向乘客说明，请他们在轿厢内耐心等待，不可强行走出轿厢。停电复原以后，应指示乘客再次按轿厢内的目的层按钮，即可恢复电梯正常运行。如果是长时间停电或线路故障，则应考虑盘车放人。盘车放人按上述电梯困人的处置方法进行。

第四节 供暖和燃气设备管理

一、供暖设备管理

(一)物业供暖系统管理范围

在实施管理时，应分清物业服务企业和城市供暖公司的职责。

采用锅炉房采暖时，其采暖设备、设施及采暖管线均由物业服务企业负责维护与管理，或委托专业供暖公司维护与管理。

采用供电厂集中采暖时，其采暖设备、设施及采暖管线均由集中供暖部门负责维护、管理，集中供暖部门可以将物业公司管辖区内的热交换站及二次采暖管线、用户室内散热设备等委托物业管理公司维护、管理。

目前，我国城镇物业采暖系统中，普遍采用热电厂集中供暖的方式。但物业管理公司一般情况下不接受供暖公司的专业委托。如果用户在采暖过程中出现了暖气不热、漏水等现象，均可以向所在的供暖公司报修，物业管理公司只起沟通、协调的作用。

(二)供暖系统管理内容

供暖系统必须配备专业维护管理人员,建立各项规章制度和操作规程,对系统经常进行检查、维护和修理,并保证供暖质量,使系统安全、经济地运行。供暖系统的管理主要包括热源管理、热网管理和用户管理。

1. 热源管理

热源管理是指对锅炉及附属设施的养护和管理。

2. 热网管理

热网管理是指对小区和建筑物内的供暖管网进行养护和管理,包括管道的检查、养护、维修等。

3. 用户管理

用户管理是指对用户室内散热设备运行情况的检查、维护,对取暖费用的收取以及对用户设备使用的指导等。供暖用户管理是供暖过程管理的重要环节,主要包括以下内容:

(1)指导业主(用户)遇到供暖问题时如何与物业服务企业沟通。

(2)指导业主(用户)如何合理取暖,节约能源。

(3)检查房间的密闭性能并加强保温措施。

(4)业主(用户)装修需变动管道、散热器位置或型号时,必须经管理人员的同意方可实施。

(三)供暖系统的维护

1. 管网维护

(1)室外管网。

1)室外管网应定期检查修复变形的管道支架。

2)修复保温层,减少热量损失和防止管内水冻结。

3)防止管道因热应力和压力过大使管道破裂。如果出现管道破裂的情况,要及时关闭阀门,更换修复破损的管道,并及时排出地沟内的积水。

4)要在必要处设置排污器,定期排出沉淀杂质,疏通管道,防止管道堵塞。

5)管道内存有空气易产生断面堵塞,要定期检查排气设备,定期排气,排除气堵塞,使管网正常运行。

6)在停热期要做好管道及附件设备的防腐处理,以延长供热系统的使用寿命。

(2)室内管网。

1)定期检查管道连接处,检查各种阀门和连接管件是否泄漏。发现泄漏要及时关闭阀门,排除系统内的水,以便及时维修。

2)若发现室内管网局部不热,要考虑是否气堵或管子污垢堵塞,并及时排气和清垢,使系统正常工作。

3)要巡视观察室内的温度变化,及时调节系统(分集中调节、局部调节和个体调节),使用户散热设备的散热量与热负荷变化相适应,防止室内温度过高或过低。

4)停止供热期间要做好暖气片的污垢清掏工作,这对准备下一期的工作十分重要。

2. 锅炉房及热力站维护

锅炉房是城镇供热系统的热源,是供热系统的中心,也是日常维护的重点;热力站是建筑小区的热源,它直接影响到小区的采暖效果。对于锅炉房及热力站的维护管理,应注意以下三点:

(1)要制定锅炉房或热力站的各项规章制度,包括安全操作制度、水质处理制度、交换班制度等。

(2)保养好锅炉房内锅炉本体和维护锅炉正常的各种设备,包括运煤除渣设备、送引风设备、除尘设备、除氧设备、排污设备、水泵、阀门、各种电气仪表等。只有保养好这些设备,使其正常工作,整个供热系统才能正常运行。

(3)热力站的附件有水箱、循环水泵、除垢器、压力表、温度表、安全阀、水位表和水位报警器等,这些部件日常维护的好坏关系到采暖系统的安全问题。要保持这些仪表、阀门的灵敏度,保障锅炉房内给水与排水系统的畅通,做好水质的软化和除氧处理,以防止设备、管道结垢和腐蚀,保证锅炉热力站安全工作并延长其使用寿命,使供热系统更经济地运行。

(四)供暖系统的养护

在非采暖季节系统停止运行时,为减少管道和设备系统的腐蚀,所有的热水、高温水采暖系统均要求充水养护,钢制的散热器更强调充水养护,以延长管道和设备的使用寿命。

具体做法如下:

(1)供暖季节结束、系统停止运行后,先进行全面检查,并进行修理,将已损坏的零部件或散热器进行更换。

(2)将系统充满水并按试压要求进行系统试压,将系统内的水加热至 95 ℃,保持 1.5 h,然后停止运行。

(3)设有膨胀水箱的系统,在非采暖期要保持水箱有水,缺水时要进行补水。

二、燃气设备管理

(一)物业燃气系统管理范围

物业管理公司对燃气系统的管理范围,由于燃气设施产权方式的不同而导致责任界定的方式不同。政府部门没有相关明确的规定。目前,燃气管线与设施设备管理及维修范围的界定有以下两种方式。

1. 由燃气公司、物业管理公司、业主三方负责

此种界定方式的前提是城市规划红线内的燃气管道与设施由用户出资、建设单位或燃气企业负责建设,即业主的总房款内包括了红线内的燃气管道与设施费用。红线内至表前阀的燃气管道与设施是所有业主的共有部分,如果出现问题由物业管理公司负责维修,如果是超过保修期的大修工程可动用房屋专项维修资金。表前阀至燃具的燃气管道与设施是业主私用部分,出现问题由业主负责。规划红线以外的燃气管道与设施由燃气公司负责。

2. 由燃气公司、业主双方负责

此种界定方式的前提是城市规划红线内的燃气管道与设施由燃气公司出资建设，即业主的总房款内不包括红线内的燃气管理设施费用。表前阀至燃具的燃气管道与设施是业主私用部分，出现问题由业主负责。表前阀以外的设施设备由燃气公司负责维修、管理。

(二)燃气设施的维护与管理

1. 燃气设施的检查和报修

燃气设施的检查和报修通常采用巡回检查和用户报修相结合的方法，以便及时了解燃气系统的运行状况，发现和处理燃气设备的故障。

2. 燃气设施的保养和维修

对室内燃气管道和设备进行保养和维修，可以减少管道设备的机械和自然损坏，提高燃气使用的安全可靠性，并可延长管道和设备中修、大修的周期。

3. 安全用气宣传

通过宣传资料、技术咨询服务等形式，广泛宣传燃气安全使用知识，使用户了解燃气设施养护等方面的知识，自觉配合专业管理部门保护好室内燃气系统。

4. 室内燃气设施的安全管理

室内燃气设施的安全管理是保障国家和人民人身财产安全的重要环节。为了不发生或少发生燃气事故，从燃气使用和燃气设备的生产与销售等方面，切实做好管理，杜绝燃气事故的发生。

(三)燃气管道及部件的维护

1. 室内燃气管道的外观检查

外观上检查管道的固定是否牢靠，管道是否有锈蚀或机械损伤，管卡、托钩是否脱落以及管道的坡度、坡向是否正确。

2. 室内燃气管道漏气的检查和处理

用肥皂水涂抹怀疑漏气点，如果出现连续气泡，则可以断定该处漏气。查找到漏气点后，可用湿布将漏气点包好扎紧或将漏气点前的阀门关闭，并尽快报告给燃气公司进行处理。需注意的是，必须严禁用明火查找漏气点。

3. 燃气表的养护

燃气表的维修工作有地区校验和定期检修。按照计量部门的要求，燃气表的地区校验每年进行一次，使用误差不大于4%。当用户对燃气表的计量有疑问时也要采用地区校验，以检查计量是否有误差。地区校验采用特制的标准喷嘴或标准表进行。定期检修是指燃气公司每季度对所管辖区域的燃气表进行一次检修，以检查其工作性能是否良好。

第五节 通风和空气调节设备管理

一、通风设备管理

通风工程是将被污染的空气或含有大量热蒸汽、有害物质、不符合卫生标准的室内空气直接或经净化后排出室外,把新鲜空气补充进来,使室内达到符合卫生标准或满足生产工艺的要求。

通风系统一般由风机、风道、风阀、风口和除尘设备等组成。通风系统是一个复杂的、自动化程度比较高的系统,其运行管理主要包括以下内容:

(1)开车前的检查。开车前要做好运行准备,必须对设备进行检查,主要检查风机等转动设备有无异常、应该开启的阀门是否打开、测湿仪表是否已加水。

(2)测定室内外空气的温湿度。运行方案是根据当天的室内外气象条件确定的,因此需要测定室内外空气的温湿度。

(3)开车。开车是指启动风机等其他各种设备,使系统运转,向通风房间送风。风机启动要先开送风机,后开回风机,以防室内出现负压。启动设备时,要在一台转速稳定后再启动另一台,以防供电线路启动电流太大而跳闸。风机启动完毕,再开电加热器等设备。设备启动完毕后要进行巡视,观察各种设备运转是否正常。

(4)运行。开车后要做好运行记录。值班人员不许擅离职守,要随时巡视机房,掌握设备运转情况,监督各种自动控制仪表,保证其动作正常,发现问题应及时处理,重大问题应立即报告。

(5)停车。停车是指关闭通风系统各种设备,要先关闭加热器,再关闭回风机,最后关闭送风机。通车后要进行巡视检查,看设备是否都已经停止运行,该关闭的阀门是否关好,有无不安全因素。

二、空气调节设备管理

空气调节工程是不论外界和内部条件如何变化,均采用一定技术手段创造并保持建筑物内部空间的空气温度、相对湿度、气流速度和洁净度(室内空气含尘粒的多少)在一定限值内。空气调节系统一般由冷热源系统、空气处理系统、空气能量输送与分配系统和自动控制系统等组成。

(一)空气调节系统维护保养周期及项目

1. 月度维护保养项目

(1)各层新风机和风柜机房:检查机房照明、风机运行状况;清洗尘网、清理排水沟地漏。

(2)各层排风机:检查风机运行状况。

(3)空调机房送风和排风机:检查运行状况。
(4)空调机房和电房:检查机房和电房的照明情况,检查电源电压和电流,打扫卫生。
(5)冷冻管井管道:检查有无漏水、锈蚀。

2. 季度维护保养项目

(1)主机房和机房:电动机水泵轴承上黄油,检查轴承运行有无异响,清洁管道机房,电柜电箱清洁除尘。
(2)空调主机机房送风机和排风机:检查电动机风机轴承有无异响,轴承上黄油,清洁风机房和设备,控制箱清洁除尘。
(3)冷却塔:冷却塔更换轴链黄油,连杆轴承上黄油,检查轴承运行有无异响,清洁管道、冷却塔平台,调校水位控制器,电柜清洁除尘。
(4)各层新风机和风柜机房:新风机、风柜上黄油,检查轴承运行有无异响,清洁新风机和风柜机房,控制箱清洁除尘。
(5)各层公共盘管风机:检查风口、电动阀,清洗尘网。
(6)业主(用户)房间盘管风机:清洗尘网。
(7)主机房电房:电柜清洁除尘,检测电缆接口运行温度,检测开关接口运行温度。

3. 半年维护保修项目

(1)空调管井:检查管井管道,打扫卫生。
(2)各层排风机:检查风道、风机轴承运行有无异常,调校风口百叶。

4. 年度维护保养项目

(1)空调系统:更换冷冻水和冷却水。
(2)主机房和机房:闸阀螺杆上黄油,修补设备保温层,清洗Y形隔滤网,设备除锈油漆,控制箱、水泵电动机接口紧线。
(3)冷却塔:冷却塔电动机接口紧线,更换冷却塔减速箱机油,设备除锈、刷漆。
(4)主机房电房:控制箱进线口紧线。
(5)空调机房送风机和排风机:控制箱接线口紧线、电动机紧线、检测运行电流、检查并调校皮带。
(6)各层新风机和风柜机房:设备除锈、刷漆,修补设备保温层,电柜电动机紧线,检查控制线路,检查并调校皮带,清洗翅片。
(7)空调分体机:压缩机、开关箱除尘、紧线;清洁翅片、打扫室外室内机;检测运行状况。
(8)各层公共盘管风机:清洁除尘,开关紧线,检查电动机、轴承。
(9)各层排风机:控制箱接线口紧线,检测运行电流。

(二)空气调节系统维护

1. 空调机组的维护

空调机组的维护主要包括空调机组的检查及清扫,一般在停机时进行,主要检查机组内过滤网、盘管、风机叶片及箱底的污染、锈蚀程度和螺栓坚固情况，对机组要进行彻底清扫，并在运转处加注润滑油，部件损坏的要及时更换。内部检查后进行单机试车，同时检查电流、电动机温升、设备的振动及噪声等是否正常。单机试车结束后进行运行试车，注意送、回风温度是否正常，各种阀门、仪表运行是否正常。组合式空调机组的常见故障及处理方法见表6-2。

表6-2　组合式空调机组的常见故障及处理方法

现象	部位	故障原因	处理方法
机组漏水	排水口	集水盘排水口堵塞	清理排水口
		集水盘内积水太深，排水管水封落差不够	整改水封，加大落差，使排水畅通
		风速过大	加大挡水板通风面积，适当降低风速
		风量过大	适当降低风机转速
		挡水板四周的挡风板破损或脱落	加装挡风板并做好密封
	换热器	集水管保温不良	重新保温
		集水管漏水	修补集水管
		换热器铜管破裂	修补换热器铜管
	集水盘	集水盘、集水管保温不良	做好集水盘、集水管的保温
		集水盘漏水	补焊集水盘
无风	电动机	电源未接通、电源缺相或电动机烧毁	检查电源，如电动机烧毁，则更换电动机
	风机	轴承卡死或烧毁	更换轴承或风机
		皮带断裂	更换传动皮带
风量偏小	风机	风机反转	将三相电源的任意两相互换接线
	系统	换热器翅片表面积尘	清洗换热器
		设备漏风	用密封条(胶)堵漏
		过滤器积尘过多	清洗或更换过滤器
风量偏大	风机	风机压力偏高、风量偏大	降低风机转速或更换风机
	系统	过滤器损坏漏风	更换过滤器
		设备负压段或进风管漏气严重	做好密封处理

续表

现象	部位	故障原因	处理方法
机组表面凝露	箱体	保温不良	重做保温
		箱体漏风	做好密封处理
		保温破损或老化	除去原保温，重做保温
		保温厚度不够	重做保温
机组噪声、振动值偏高	风机	风机轴与电动机轴不平行	调节两轴至平行
		风机蜗壳与叶轮摩擦，发出异常声音	调节蜗壳与叶轮正常位置
		风机蜗壳与叶轮变形	更换蜗壳与叶轮
		叶轮的静、动平衡未做好	更换叶轮或重做静、动平衡
	电动机	风机轴承有问题	更换轴承
	隔振系统	轴承有问题或质量不好	更换轴承或更换电动机
		减振器选用、安装不当	重新选配、调整减振器
	箱体	风机与支架、轴承座与支架连接松动	紧固螺栓、螺母
		隔声效果差	加固或更换箱体壁板
风机轴承温升过高	轴承	轴承里无润滑脂	加注润滑脂
		润滑脂质量不佳	清洗轴承、加注润滑脂
		轴承安装歪斜	调节轴安装位置，调节轴承游隙，锁紧内外圈
		轴承磨损严重	更换轴承
电动机电流过大或温升过高	电动机	风机电流量过大	适当降低风机转速
		电动机冷却风扇损坏	修复冷却风扇
		输入电压过低	电压正常后运行
		轴承安装不当或损坏	调整或更换轴承
		密封圈未压紧或损坏	压紧或更换密封圈
风机传动皮带磨损严重	皮带轮	风机轴与电动机轴不平行，且两皮带轮端面不在同一平面内	先将两轴调平行，再将两皮带轮端面调至同一平面
	皮带	皮带质量差	调换成质量好的皮带

续表

现象	部位	故障原因	处理方法
制冷能力偏小	冷媒	冷媒温度偏高	调节冷水温度达到设计要求；管道保温若有问题，则整改保温(冷冻水出水温度一般为7℃)
	风量	冷媒温度合格，流量偏小	检查水泵性能、管道阻力，查看有无堵塞现象，若存在问题，则整改管道或更换水泵
		风量偏小引起冷量偏小	适当加大风量

2. 风机盘管的维护

对于空气过滤器，要根据其表面污垢情况维护，一般每月用水清洗一次；盘管要根据肋片管表面的污垢情况和传热管的腐蚀情况维护，一般每半年清洗一次；风机可根据叶轮沾污灰尘及噪声情况维护，每半年对叶轮清理一次；滴水盘可根据其排水情况维护，每半年对防尘网和水盘清扫一次；风管可根据实际情况进行修理。

3. 换热器的维护

换热器的维护需要对表面翅片进行清洗和除垢，可采用压缩空气吹污、手工或机械除污或化学清洗等方法。

4. 风机的维护

风机的维护工作包括小修和大修两个部分。

(1)小修一般包括：清洗、检查轴承；紧固各部分螺栓；调整皮带的松紧度和联轴器的间隙及同轴度；更换润滑轴及密封圈；修理进出风调节阀等。

(2)大修除包括小修内容外还包括：解体清洗，检查各零部件；修理轴瓦，更换滚动轴承；修理或更换主轴和叶轮，并对叶轮的静、动平衡进行校验等。

风机主轴的配合超出公差要求应予以更换。叶轮磨损常用补焊修复。补焊时应加支撑，以防变形，焊后应做静平衡试验，大功率风机叶轮还应做动平衡试验。若磨损变形严重，应予更换。叶轮的前盘板、后盘板及机壳的磨损、裂纹，一般通过焊补修复，不能修复者应予以更换。

修复好或准备更换的零部件，应进行外形尺寸的复核和质量的检查，合格后再清洗干净，依次将轴套、轴承、轴承座、皮带轮、密封装置、叶轮与主轴固定好，再装配吸入口、各管道阀门。装配时不要遗漏挡油盘、密封圈、平键等小零件。调整各部间隙时应特别注意叶轮与蜗壳的间隙，电动机与联轴器的同轴度应满足使用要求。

5. 制冷机组的维护

由于蒸汽压缩式冷水机组的自动化程度较高，且有自动安全保护措施，所以维护管理过程中，要防止制冷剂泄漏，在氨制冷机房中要有可靠的安全措施，例如事故报警装置、事故排风装置等。溴化锂吸收式机组在运行时易结晶,机组内真空度易破坏,运行管理复杂,要制订专门的维护保养计划。

第六节　物业消防和安防设备管理

一、消防设备管理

(一)物业消防设施管理范围

1. 同一建筑物由两个以上单位管理或者使用的责任划分

同一建筑物由两个以上单位管理或者使用,应当明确各方的消防安全责任。具体形式可以由建筑物的管理、使用各方共同协商,签订协议书,明确各自消防安全工作的权利、义务和违约责任。

对共用的疏散通道、安全出口、建筑消防设施和消防车通道,要求进行统一管理,并要求责任人具体实施管理。统一管理的具体方法,既可以由各个管理单位或使用人成立消防安全组织来进行管理,也可以委托一家单位负责管理,或者共同委托物业管理企业进行统一管理。

2. 物业管理公司应当履行的消防安全管理职责

物业管理公司应当对管理区域内的共用消防设施进行维护与管理。同时,物业管理公司提供的消防安全防范服务,除对共用消防设施进行维护与管理外,还应当包括对共用部位开展防火检查、巡查,进行消防安全宣传教育等预防火灾工作。

(二)消防系统维护管理

1. 室内消火栓给水系统维护管理

消火栓箱应经常保持清洁、干燥,防止锈蚀、碰伤或其他损坏,并定期进行全面的检查维修。检查内容包括以下内容:

(1)消火栓和消防卷盘供水闸间不应有渗漏现象。

(2)消防水枪、水龙带、消防卷盘及全部附件应齐全良好,消防卷盘应转动灵活,报警按钮、指示灯及控制线路功能正常,无故障。

(3)消火栓箱及箱内配装的消防部件的外观应无破损,涂层无脱落,箱门玻璃完好无缺。

(4)消火栓、供水阀门及消防卷盘等所有消防部件转动部位应定期加注润滑油。

2. 自动喷水灭火系统维护管理

自动喷水灭火系统投入使用后,主管单位应建立日常检测、维护、管理制度,确保系统随时处于准工作状态。实践证明,一些使用单位平时忽视了对系统的管理维护及检测试验工作。火灾发生后,系统不能启动或灭火效果不佳,从而造成了巨大损失。因此,必须重视系统的日常维护管理和检测试验工作。自动喷水灭火系统的日常维护管理工作内容及要求见表 6-3。

表 6-3 自动喷水灭火系统的日常维护管理工作内容及要求

序号	维护管理部位	维护管理工作内容及要求	维护周期
1	水源	测试供水能力，符合设计要求	每年
2	蓄水池、高位水箱	检测水位及消防储备水不被他用，正常	每月
3	消防气压给水设备	检测气压、水位，符合工作条件要求	每月
4	设置储水设备的房间	检查室温，不低于 5 ℃	寒冷季节每天
5	储水设备	检查结构材料完好、无锈蚀	每两年
6	电动消防水泵	启动试运转正常：水量、水压符合要求	每月
7	内燃机驱动消防水泵	启动试运转正常：水量、水压符合要求	每星期
8	报警阀	放水试验，启动性能正常	每季度
9	水源控制阀、报警控制装置	目测巡检完好状况及开闭位置正确	每日
10	系统所有控制阀门、电磁阀	检查铅封、锁链完好，状况正常	每月
11	室外阀门井中控制阀门	检查开启状况正常	每季度
12	水泵接合器	检查完好状况	每月
13	水流指示器	试验报警正常	每两月
14	喷头	检查完好状况，清除异物，重要场所还应定期实测动作性能	每月

3. 防火排烟系统维护管理

防火排烟系统维护管理包括清理灰尘、巡回检查、仪表检验和系统检修。

(1)要经常清洗、更换过滤器，并不得污染滤料，安装过滤器要严密、不漏风；对于循环使用的泡沫塑料滤料，要在干净的环境中进行清洗和晾干，并测定其效率，不合格的应更换；要经常打扫风机箱，定期上漆防锈，保持通风系统洁净，必要时对风管内部进行打扫；对消声器的材料要定期清洗或更换，保持材料干净；经常检查堵漏，减少系统漏风，定期测定空气的含尘量。

(2)巡回检查的内容：挡烟垂壁的外观、送风阀外观；风机、水泵和电动机的工作状态；轴承的温度，传送带松紧度；排烟阀外观、排烟窗外观；风机箱和风管内的防锈油漆是否脱落，水阀门是否严密，开关是否灵活；管道及设备保温是否损坏，风道阀门是否工作正常，电气导线的接头是否松动、发热。

(3)单项检查的内容：风机控制柜；排烟系统的功能；送风加压系统的功能；测试风速、风压值；电动排烟阀的启闭功能；电动挡烟垂壁的控制功能。对发现的问题要做到及时记录、上报，认真分析原因并寻找解决办法，及早解决问题。若不能立即解决，必须及时联系相关部门或单位共同处理，并采取必要的补救措施，确保系统正常运行。

4. 气体灭火系统维护管理

定期对气体灭火系统进行检查和维护是保持气体灭火系统能发挥预期作用的关键，要坚持定期检查与试验，发现问题或故障应及时解决或修复。

系统启动喷射灭火剂后，应及时恢复功能，包括充装灭火剂，增压，更换密封件和对已破坏的零部件及喷嘴防尘罩进行修复，将所有阀门和控制开关复位等。

已投入使用的气体灭火系统应具备要求审核的全部文件资料及竣工验收报告，系统的操作规程和系统的检查、维护记录图表。定期检查和维护包括日常维护、月检和年检。

5. 干粉灭火器维护管理

干粉灭火器维护管理的主要检查项目内容如下：

(1)灭火器应避免高温、潮湿和有严重腐蚀的场合，防止干粉灭火剂结块、分解。应放置在通风、干燥、阴凉并取用方便的地方，环境温度为－5 ℃～＋45 ℃。

(2)每半年检查干粉是否结块，储气瓶内二氧化碳气体是否泄漏。检查二氧化碳储气瓶，应将储气瓶拆下称重，检查称出的质量与储气瓶上钢印所标的数值是否相同，如小于所标值 7 g 以上的，应送维修部门修理。如为储压式，则检查其内部压力显示表指针是否指在绿色区域。如指针已在红色区域，则说明已发生泄漏，无法使用，应尽快送维修部门检修。

(3)灭火器一经开启必须再充装。再充装时，绝对不能变换干粉灭火剂的种类，即碳酸氢钠干粉灭火器不能换装磷酸铵盐干粉灭火剂。

每次再充装前或灭火器出厂 3 年后，应进行水压试验，对灭火器筒体和储气瓶应分别进行水压试验。水压试验压力应与该灭火器上标签或钢印所示的压力相同。水压试验合格后才能再次充装使用。

(4)维护必须由经过培训的专人负责，修理、再充装应送专业维修单位进行。

二、安防设备管理

安防系统主要由出入口控制系统、闭路电视监控系统、防盗报警系统、电子巡更系统、停车场管理系统、楼宇对讲系统等组成。物业安防设备的管理主要包括防盗报警探测器的检查，摄像机、摄像头的检查，磁控开关的检查，报警按钮和监视器的检查等。

(一)物业安防设备日常管理

一般来说，物业服务企业日常要做好以下工作：

(1)理解各种安防设备的使用方法，制定安全防范制度。

(2)禁止擅自更改安防设备。
(3)定期检查设备的完好情况。
(4)检查电器、电线、燃气管道等有无霉坏、锈坏、氧化、熔化、堵塞等情况,防止短路或爆炸引起火灾。
(5)提高管理人员的安全与保密意识。

(二)安防设备管理与维护

1. 出入口控制系统管理与维护

确保出入口对象识别装置、控制及信息处理系统、报警装置、楼宇对讲电控防盗门系统等工作正常。管理与维护工作要做到以下六点:
(1)门磁开关调整间隙应符合要求。
(2)电控锁功能应有效,工作正常。
(3)对讲电话分机应话音清楚、功能有效。
(4)读卡器应清洁、功能有效,指纹、掌纹等识别器应清洁、功能正常,门开关状态良好。
(5)电控锁确保机械和电动机正常。
(6)出入口数据处理设备应齐全有效。

2. 闭路电视监控系统管理与维护

(1)摄像机应清洁,确认监控方位和原设计方案相一致。
(2)室内外防护罩应清洁、牢固,进线口密封良好。
(3)监视器应清洁,散热应正常,确认图像质量和原设计方案相一致。
(4)云台应清洁、牢固,上下左右控制应灵活有效;镜头的调整、控制应灵活有效。
(5)硬盘录像机控制、预览、录像、回放以及图像质量应符合设计要求;视频和报警联动应齐全有效;硬盘录像机感染计算机病毒时应杀毒、升级;硬盘录像机机器内应清洁、除尘,确认散热风扇工作正常;硬盘录像机时钟应定期校验,误差小于 60 s。
(6)图像传输、编解码设备及时进行检查、调试。
(7)系统在维修过程中应不影响系统的正常运行。

3. 防盗报警系统管理与维护

(1)维修保养工作应有专人负责,其他人员不得随意打开报警控制器主机箱,不得随意乱动相关的器材及内部线路和元器件。
(2)检查报警控制器电源电压是否符合要求,各类电线(电源线、信号线和控制线等)接头是否牢固。
(3)防盗门、窗启闭机械装置要定期加注润滑油,及时更换损坏、磨损的零部件。
(4)经常检查报警器和控制器的工作情况,及时清扫报警器和主机箱内外的灰尘。
(5)每半年对整个系统的主机、线路、探测器等进行一次检查,发现问题及时处理。
(6)进行建筑维修时,应避免对主机产生较大的振动,并注意防止水流入主机箱内。

4. 电子巡更系统管理与维护

(1)电子巡查信息钮应牢固。
(2)巡更棒时间验证应正常，时间误差小于 60 s。
(3)保安巡逻按钮应清洁、牢固。
(4)巡更管理软件应齐全有效，数据传输应齐全有效。
(5)确保巡更设置功能、记录打印功能、管理功能等工作正常。

5. 停车场管理系统管理与维护

确保识别功能、控制功能、报警功能、计费功能等工作正常。管理与维护应做到以下六点：
(1)收费显示屏保持清洁，时间误差小于 60 s。
(2)自动道闸起落应平稳、无振动。
(3)卡读写系统应齐全有效。
(4)临时卡计费器应齐全有效。
(5)管理主机应齐全有效。
(6)数据通信应齐全有效。

6. 楼宇对讲系统管理与维护

(1)楼宇对讲系统主机应功能有效，时间误差小于 60 s。
(2)对讲电话分机应话音清楚、功能有效。
(3)可视对讲摄像机图像应清晰，可视对讲机功能应有效。
(4)电控锁功能应有效，防拆功能有效。
(5)门开关状态良好，电控锁确保机械和电动机正常。

本章小结

本章主要介绍了物业设备设施管理的目标、内容、特点、制度等基础知识，并对给水排水系统、供配电系统和电梯设备、供暖和燃气设备、通风和空气调节设备、物业消防和安防设备的日常养护和维修管理内容与方法进行了讲解。通过本章的学习，可以掌握物业设备设施管理的基本方法，为日后的学习与工作打下坚实的基础。

思考与练习

一、填空题

1. 供水管线与设施设备管理、维修范围的界定应实行_____、_____、_____三方分段负责制。

2. 给水排水管道的维护主要有_____、_____、_____、_____和_____等。

3. 低压配电柜的养护，每_____一次。

4. 电梯的坑道遭水浸时，应将电梯停于_____。

二、简答题

1. 物业设备设施管理的目标是什么？
2. 物业设备设施管理制度有哪些？
3. 物业给水排水系统管理的基本内容有哪些？
4. 供电系统的产权分界是怎样的？
5. 电梯的日常检查工作有哪些？
6. 供暖系统管理的内容有哪些？
7. 简述空调风机的维修工作。
8. 出入口控制系统管理与维护的要点有哪些？

第七章 物业综合管理

知识目标

通过本章的学习,了解物业综合管理的概念和运作形式;掌握物业管理区域治安管理、消防管理、车辆道路管理,物业清洁卫生管理、环境绿化管理、卫生虫害防治、物业环境污染与防治的方法。

能力目标

能够运用所学知识进行物业综合管理。

第一节 物业综合管理概述

一、物业综合管理的概念

物业综合管理是指除房屋建筑主体管理和房屋设备、设施管理之外的各项服务与管理工作,主要包括安全管理和环境管理。物业综合管理是物业服务企业面向所有住户提供的最基本的管理和服务,也是物业管理最重要的工作内容。

二、物业综合管理的运作形式

1. 委托专业服务公司实施综合管理

随着物业管理行业的全面发展,其社会化水平不断提高,社会上各类专业服务公司越来越多。专业化的服务公司一般都具有人员精干、技术水平高、专业化程度高、技术装备齐全、服务质量好、服务收费合理等特点。故而物业服务公司,可将一些要求明确、职责清晰或专业性强、技术要求高的服务项目委托给专业服务公司承担。

选择专业服务公司来承担综合管理,对减少冗员、提高服务质量、降低服务成本有较大的作用。这也是今后物业管理发展的方向之一。

物业服务企业在选择专业服务公司时,可先试用一段时间,再正式签订委托服务合同。签订合同的委托时间不要过长,一般为1~2年,特别要注意委托时间不得超过物业服务企业自身的服务期限。合同签订后，物业服务企业要指派专人负责与专业服务公司进行联系并监督、管理其服务行为。

2. 物业服务企业自行组建专业服务队伍

物业服务企业也可以设立相应的部门或机构，聘用有关技术人员和操作人员，组建自己的专业服务队伍，提供相应的服务。物业服务企业也可以将部分服务项目委托给专业服务公司，自己负责其余部分或大部分服务项目。

无论采用哪种运作形式，都要接受服务对象的监督检查，物业服务企业都要负全部管理责任。

第二节 物业安全管理

一、物业安全管理的概念

物业安全管理是指物业服务企业采取各种措施，保证业主和物业使用人的人身、财产安全，维持正常生活和工作秩序的一种管理行为，这也是物业管理工作最基础的工作之一。物业安全管理包括"防"和"保"两个方面，"防"是预防灾害性、伤害性事故发生；"保"是通过各种措施对万一发生的事故进行妥善处理。"防"是防灾，"保"是减灾。两者相辅相成，缺一不可。物业安全管理的主要内容包括治安管理、消防管理和车辆道路管理三个方面。物业安全管理的目的，是要保证和维持业主与使用者有一个安全舒适的工作、生活环境，以提高生活质量和工作效率。

二、物业管理区域治安管理

物业治安管理是物业服务企业(或由其委托的保安公司)配合社区管理机构对物业区域的公共秩序进行的管理活动，其目的是保障物业服务企业所管辖区域内的人身和财产安全，维护辖区的工作和生活秩序。

1. 物业治安管理形式及机构设置

物业治安管理可以由物业服务企业聘用社会上的专业秩序维护公司具体实施，也可以自己组建秩序维护部来实施。物业服务企业秩序维护部的班组设置应与其所管物业的类型和规模相适应。

(1)按秩序维护人员工作性质和工作任务的不同来分班。秩序维护部下辖办公室、门卫班、安全巡逻班、电视监控班、消防班、车场秩序维护班等。这种分班方式的特点是每个班治安任务专一，便于班内的管理，便于治安设备的管理。但这种分班方式的缺点是每个专业班成员(如门卫秩序维护员)不能同时上班，要分成早班、中班、夜班及轮休等，因而，不利于治安工作的统一管理。

(2)按不同工作时间来分班。这种分班方式就是将不同工作性质的秩序维护人员按照每一班次的工作需要分成四个班组，每天有三个班分别上早班、中班、夜班，一个班轮休，每个班都有消防、巡逻、门卫、电视监控、车场、内巡等秩序员。这种分班方式便于治安工作的统一管理，但要求班长应具有较全面丰富的秩序维护工作经验。

2. 物业治安管理的内容

(1)制止扰乱公共秩序的行为。扰乱公共秩序的行为包括噪声扰民、宠物扰民、侵犯他人人身权利、侵犯个人及公共财产权利、违反辖区消防管理规定、违反辖区车辆与道路管理规定、违反辖区绿化管理规定等在公共场合影响、干扰他人正常生活、工作的行为。

(2)治安管理。治安管理包括门卫治安管理和巡逻治安管理。

1)门卫治安管理。

①疏通车辆和人员的进出，维护门口交通秩序，保证车辆与行人安全，使门前畅通无阻。

②严格制止闲杂人员、小商贩、推销人员进入辖区。

③提高警惕，发现可疑人员和事情后，应及时处理并迅速报告领导。

④认真履行值班登记制度，详细记录值班中发生、处理的各种情况。

⑤坚持执行用户大宗及贵重物品凭证出入制度，确保用户财产安全。

⑥认真做好非办公(经营)时间用户出入登记工作。

⑦积极配合其他秩序维护员做好各项安全防范工作，把好辖区的大门关。

⑧为用户及客人提供必要的、可行的服务，如引导服务、咨询服务等。

2)巡逻治安管理。

①巡视检查辖区内是否有不安定因素，发现情况及时报告，并采取有效措施。

②认真记录巡逻过程中发现的情况，做好巡逻的交接工作。

③对形迹可疑的人员进行必要的调查，劝阻小贩尽快离开。

④制止辖区内打架斗殴事件的发生。

⑤制止辖区内不文明行业。

⑥检查消防设施是否完好，及时消除火灾隐患。

⑦协助解决业主遇到的困难。

⑧配合物业服务企业其他部门的工作。

3)电视监控管理。电视监控管理由电子摄像头、电视屏幕和录像机三部分组成。监控室是辖区治安工作的指挥中心，也是设备自动控制中心。很多商住区将电梯、消防、供水、供电等系统设备控制与电视监控放置在一起，使监控室成为物业管理工作的总调度室和指挥中心。电视监控管理的主要职责是对整个物业管理区域进行安全监控，对现场工作人员发布命令。

3. 物业治安管理工作检查方法

(1)日检。安防队伍的各班班组长每天应依据检查标准对本班各岗位的当班人员进行检查，检查内容包括仪表礼节、服务态度、工作纪律、工作质量、工作记录、交接班、岗位形象和安全隐患等，对存在的问题应及时指出，并做相应的处理。

(2)周检。安防主管及项目领导每周应根据检查标准进行全面检查，除日检内容之外，其内容还包括各类安防设施设备的检查、业主意见收集反馈、班组长检查记录和安全隐患分析等，并填写周检记录表。

（3）月检。月检工作是由指定人员对各项目的安防工作进行全面检查，重点检查现场管理效果及过程管理记录，确保安防工作的有效性。

（4）督查。督查工作是指由指定的督察队员不定期对安防工作进行突击检查，确保安防工作严格按标准执行，并对违规人员进行教育和处罚。

4. 秩序维护服务原则与方式

（1）秩序维护服务的基本原则如下：

1）坚持"预防为主、防治结合"的安全管理方针。

2）坚持物业管理区域内的安全管理与社会治安管理相结合的原则。

3）坚持"用户第一、服务至上"的服务宗旨。

4）坚持安全管理工作硬件与软件一起抓的方法。

（2）秩序维护服务的方式。

1）封闭式管理。封闭式管理适用于政府机关、独立业主、客户特别要求的秩序维护服务管理等。整个物业为封闭体系，秩序维护员在物业入口24小时值班。进入服务的管理区域须登记或须有通行证。

2）开放式管理。开放式管理适用于住宅小区、工业区、商务楼宇等。开放式管理无须通行证即可进入，但一般商业楼宇在非办公时间也可采用封闭式管理。

5. 治安管理中常见问题的处理

（1）对打架斗殴、流氓滋扰的防范和处理。

1）报警。一旦发现打架斗殴、流氓滋扰事件，在场员工要及时报告秩序维护部，并通知最近的秩序维护人员控制事态。

2）秩序维护人员接到报告后要立即赶到出事现场，将殴斗双方或肇事者带到秩序维护部办公室处理。

3）秩序维护人员在现场检查有无遗留物，查清有无公物损坏以及损坏程度、数量等。

4）如事态严重，有伤害事故发生，秩序维护部应及时与公安机关联系。

5）在将斗殴者带往秩序维护部途中，要提高警惕，查看双方身上有无凶器。

6）如斗殴双方有受伤人员应与医院联系，请医生进行紧急处理。

7）秩序维护部将斗殴者送交公安机关。

（2）对失窃案件的处理。

1）秩序维护部接到报案后，秩序维护人员或值班经理（夜间）应迅速到案发现场，同时携带访问笔、记录本、照相机、手电、手套等所需物品。

2）认真听取失主对丢失财物过程的说明。

3）及时通知公司领导，并留下与失窃案件有关的人员。

4）失主明确要求向公安机关报案或丢失财物价值较大时，秩序维护部应立即报告公安机关，并保护好现场。
    5）注意对犯罪分子在现场遗留或抛弃物品的保护，以备技术鉴定用。
    6）如需提取失主物品做鉴定，必须征得失主的同意。
    7）找案件涉及人员谈话，调查了解案件发生的情况，摸排出重点人员。对摸排出的重点人员要尽快取证，做到情节清楚，准确无误。
    8）查清问题后，要向领导汇报，批准后方可处理。
  （3）发现业主醉酒闹事或精神病人失去正常理智。
    1）醉酒者或精神病人失去正常的理智，处于不能自控的状态下，易对自身或其他人员造成伤害，秩序维护人员应及时对其采取控制和监督措施。
    2）及时通知醉酒者或精神病人的家属，让他们派人领回。
    3）醉酒者或精神病人有危害社会公共秩序或侵害他人的行为，应及时上报上级领导。
  （4）对爆炸物等危险物品的处理。
    1）秩序维护人员发现或接到有可疑物品时，要立即向主管领导及有关部门报告，并留守现场，阻止任何人再接触可疑物。
    2）主管领导立即组织人员赶到现场，向有关人员了解情况，如初步确认可疑物品为危险物品时，立即对附近区域的人员进行疏散，并设置临时警戒线，任何人不得擅自入内。
    3）立即向公安机关报案，并向公司领导通报。
    4）对附近区域进行全面搜寻，以消除隐患。
    5）待警察到达现场后，协助警察消除爆炸物危险隐患，并进行调查。
    6）如果危险已经发生，保安人员要立即赶到现场协助抢救、运转伤员，稳定人员情绪，保护好现场，安置疏散人员。
  （5）接报刑事案件。
    1）秩序维护人员首先要问清楚报案单位、报案人姓名，并要求在场人员不得动用现场的任何物品，做好现场保护。
    2）将报案情况向主管领导及有关部门通报。
    3）秩序维护人员到现场后对现场进行保护，劝阻、疏散围观人员，对现场及外围人员进行观察，并记录在心。
    4）对焚尸、焚物现场要迅速组织人员扑救，并最大限度地将现场保护完好。
    5）向当事人员及现场有关人员了解案情。
    6）向公安机关报案，等待警车到达现场。
    7）在向公安机关报案时将受伤人员的伤势一并进行通报，必要时送往医院救治。
    8）向警方介绍情况，并协助破案。
  （6）防盗、报警系统误报、误操作处理。
    1）监控中心接到报警信号要迅速通知离报警点近的巡逻员前往确认。
    2）受调遣的巡逻员一方面速往报警业主家查询情况，一方面用对讲机与主管领导联系。

3)经查实为误报、误操作造成报警的,由主管领导向业主讲解有关智能设施的正确使用方法,以防今后再发生类似情况。

(7)瓦斯、易燃气体泄漏应急处理。

1)当收到怀疑泄漏易燃气体报告时,要立即通知主管领导,并尽快赶到现场查看究竟。

2)抵达现场后,要谨慎行事,敲门进入后,不可开灯、开风扇及任何电掣;必须立即打开所有窗门,关闭燃气或石油气掣。严禁现场吸烟。

3)通知所有人离开现场,有关人员到场检查,劝阻围观人员撤离现场。

4)如发现有受伤不适者,应小心妥善处理,等待救护人员或警察抵达现场。

5)秩序维护人员在平时巡逻时应提高警惕,遇有不寻常气体味道时,应小心处理。对煤气及石油气总掣的位置和开关方法应了解和掌握。

6)将详细情况记录下来,尽快呈交主管领导。

(8)火灾应急处理。

1)接到或发现火警时,立即向上级领导报告。根据火势大小,向消防队报警。

2)保安主管接到火警通知后,立即到现场指挥灭火救灾工作。

3)指派一名班长协同管理人员负责楼内业主的安全疏散工作。

4)消防、监控中心立即通知有关人员到指挥部集结待命。

5)大堂的保安人员立即控制大堂的出入口,对所有的人员,只许出,不许入。

6)启动应急广播,向业主讲明某位置发生火情,不要惊慌,带好房间钥匙,锁门后有秩序地进行安全撤离。

7)通知工程部变电室断电,启动备用消防电源。

8)通知空调机房,关闭空调系统,开启排烟系统等消防应急设备。

9)通知水泵房,随时准备启动加压水泵。

10)消防队到达后配合其工作。

11)通知有关工程人员将消防系统恢复正常。

(9)犯罪嫌疑人看管常识。

秩序维护人员当场抓获或群众扭送秩序维护部门的犯罪嫌疑人应及时移送到公安机关处理。在公安人员当场之前,秩序维护部门负责对犯罪嫌疑人进行看管,看管时必须有两名以上秩序维护人员负责,遇到两名以上犯罪嫌疑人时还应分开看管,不能让其交流、沟通等。犯罪嫌疑人如果是被群众扭送来的,还应留下扭送群众的详细资料、联系方式、姓名、住址等。看管时应注意以下事项:

1)防止犯罪嫌疑人逃跑、自伤、自杀、行凶、毁灭证据等。

2)不得捆绑、拷问、殴打犯罪嫌疑人。

3)清理犯罪嫌疑人身上的物品,防止其藏匿、销毁证据或暗藏凶器。

4)看管犯罪嫌疑人的地点应选择单一出入口的单独房间,房间必须经过清理,不得有人和可以伤人或自伤的物品。如果房间有两个或两个以上出入口,要将出入口封住或有人员值守。

5) 看管人员不得满足犯罪嫌疑人的各类要求，不得与之交谈，要保持与上级领导的联系，遇有特殊情况及时汇报。

6) 在换岗人员到达之前，看管人员不得擅自离开，在换岗时要将犯罪嫌疑人的动作、表现交接清楚。

7) 在押解犯罪嫌疑人的过程中，应保证其前后至少有一名秩序维护人员，前者要与犯罪嫌疑人保持一定距离，注意其动向，防止背后受袭，遇有犯罪嫌疑人有可疑动向，后面秩序维护人员要即时通知前面秩序维护人员。

三、物业管理区域消防管理

消防管理是公共秩序管理服务的一项重要工作，物业的消防设备管理与维护就是对消防的各项设备进行日常养护与维修，预防物业火灾发生。消防设备越先进齐全，消防设备的管理与维修就越重要。为了做好物业的消防安全管理工作，物业服务企业应着重加强对辖区内业主的消防安全知识宣传教育及消防安全检查，并建立义务消防队伍，完善消防管理制度，加强消防设备的完善、维护和保养工作。

(一)消防管理的工作内容

消防管理工作的重点是建立健全消防管理制度。消防管理涉及人身财产安全问题，要强调制度化、规范化管理。因此，必须建立健全一系列的消防管理制度，其具体管理制度主要包括以下内容。

1. 建立高素质的消防队伍

物业服务企业应在秩序维护部门内成立一个专职的消防班来负责此项工作。同时，要做好义务消防队的建立和消防工作。建设高素质的消防队伍要求消防人员年轻力壮，身体素质好；反应灵敏，行动迅速；责任心强，勇于献身；要有一定的文化水平；最好为男性。

选定人员后，应对其进行思想品德和业务技能的教育与培训，使消防人员既有较高的思想素质，又有较强的业务水平。一般来说，消防人员应具有一定的消防业务知识，掌握国家有关消防的法规和制度，熟悉消防监控中心的各种仪表、信号开关的性能和作用，还要熟悉各种消防器材的使用等。

2. 制定完善的消防制度

(1)消防中心值班制度。消防中心值班室是火警警报、信息通信中心，值班人员必须有高度的责任感，严肃认真地做好消防中心的值班监视工作。

(2)防火档案制度。对火灾隐患、消防设备状况、重点消防部位、前期消防工作概况等要记录在案，以备随时查阅。

(3)消防岗位责任制度。建立各级领导负责的逐级防火岗位责任制。

(4)消防安全检查制度。严格维护消防设备，并定期进行测试检查，保证设备完好及使用正常。

(5)专职消防员的定期训练和演习制度。

(6)其他有关消防的规定。如严禁在物业管理区域内堆放易爆物品,严禁堵塞防火通道,严禁在楼上燃放烟花爆竹等。

3. 定期训练和演习制度

专职消防员要做到迅速、安全、彻底地扑灭火灾,就必须坚持灭火管理的平时训练与定期演习相结合的制度。物业服务企业应根据自己的实际情况,最好每年进行一次消防演习,通过演习来检验物业管理区域防火、灭火的整体功能。平时训练和定期演习后,消防队伍要及时总结经验,找出不足,以便采取措施,改进以后的工作,提高物业服务企业防火、灭火、自救的能力。

4. 管理消防设备器材

消防设备的管理主要是针对消防设备器材的保养与维护。消防设备的维修需要专门技术,特别是一些关键设备,一般应聘请经政府认可的、拥有相应资质的专业公司来维修。

5. 高层建筑消防管理

(1)高层建筑消防特点见表7-1。

表7-1 高层建筑消防特点

特点	内容
耐火极限低	从减轻建筑自重的角度考虑,对其燃烧性能和耐火极限不能定得过高。现代高层建筑内的装饰材料、家具等很多是高分子材料,增加了火灾的危险性
火险因素多	由于高层建筑内的火源、电源多,再加上电线的线路纵横交错,电气设备多,因而引起火灾的可能性也大
火势蔓延快	由于高层建筑物内有许多通道和竖向井,一旦发生火灾,这些地方就成为火势蔓延的途径。同时,建筑物越高,风速也越快,从而加速了火势蔓延
扑救难度大	一般的地面消防车、登高消防车的能力难以满足高层建筑火灾的供水需要和登高疏散抢险的要求
疏散困难	高层建筑人员多、层数多,使疏散距离拉长,火灾发生时普通电梯电源需要切断,这些都增加了疏散的困难

(2)高层建筑消防管理的主要措施包括防火分隔、消防设备管理、重点防范管理、疏散通道畅通、建立健全消防管理制度、消防培训教育。

(二)消防管理人员的职责

为加强物业的消防管理,物业服务公司应成立专职消防班组。其职责包括以下方面:

(1)认真学习有关消防知识,熟悉并正确使用各种消防设施和器材。

(2)负责消防监控中心的日常值班。消防监控中心是接受火灾报警,发出火灾信号和安全疏散指令，控制消防水泵、固定灭火、通风、空气调节系统等设施的机构。消防监控中心应实行24小时值班制度，对整个住宅小区(大厦)进行消防监视，并做好值班记录。值班人员要忠于职守，认真工作，对部门经理和公司负责，管理、指导、督促、检查好辖区内的消防工作，对有问题的及时进行整改。

(3)严格贯彻、执行消防法规，落实各项防火安全制度和措施。专职消防人员必须每天巡视管辖区的每个角落，及时发现并消除火灾隐患；定期对防火责任制、防火岗位责任制执行情况进行检查，并进行汇报、交流、评比；定期对业主(使用人)的住处进行防火、防盗的管理检查，阻止私自乱拉乱接电源，违反安全用电、用气的不当行为。

(4)负责管辖区内动用明火的批准和现场监护工作。

(5)管理好管辖区内的各种消防设备、设施和器具，定期进行检查、试验、大修、更新，确保它们始终处于完好状态。

(6)组织消防宣传教育，广泛开展防火宣传活动，动员和组织辖区内群众接受教育，增强防火意识。宣传方式要灵活多样，生动活泼，可以发通告、贴广告、出墙报，也可以动员群众观看消防自救演习等。同时，揭露批评违章、违法行为，加强引导，培育全民的消防意识。抓好义务消防队的培训和演习，定期向业主或使用人传授消防知识。

(7)定期对管辖区内要害部位进行检查是预防火灾的一项基本措施。特别是要检查各楼内的电器、电线、燃气管道有无腐蚀、氧化等情况，防止线路短路或爆炸而引起火灾。

(8)管理好消防监视中心的各种设备、设施，使保障监视中心始终处于正常的工作状态。

(9)发生火灾时，协同公司和部门领导到现场指挥和扑救。

(10)制止任何违反消防安全的行为和企图。

物业服务公司全体员工都是义务消防员，义务消防人员也具有一定的职责，具体包括以下四个方面：

1)负责消防知识的普及、宣传和教育。

2)负责消防设备及日常消防工作的检查。

3)负责消防监控报警中心的值班监控。

4)发生火灾时应配合消防部门实施灭火扑救。

(三)物业消防安全检查

消防安全检查应作为一项长期性、经常性的工作常抓不懈。在消防安全检查组织形式上可采取日常检查和重点检查、全面检查和抽样检查相结合的方法，应结合不同物业的火灾特点来决定具体采用什么方法，并遵循一定的程序，符合相关的要求。

1. 物业消防安全检查方法

(1)专职部门检查。应对物业小区的消防安全检查进行分类管理，落实责任人或责任部门，确保对重点单位和重要防火部位的检查能落到实处。一般情况下，每日由小区防火督查巡检员跟踪对小区的消防安全检查，每周由班长对小区进行消防安全抽检，监督检查实施情况，并向上级部门报告每月的消防安全检查情况。

(2)各部门、各项目的自查。

1)日常检查。应建立健全岗位防火责任制管理，以消防安全员、班组长为主，对所属区域重点防火部位等进行检查。必要时要对一些易发生火灾的部位进行夜间检查。

2)重大节日检查。对元旦、春节等重要节假日应根据节日的火灾特点对重要的消防设备、设施、消防供水和自动灭火等情况重点检查，必要时制定重大节日消防保卫方案，确保节日消防安全。节假日期间大部分业主休假在家，用电、用火增加，应注意相应的电气设备及负载检查，采取保卫措施，同时做好居家消防安全宣传。

3)重大活动检查。在举行大型社区活动时，应做好消防保卫方案，落实各项消防保卫措施。

2. 物业消防安全检查程序

(1)按照部门制定的巡查路线和巡检部位进行检查。

(2)确定被检查的部位和主要检查内容。

(3)对检查内容的完好情况进行判断，并通过直观检查法或采用现代技术设备进行检查，然后把检查结果和检查情况进行综合分析，最后得出结论，进行判断，提出整改意见和对策。

(4)对检查出的消防问题应在规定时间内进行整改，对不及时整改的应予以严肃处理。对问题严重或不能及时处理的应上报有关部门。

(5)对检查情况进行登记存档，分析总结，提出检查安全报告。

3. 物业消防安全检查要求

(1)深入楼层对重点消防保卫部位进行检查，必要时应做系统调试和试验。

(2)检查公共通道的物品堆放情况，做好电气线路及配电设备的检查。

(3)对重点设备和机房进行深层次的检查，发现问题立即整改。

(4)对消防隐患问题立即进行处理。

(5)应注意检查通常容易忽略的消防隐患，如单元门及通道前堆放自行车和电动车，过道塞满物品，疏散楼梯间应急指示灯不亮，配电柜(箱)周围堆放易燃易爆物品等。

四、物业管理区域车辆道路管理

(一)居住区道路规划

1. 居住区道路功能

居住区道路功能要求大致为居民日常生活交通使用，市政公用车辆使用，居住区内公共服务管理运货车辆使用，满足铺设各种工程管线的需要，供消防、救护、搬家车辆使用，也是组织居住区建筑群体景观的重要手段和居民相互交往的重要场所。

2. 居住区道路分级

根据功能要求和居住区规模的大小，居住区道路一般可分为居住区级道路、居住小区级道路、居住组团级道路、宅前小路，其中：

(1)居住区级道路是居住区的主要道路，用以解决居住区的内外联系。车行道宽度不应小于

9 m，红线宽度一般为 20~30 m。

(2)居住小区级道路是居住区的次要道路，用以解决居住区内部的联系。车行道宽度一般为 7 m，红线宽度根据规划要求确定。

(3)居住组团级道路是居住区内的支路，用以解决住宅组群的内外联系。车行道宽度一般为 4 m。

(4)宅前小路即通向各户或各单元门前的小路，一般宽度为 3 m。

此外，在居住区内还可能有专供步行的林荫步道。

3. 居住区道路系统基本形式

居住区道路系统基本形式有人车交通分流的道路系统和人车混行的道路系统，人车部分分流的道路系统。

4. 居住区道路规划布置基本要求

(1)不应有过境交通穿越居住区，不宜有过多车道出口通向城市交通干道。

(2)车行道一般应通至住宅每个单元的入口处。

(3)建筑物外墙面与人行道边缘的距离不应小于 1.5 m，与车行道边缘的距离不应小于 3 m。

(4)终端式道路长度不宜超过 120 m，在终端处便于会车，会车场地不应小于 12 m×12 m。

(5)如车道宽度为单车道，则每隔 150 m 左右应设置会车处。

(6)道路宽度应考虑工程管线的合理铺设。

(7)应充分利用和结合地形，如尽可能结合自然分水线和汇水线，以利雨水排除。

(8)道路线型应和整个居住区规划结构和建筑群体的布置有机地结合。

(二)停车场规划

1. 停车场位置的规划

物业服务企业对停车场的规划要因地制宜，既要和物业管理区域相协调，又要符合实际需要，同时，还要遵循经济实用、因地制宜原则。

2. 停车场的内部要求

由于停车场(库)内的车辆有各种类型，而且各种车辆的比例不完全一样，因此，设计停车场(库)时要注意以下问题：

(1)停车场(库)的光度要求。停车场内的光线要充足，便于车主寻找车位。

(2)停车场(库)的设施要求。为保持通道畅通无阻，方便存放和管理，停车场(库)应建在比较醒目、容易找到的地方，同时，要安置足够的指示信号灯，还要有适当的警示标语。另外，消防设备也是停车场(库)不可缺少的，必须配备齐全。停车场(库)应安装电话，供发生火情或盗情时报警使用。如有特殊要求，还可在车辆出入路口处设置管制性栏杆，以供使用。

(3)停车场(库)的区位布置要求。各种类型、规格的车辆如果都存放在一起，显然既不利于车主的存放，也不利于管理人员进行管理。为此，物业服务企业应把停车场(库)的区位进行划分。要做好这一工作，首先应做好该物业区域各种车辆的调查摸底，弄清楚所管区域各种车辆的总数以及不同类型车辆的比例，然后根据掌握的材料，考虑可能的情况，把停车场(库)内停车位置划分为机动车区和非机动车区两个大的区域，其各自大小、比例以及是否再细分，可根据所管物业区域车辆的情况和可能外来的车辆情况而定。

(三)建立健全车辆管理制度

车辆管理是一项琐碎的工作，没有严格的管理制度很难管好。健全的管理制度应该包括门卫管理制度和车辆保管规定。

1. 门卫管理制度

为了保证物业管理区域内的宁静和行人的安全及环境的整洁，必须控制进入物业管理区域的车辆，不经门卫许可不得入内(特殊情况除外)。大门的门卫要坚持验证制度，对外来车辆要严格检查，验证放入，出去也要验证放行，发现问题及时上报。停车场门卫一般为两人：一人登记收费，一人指挥车辆的出入和停放。

2. 车辆保管规定

依照国际惯例，物业服务企业应与车主签订车辆停放管理合同或协议，明确双方的责任。对物业区域的车辆要统一管理，对外来车辆也应有相应的规定。

(1)摩托车、自行车管理规定。

1)业主或物业使用人需要保管摩托车、自行车，要先到物业服务企业办理登记手续，领取存车牌，交保管员查收，并按时办理缴费手续。

2)临时存放车辆的收费按有关规定执行。

3)存放车辆后要立即领取存车牌。

4)摩托车、自行车必须存放在指定的位置，未按指定位置存放，造成丢失或损坏的，责任由所有者自己承担。

5)服从管理员的管理，并接受检查。

6)管理员的工作受到各位业主与物业使用人的监督，出现失职情况，可以向物业服务企业反映。

(2)机动车管理规定。

1)所有外来车辆未经许可，不得进入住宅区，进入物业管理区域内的车辆要服从统一管理。

2)通常禁止2.5 t以上的货车或大客车进入住宅区。

3)禁止车辆在住宅区内乱停乱放，要按指定的地点停放车辆，并交纳停车费。

4)长期将车辆停放在住宅区的，应向物业服务企业申请，领取"准停证"。临时进入物业管理区域内的车辆必须在临时车位上存放，并交纳停车费，不能随便存放。

5)车辆如需停止使用停车位，应及时到物业服务企业办理注销手续，否则将继续收取停车费。不允许私自转让停车牌和停车位，否则将取消该车辆的停车牌和停车位。

6)驶入物业管理区域内的车辆要按规定的路线行驶，不得逆向行驶，不得鸣笛。如损坏路面或其他设施，应按价赔偿。

7)为防止出现意外，凡装有易燃、易爆、剧毒品、腐蚀品或污染性物品的车辆不准进入住宅区。在车库内不准随地扔烟头，违者按规定收取违约金。

8) 不得在停车场（库）和小区范围内洗车、修车和清扫车上的杂物于地面，漏油、漏水的车辆不许进入停车场（库）。进入停车场（库）的一切人员不得随地大小便、吐痰、乱扔果皮、杂物等。

9) 不准在住宅区内学习驾车、试车。

（四）不同物业车辆管理的特点

1. 居住区车辆管理的特点

居住区车辆管理主要是车辆停放和车辆保管。居住区的车辆复杂，进出频繁，在管理中要注意扰民问题，停车场尽量设在小区的边缘，以减少车辆的进出时间，并保证居民区的安静、清洁。

2. 办公物业车辆管理的特点

办公物业车辆道路管理的重点应放在车辆的调度工作上。物业服务企业应对物业单位上下班情况进行了解统计，组织人力集中管理，统一调度，如对道路可采取定时单向通行等办法，充分利用上下班时的道路空间。同时，对办公时间的车辆出入应采取登记的办法，严格控制外来车辆的存放，对于单位车辆应采取定位存放的办法，以便进行合理有效的管理。

3. 商业物业车辆管理的特点

商业物业车辆管理主要是停车场的建设与管理。商业物业车辆流动量大，应尽量引导车辆进出方便、快捷，必要时物业服务企业可以拥有自管班车，为顾客提供不定站的服务。

4. 旅游物业车辆管理的特点

旅游物业客流量的季节性强、方向性强，物业服务企业应设立专门的由物业直达旅游地的旅游往返车辆，在旅游季节为游客提供出行的方便。旅游物业的管理者还应重视出租汽车的管理、停放、疏导工作。

5. 工业物业车辆管理的特点

工业物业车辆管理主要是对货运车辆的管理，针对其运输性质，要注意货运车辆的吨位、高度与道路条件的配合；并为货物的装卸提前做好准备，以减少货运车辆的停放时间，提高货运效率。值得一提的是工业物业夜间运输的问题，夜间运输可以提高运输效率，但物业服务企业应做好道路辅助设施的管理，如对路标、照明设施进行日常的养护和维修。

第三节　物业环境管理

物业环境管理包括物业管理区域内物业共用部位、共用设施和场地等的清洁卫生、园林绿化和卫生虫害防治、物业环境污染与防治等管理服务。环境管理与业主、物业使用人的生活工作密切相关，也是物业管理服务的直观体现，是物业管理的基本内容之一。

一、物业清洁卫生管理

(一)清洁管理的含义

清洁管理是指物业服务企业对所管辖的区域有计划、有条理、有程序地进行卫生清洁服务所实施的一系列管理活动。它是通过制定规章制度,做好日常清洁和垃圾清运,加强宣传教育和监督管理等活动来实施管理的。清洁管理是物业管理中一项经常性的管理服务工作,其目的是净化环境,给业主或使用人提供一个清洁舒适的生活、工作环境。

物业服务企业可以将所管理的物业区域内的日常清洁工作,委托给专业清洁服务公司具体实施,自己只安排数名主管负责环境卫生的监督检查;也可以在物业服务企业下设清洁部来具体负责所管理物业区域内的环境卫生工作,并聘用清洁人员进行日常的清洁工作。其机构设置及人员配备应根据物业的类型、区域的分布、面积的大小、清洁的标准等情况灵活设置。

(二)清洁管理机构设置与职责划分

1. 清洁管理模式

物业环境清洁管理模式分为委托式、自主式、结合式三种。

(1)委托式,即物业管理区域的环境保洁工作委托给专业的保洁公司,物业服务企业只需配备一名或两名管理人员,根据委托协议对保洁公司进行检查、监督、评议即可。

(2)自主式,即物业区域的环境保洁管理工作完全由物业服务企业自己负责。采用这种模式主要是因为物业区域规模大、类型多。在这种情况下,物业服务企业往往有能力建立一个比较完备的物业环境保洁管理机构。其设置如图 7-1 所示。

(3)结合式,即物业管理区域的环境清洁管理工作一部分由自己负责,另一部分由专业保洁公司负责。一般将工作难度大,需要专用设备的保洁工作外包。

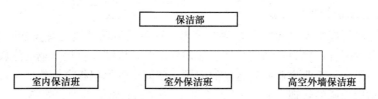

图 7-1 物业环境清洁管理自主式结构设置图

2. 清洁管理机构设置

清洁管理由物业服务企业的保洁部执行,其班组设置根据所管物业的类型、面积以及清洁对象的不同而灵活设置,最简单的是设置一个公共卫生清洁班,直接由部门经理负责。对于一个规模较大的物业服务企业而言,其保洁部一般分设楼宇清洁服务班、共有区域清洁班、高空外墙清洁班三个班。

3. 保洁管理人员职责划分

物业环境保洁管理人员，一般由部门经理、技术人员、班组长、保洁员和仓库保管员等人员组成。保洁管理人员的职责划分见表7-2。

表7-2 保洁管理人员的职责划分

管理人员	职责
部门经理	(1)按照物业服务企业的管理方针、目标和任务，制定环境卫生的保洁计划和费用预算，组织安排各项环境卫生保洁的具体工作 (2)经常在物业区域内巡查，检查各区域、各保洁任务的完成情况，并及时做出相应的处理意见 (3)积极对外接洽各种保洁服务业务，做好对外提供保洁服务的创收工作
技术人员	(1)配合部门经理的工作，拟订实施物业环境卫生保洁计划的方案 (2)指导使用专用的保洁设施与机械设备 (3)随时检查和保养保洁机械设备 (4)协助检查、监督保洁区域和保洁项目任务的完成情况
班组长	(1)按照部门经理或当日主管的指示，具体落实保洁任务与人员的安排 (2)检查本班组员工出勤情况和工作情况，做好考核评估工作 (3)检查或巡查所辖范围的保洁成效，发现问题马上纠正 (4)编制本班组各种保洁卫生用品和物料的使用计划 (5)检查督促本班组员工使用、保养保洁器具和机械设备，以减少耗损、控制成本
保洁员	(1)遵守劳动纪律，统一着装上岗 (2)听从领导安排，按规定标准保质保量地完成个人所应当完成的任务 (3)严格按照保洁程序，确保保洁成果的持续性
仓库保管员	(1)按时到达工作岗位，及时巡视仓库物品，发现问题及时上报 (2)认真做好仓库的安全、保洁工作，及时检查，清除火灾等危险隐患 (3)严格仓库管理制度，做好保洁器具和材料用品的收、发工作 (4)物品入库、出库都要及时入账，当日单据当日清 (5)做好月底盘点手续，及时结出月末库存数量，编制库存采购计划，及时呈报主管

(三)物业清洁服务的内容

1. 建筑物外公共区域清洁

建筑物外公共区域的清洁主要包括道路清洁、游乐场等公共设施清洁、公共绿地清洁、各种露天排水井沟的清洁、水池景观清洁、露天停车场清洁等。室外公共区域的清洁方法主要包括扫、洗、捡等。

2. 建筑物内公共区域清洁

建筑物内公共区域的清洁包括大堂清洁、墙面清洁、电梯及公共楼梯走道清洁、卫生间清洁等。室内公共区域的清洁包括玻璃清洁，地毯清洁与保养，各种石材的保养及翻新、打蜡、晶面处理，以及各种不同材质装饰面的清洁与养护等。

3. 垃圾收集与处理

垃圾收集与处理包括收集公共区域及业主住户日常生活垃圾、清运装修及建筑垃圾、垃圾分类，以及将垃圾统一清运到市政垃圾填埋场填埋或焚烧等。

4. 管道疏通服务

管道疏通服务主要是对公共区域的雨水污水排水主管、排水沟及化粪池等定期进行清掏，确保其畅通不溢漏，同时为业主户内排水管道的堵塞提供上门疏通服务。

5. 外墙清洗

外墙清洗是指为了维护整个建筑的外观形象，减缓其老化而定期对建筑物的外墙进行清洗的保洁工作。它是清洁工作中安全风险较大、操作技术要求较高的一项工作。

6. 上门有偿清洁服务

上门有偿清洁服务是为了满足业主(客户)的需要而提供的上门家居清洁及清洁拓荒、定期保洁、专项清洁等服务，它是常规物业管理清洁服务的延伸服务。

(四)清洁卫生的日常管理

1. 制定管理制度

为确保保洁卫生工作的顺利进行，需要制定相应的管理制度。根据物业环境保洁部门劳动的特殊性，首先要拟订劳动纪律管理规定，包括在物业环境保洁劳动中应当遵守的上下班制度、工作纪律、考勤制度、工作责任以及思想品德方面的规定；其次应制定工作考核标准和方法、日常卫生保洁与保洁机具的操作规程以及保洁部门奖惩条例。

2. 制订保洁工作计划

科学、周密的工作计划能够提高保洁工作的质量与效率，并为物业管理其他工作的实施创造条件。

3. 抓好卫生设施建设

卫生设施建设是指环卫车辆、卫生保洁机械、卫生保洁工具、卫生保洁材料、便民设施等方面，其中，环卫车辆主要包括清扫车、洒水车、垃圾运输车、粪便清运车等；卫生保洁机械主要包括长梯、吸尘磨光机、洗地机、吸水机、吸尘器等；卫生保洁工具主要包括玻璃水刮、玻璃铲刀、快洁布刷、清洁毛巾、小喷壶、清洁地拖、扫把、工作指示牌、清厕刷、清洁工作车、水桶、垃圾袋等；卫生保洁材料主要包括各种清洁剂、洁厕剂、空气清新剂、卫生球、磨光蜡、杀菌消毒剂、除臭消毒剂、酸性洗剂等；便民设施即为便利群众而建设的卫生设施，如垃圾清运站、果皮箱等。

4. 加强环境卫生的宣传教育

环境卫生管理工作,一方面需要专门的管理机构和人员负责清扫;另一方面也需要每一位业主和使用人来共同维护,清扫是必要的,维护才是根本的。所以,一定要加强维护环境卫生的宣传教育工作,使每个人都能认识到维护环境卫生的重要性,提高维护环境卫生的自觉性,养成良好的卫生习惯,使业主和使用人也积极投入维护环境卫生的工作中来,在双方的共同努力下,创造出优美、清洁、卫生的物业环境。

二、物业环境绿化管理

(一)绿化管理的功能

绿化管理是一项功能与美观相结合的工作,对改善业主或物业使用人的工作质量和生活质量,以及城市环境具有重要的作用。良好的绿化可以实现以下功能:

(1)防风、防尘,保护生态环境。
(2)净化空气,降低噪声,改善环境。
(3)改善小气候,调节温度,缓解城市热岛效应。
(4)美化物业管理区域和城市环境。
(5)提供休闲健身场所,陶冶人们的道德情操。

(二)绿化系统的组成

(1)公共绿地。物业管理区域内公共使用的绿化用地,如居住区的花园、住宅组群间的小块绿地。
(2)公共建筑和共用设施绿地,如物业管理区域内的学校、医院、影剧院周围的绿地。
(3)住宅旁和庭院绿地。
(4)街道绿地,如居住区内的干道、步行道两旁种植的树木等。
(5)竖向绿化,如屋顶、墙面、阳台等处的绿化。

(三)绿化管理的主要内容

1. 绿化规划设计

绿化规划设计的指导思想是"适用、经济、美观"。要求以绿为主,形成系统;见缝插针,节约用地;合理配置,注意景观。可利用精巧的园林美术小品和丰富多彩的园林植物进行绿化,尽可能布置开朗、明快的景观,设置一些凉亭、座椅,使其形成优美、清新的环境,以满足业主和使用人室外休息的需要。

2. 绿化植物的选择

庭院绿化中有植物、建筑、山石、道路、水体、小品等,其中,植物是庭院绿地的主体。适宜的植物可以充分发挥绿化的功效,美化环境,改善居住条件。所以必须做好植物的选择。

3. 绿化营造施工

绿化营造工程可委托园林部门施工,也可由本部门自行设计施工。施工是重要的一环,它直接影响工程的质量与日后的维护工作，影响花木的生长及绿地美化的效果和各种功能的发挥。绿化工程可由园林工程部门承建，也可由物业服务企业自行设计施工。在具体施工过程中必须严格按照设计图纸施工，确保工作质量。

4. 绿化养护管理

为了巩固绿化成果，提高绿化质量，需要一年四季连续不断地做好养护工作，物业服务企业应该落实专业养护人员，作为经常性养护管理的保证，严防失管失养、放任自流；绿化养护需要针对性管理，不同种类的花草树木具有不同的品性，它们对赖以生存的客观条件十分敏感，因而养护管理必须具有针对性，做到"适地适树"，以便"适者生存"。绿化养护还需要动态性管理，植物的功能和观赏效果不是短时间内所能显示出来的，而要有一个逐步提高和完善塑造的过程，并随着季节的变化而变化（即季相变化），因此，养护管理要在不同时期掌握不同的养护重点。

5. 绿化档案资料管理

绿化档案资料管理是一项十分重要的基础工作。"家底清、情况明"，才能提高管理水平。绿化档案资料除了包括原始设计图纸、承接查验资料外，还包括一系列绿化管理手册，可使绿化管理更有效。

(四)绿化管理机构设置与职责划分

1. 绿化管理机构的设置

环境绿化管理机构的设置不是唯一确定的。一般先确定物业区域的环境绿化管理模式，再设置不同的环境绿化管理机构。绿化管理模式一般有委托和自主式两种。委托式即物业服务企业把物业区域的环境绿化管理工作委托给专业的绿化公司负责，物业服务企业只需配备 1 名或 2 名管理人员，根据承包合同对绿化公司进行检查、监督和评议；自主式即物业区域的环境绿化管理工作完全由物业服务企业自己负责，一般至少下设一个养护组，如果需要，也可设置花圃组和服务组，花圃组和服务组均可对外经营，为公司创收。

2. 绿化管理人员的职责划分

绿化管理人员的职责划分见表 7-3。

表 7-3　绿化管理人员的职责划分

人员分类	职责
绿化主管	(1)负责绿化管理部的全面工作，结合企业的有关规定和要求制定本部门的工作规划，并安排布置到班组 (2)负责物业区域绿化管理工作的检查、监督、验收和考核工作 (3)负责组织绿化管理人员的岗位培训和技术培训工作 (4)负责编写物业区域绿化设计要求、建议，制订花草树木的购买计划以及维护、改进物业景观的计划

续表

人员分类	职责
技术人员	(1)负责绿化管理措施的制定和实施 (2)负责整个物业区域绿化的技术指导和部门外的绿化经营业务的技术指导 (3)负责绿化管理人员的技术培训 (4)定期向部门主管汇报日常工作情况
绿化工	(1)熟悉物业小区绿化布局和自己工作职责的范围,了解花草树木的品种、数量并逐步掌握花草树木的种植季节、生长特性、培植管理方法 (2)对花草树木要定期浇水、施肥、清除杂草、整形修枝、防治病虫害、补植栽植等 (3)接受专业技术培训,不断提高自己的业务水平和自身的素质 (4)保护绿化场地不受破坏,发现违法违章行为要及时加以劝阻,不听劝阻的要及时报告给保安人员和主管人员并协助处理 (5)维护和保养好自己所使用的各种工具和公用设备、设施
园艺工	(1)培育各种花卉苗木,不断学习和引进新品种,以满足居住区绿化的需要 (2)负责种花、养花,满足节假日摆花、用花的需要 (3)妥善保管和使用各种工器具及材料

(五)绿化管理规定及制度

物业管理区域内绿化管理工作,如果只有绿化部门的积极性,而没有每位业主和使用人的积极性,或只有业主和使用人的积极性而没有绿化部门的积极领导和得力措施,是不可能搞好的。只有在绿化部门和每一位业主共同努力下,绿化工作才能顺利进行。

对于广大业主和使用人来说,首先,要提高思想认识,充分重视物业环境绿化工作。绿化管理部门应该利用一切可能利用的时间和手段,增加宣传力度,帮助业主和使用人树立起环境意识、绿化意识、森林意识等思想观念,为绿化管理工作打下最牢固的思想基础;其次,要严格执行规章制度。一般在绿化管理的工作中,都要公布有关绿化方面的管理规定:

(1)了解岗位职责和工作范围,尽心尽力搞好绿化工作,熟练掌握园艺技术,提高环境容貌质量,为住户提供优质服务。

(2)要爱护辖区周围绿化和环境绿化的设施,严禁攀折花木、践踏草坪,不得任意占用绿化停放自行车、助动车、摩托车。严禁在树上拉绳,晾晒衣服被褥,不得任意倾倒垃圾、堆放杂物,要保持绿化带的卫生。

(3)负责居住区绿化范围内树木花草的培植、养护。但是要注意安全保护工作,阳台设置花草要有保护架等安全措施,严禁从楼上向下乱扔杂物、泼污水等不文明行为。

(4)对违反园林绿化规定或者有意破坏园林绿化者,视其情节轻重要予以批评教育并制止,或及时向行政管理部门报告。

三、卫生虫害防治

(一)白蚁的防治

1. 白蚁对房屋的危害

白蚁危害面广,几乎涉及国有经济的各个领域,特别是房屋建筑,白蚁对其危害严重,造成的经济损失是十分可观的。白蚁对房屋建筑的破坏,特别是对砖木结构、木结构建筑的破坏尤为严重。由于其隐藏在木结构内部,破坏或损坏其承重点,往往造成房屋突然倒塌,引起人们的极大关注。白蚁危害具有隐蔽性强、广泛性强、严重性强等特点。防治白蚁是一项长期的工作,应"以防为主,综合防治"。

2. 白蚁的预防

在蚁害区建房时进行白蚁预防处理,是灭蚁的根本措施。白蚁的预防主要从以下三方面入手:
(1)堵塞白蚁入侵的途径。
(2)建筑物基部进行处理。
(3)木材防蚁。

3. 白蚁的防治方法

白蚁的防治方法有挖巢法、药杀法、诱杀法和生物防治法等,可根据不同的情况采用相应方法来治灭白蚁。

(1)挖巢法。挖巢法是根据蚁路、空气孔、分飞孔及兵蚁、工蚁的分布等判断找出蚁巢后将其挖除的方法。一般的树巢、墙心巢、较浅的树头巢或地下巢,都可用挖巢法,挖巢法最好在冬天进行,因为天气冷,挖巢后的残余白蚁会被冻僵,能较彻底地消灭白蚁,挖巢后最好再施一些白蚁药,效果更好。

(2)药杀法。药杀法是通过在白蚁蛀食的食物中或在白蚁主要出入的蚁路中喷入白蚁药物,使出入的白蚁身体粘上白蚁药粉,药粉通过相互传染传递给其他白蚁,导致整巢白蚁中毒死亡。为了保证白蚁在回到蚁巢前不死亡,一般所使用的药物都是慢性的药物,施药后一星期或一个月白蚁才全部中毒死亡。常用的白蚁药粉主要成分是亚砒酸、灭蚁灵等。用药后一星期即可检查白蚁是否全部中毒死亡。

(3)诱杀法。诱杀法有药物诱杀和灯光诱杀两种方法。诱杀法主要用于发现白蚁又未能确定蚁巢地点,或者知道蚁巢地点又不能将其挖出,或者用药杀法不能彻底消灭时使用。药物诱杀通常用木制诱杀箱诱杀,灯光诱杀主要用于白蚁分飞时诱杀分飞蚁。

(4)生物防治法。生物防治法的原理是利用白蚁的天敌或病菌对白蚁进行生物灭杀。

4. 白蚁防治安全注意事项

(1)防治白蚁的药物均有毒性,必须严格执行毒品双人采购、双人运输、双锁双人保管和双人使用制度。

(2)必须选择对工作认真负责的人员进行操作。

(3)孕妇和皮肤病患者不宜从事此项工作。

(4)配制、加工和使用灭蚊药物时必须穿工作服、戴口罩和手套。工作过程中不得吸烟和吃食物。工作完后要用肥皂清洗。防止药物从呼吸道、消化道和皮肤侵入身体。

(5)施药前应向住户说明有关注意事项,防止药物沾染食物,进而导致人畜中毒。

(6)严禁在近水源处大量施乳剂和水剂,以及洗涤灭蚊用具。

(二)鼠害的防治

鼠害的防治主要有以下四种方法:

(1)防鼠。防鼠的主要方法有环境治理、断绝食源和安装挡鼠板等设施进行隔防等。

(2)化学灭鼠。化学灭鼠采用灭鼠毒饵灭鼠。

(3)器械灭鼠。器械灭鼠就是将鼠笼、鼠夹、粘鼠板等放置在鼠类经常活动的地方,放置食物诱饵诱鼠,从而捕捉消灭。

(4)生物灭鼠。生物灭鼠即利用鼠类天敌、病原微生物、不育遗传灭鼠。

(三)蚊子的防治

蚊子的防治主要有以下两种方法:

(1)环境治理。环境治理是通过清除积水、水池放养鱼类等环境治理方法防止蚊虫滋生。

(2)药杀。药杀的主要方法有:在无法清除的积水处投放浸药木塞或杀虫剂杀灭蚊幼虫;采用超低容量喷雾或打炮烟喷洒杀虫剂或点燃灭蚊片等方法来对付成蚊。

(四)苍蝇的防治

苍蝇的防治主要有以下三种方法:

(1)环境治理。环境治理的主要方法有:保持垃圾日产日清,不乱丢垃圾和果皮,不用粪肥、花生麸饼等洒于地表作植物肥料,消除苍蝇的滋生场所。

(2)诱杀。诱杀是利用苍蝇喜好的饵料将苍蝇引入蝇笼或具黏性的物体上,然后用热水烫杀。

(3)药杀。药杀是对可能滋生苍蝇的地方(垃圾堆放地等)和成蝇喷洒杀虫剂灭杀。

(五)蟑螂的防治

蟑螂的防治方法如下:

(1)对建筑物各种孔缝进行堵眼、封缝,防止蟑螂入内。

(2)严格控制食物及水源,及时清理生活垃圾,消除蟑螂食物。

(3)彻底整顿室内卫生,清除残留卵夹,控制和减少高峰季节的蟑螂密度。

(4)利用灭蟑药粉、药笔、杀虫涂料及毒饵粘捕等进行化学防治。

四、物业环境污染与防治

1. 大气污染防治措施

(1)改变能源结构。大力提倡使用煤气、天然气、沼气等清洁燃料,并大力开发太阳能、风能等新能源。

(2)禁止在物业管理区域内焚烧沥青、油毡、橡胶、塑料、皮革、落叶和绿化修剪物等能产生有毒有害气体和恶臭气体的物质。特殊情况下确需焚烧的,必须报经当地环保部门批准。

(3)加强车辆管理,限制机动车辆驶入管区,既能减少尾气排放量,又能减少噪声。

(4)严格控制物业管理区域内工业生产向大气排放含有毒物质的废气和粉尘。对确需排放的,必须经过净化处理达标后排放。

(5)在物业维修、装修时,尽量采取防止扬尘的措施。

(6)搞好绿化。树木、绿草能净化空气、遮挡灰尘,因此,绿化是防治大气污染的基本途径。

2. 水体污染防治措施

(1)加强污水排放的控制。防治水体污染的主要措施是严格控制工业和生活污水的任意排放,除此之外,还要加强对水体与污染源的巡回监测,从制度和管理上控制随意排污和超标准排污现象。

(2)加强对已排污水的处理。为使水体不被污染,应对已排污水进行处理,使水质达到排放标准和不同的利用要求。污水处理常用的方法有物理处理法、化学处理法、物理化学法和生物处理法等。

(3)加强生活饮用水二次供水卫生管理。生活饮用水二次供水,是指通过储水设备和加压、净化设施,将自来水转供业主和使用人生活饮用的供水形式。为了有效防止污染,物业服务企业必须加强二次供水及其卫生管理,确保达到饮用标准,并按照规定进行消毒。

3. 固体废弃物污染防治措施

(1)任何单位和个人均应按当地环卫部门规定的地点、时间和有关要求排放、倾倒生活垃圾,不得擅自乱倒或裸露堆放。

(2)垃圾箱等设施的放置应与生活垃圾量相适应,有密封、防蝇、防污水外流等防污染设施。

(3)生活垃圾应及时清扫收集,统一运输和处理,做到日产日清,防止一次污染和二次污染。

(4)生活垃圾应实行分类收集,逐步实现固体废弃物的减量化、资源化、无害化。

(5)质量超过 5 kg、体积超过 0.2 m³ 或长度超过 1 m 的旧家具、办公用具、废旧电器和包装箱等,应按管理部门规定的时间放到指定的收集场所,不得随意投放。

(6)医疗垃圾、放射性垃圾、传染病人垃圾和动物尸体等有害垃圾,以及单位和个人在翻建、改建或装修房屋时产生的渣土垃圾,应按有关规定处理,不得混入生活垃圾中。

(7)贯彻"谁产生生活垃圾和废弃物,谁承担相应义务"的原则。

4. 噪声污染防治措施

(1)对于交通车辆的噪声,应限制车辆进入物业区域,实行人车分离的方法。

(2)对于建筑施工的噪声,应禁止施工单位在夜间从事施工作业。

(3)对于社会生活噪声,应加强精神文明教育,制定切实可行的管理办法。

本章小结

本章主要介绍了物业综合管理的概念、运作形式,物业安全管理的概念,物业管理区域治安管理、消防管理、车辆道路管理、物业清洁卫生管理、环境绿化管理、卫生虫害防治、物业环境污染与防治等内容。通过本章的学习,可以掌握物业综合管理的基本方法,为日后的学习与工作打下坚实的基础。

思考与练习

一、填空题

1. 物业安全管理的主要内容包括_____、_____和_____三个方面。
2. 建筑物外墙面与人行道边缘的距离不应小于_____,与车行道边缘的距离不应小于_____。
3. 物业环境清洁管理模式分为_____、_____、_____三种。
4. 通常禁止_____或_____进入住宅区。

二、简答题

1. 简述物业综合管理的运作形式。
2. 简述物业治安管理形式及机构设置。
3. 简述门卫治安管理的内容。
4. 简述物业消防安全检查方法。
5. 简述不同物业车辆管理的特点。
6. 简述物业清洁卫生的日常管理。
7. 简述绿化管理的主要内容。
8. 简述固体废弃物污染的防治措施。

第八章 物业的分类管理

知识目标

通过本章的学习,了解各类物业管理的含义、特点与要求;掌握各类物业管理的内容与方法。

能力目标

具备对住宅小区、写字楼、商场、工业区、智能住宅小区物业进行管理运作的能力。

第一节 住宅小区物业管理

一、住宅小区的含义

住宅小区通常是指按照统一规划、综合开发、配套建设和统一管理的原则开发建设的,具有比较齐全的公共配套设施,且建筑面积达到一定的规模,能满足住户正常物质文化需求,并为交通干道所分割或自然界所围成的相对集中的生活区域。

二、住宅小区的特点

1. 小区规划的统一性

随着城市规划建设的发展和人们居住水平的提高,住宅小区的规划建设有了很大提高,主要表现在小区内建筑整体布局协调,设施设备系统完整。即小区建筑从整体布局、外观协调、通风采光、高低疏密配置都要统一综合考虑;同时,附属生活服务设施,如学校、幼儿园、商业网点、健康娱乐中心等配套齐全;市政基础设施和道路、给水排水、煤气、电力、有线电视、电话电缆等构成完整的网络体系;区内专门设施,如治安监控系统、消防系统等也应进行统一配套。

2. 小区功能的多样性

以往功能单一的、传统方式的居住小区,逐步向集中化、综合化、现代化方向发展,如文教卫生服务、商业饮食业服务、文体娱乐服务、金融服务、邮电服务等多种服务功能;社会功能,如社区交际交往、社区文化、社区活动、社区文明建设等;经济功能,体现在小区物业管理服务的等价有偿性和住宅作为商品的经营性等方面。

3. 住宅小区房屋产权多元化,公用设施社会化

随着住房制度改革的深化、住宅房屋商品化的推进,住宅小区的房屋基本上由小区内的居民个人购买,产权归居民个人所有。一个住宅小区由众多拥有房屋所有权的居民家庭组成,从而形成住宅小区房屋产权多元化的局面。但是每个房屋产权人所拥有的权利只限于住宅小区内区分所有权的建筑物专有部分,而区分所有权的建筑物专有部分以外的共有部分及小区内的公用绿地、公用设施等则属于全体业主共有,从而形成公用设施社会化格局。这就需要住宅小区物业服务企业针对不同所有权采取不同的管理方式。

三、住宅小区物业管理目标

1. 实现住宅小区的经济效益

住宅小区管理通过对整个小区的有偿管理服务,为物业服务企业取得经济收入,达到实现经济效益的目标。

从政府的角度看,未实行小区管理的住宅区,政府不仅要补贴大量资金用于小区房屋的维修,还要在环卫、治安、绿化和其他公共市政设施上投入财力。而实行小区管理的住宅区,政府不仅不需要投资,还可向物业服务企业收取一定的税费。相比较而言,小区实行物业管理的经济效益是很明显的。从开发企业的角度看,小区实行物业管理,有利于房产的销售,加速房地产开发企业的资金周转,而且有利于开发企业以较高的价格售房,获取更多的销售利润。从物业服务企业的角度看,小区实行物业管理,使物业服务企业可以通过对整个小区的良好管理以及开展各种有偿服务,为自己创造经济收入,获得经济效益;从业主的角度看,小区实行物业管理,使住宅小区内的房屋、住宅及附属设备、设施得到了维护、管理与维修,延长了物业的使用寿命,使物业保值增值。

2. 实现住宅小区的社会效益

实行住宅小区物业管理有利于社会的繁荣与发展,有利于社会主义精神文明建设,满足社会发展对住宅小区和物业管理的要求。通过对住宅小区的建筑物设备设施、治安、交通、绿化、卫生和文化教育娱乐等的管理服务,创造一个安全、舒适、文明、和睦、优美的生活空间,这不仅为社会劳动再生产创造了条件,也为人们自身的再生产提供了物质基础。良好的住宅小区管理能培养、教育和引导整个小区居民正确、健康的思维和行为,创造一个有良好的人际关系与社会公德的社会环境,从精神上给人们以舒适、愉快的享受。此外,住宅小区管理还有利于政府充分发挥城市管理职能,起到"为国分忧"的作用。实施小区管理以后,小区复杂、烦琐的管理工作和各种投诉的处理,统一由专业的管理机构负责,政府不用再为此花费大量的时间与精力,只需要制定有关的政策规定,对住宅小区管理实行指导、协调和监督。

3. 赢得环境效益

居住是人类生存与发展的最基本需求之一,住宅小区物业服务企业最基本的职能是为小区居民提供舒适、安全、良好的居住环境，以利于住宅小区居民的身心健康。

四、住宅小区物业管理的内容

1. 住宅小区居民的管理和服务

住宅小区的物业管理，其管理和服务的对象首先是住宅小区的居民。对于居民的管理，并不是说要限制他们的人身自由，而是要引导他们的居住行为。就是说，为了住宅小区的公共秩序和住宅小区全体居民的利益，每位居民都应该在住宅小区内遵守物业服务企业所制定的一系列管理制度和规定。当然，这些制度和规定必须建立在为小区居民服务的基础上。

2. 住宅小区房屋建筑的维护、修缮管理

房屋建筑是住宅小区的主体，因而也是住宅小区物业管理的核心和关键。房屋建筑管理主要包括以下三个方面的工作：

(1)房屋建筑的维护。其主要内容是维护规划、设计的严肃性，禁止使用单位或个人随意破坏、改动房屋结构、外墙面和室内平面布局；禁止在门口空地、阳台等处乱搭乱建；禁止随意凿洞、乱开门窗；禁止随意改动室内各类设施的构造；禁止未经允许的室内二次装修等。

(2)房屋建筑的保养。其主要内容是维护和延长房屋建筑的使用寿命与美化外观，对正常使用下的自然损害进行预防和治理，以做到防患于未然。它包括对住宅内外的共用部位，如承载结构部位(包括楼盖、屋顶、梁柱、内外墙体和基础等)、外墙面、楼梯、走廊通道、门厅及其他各类共有设施的定期与不定期检修和维护；对住户自用部位和自用设备以及住户有无违章情况的经常性检查、监督等。

(3)房屋建筑的修缮。其主要内容是保证房屋使用安全，保持和提高房屋的完好程度与使用功能，对小区内房屋自然或人为的损失进行维修、拆改和翻修。房屋建筑的修缮要根据地区和季节特点，与抗震加固、白蚁防治、抗洪、防风、防霉等相结合。小区管理部门应定期勘察房屋，掌握房屋完损情况，发现损坏，及时修缮。

3. 住宅小区附属设施设备的维修、保养

附属设施是住宅小区赖以存在和发展的物质基础。它具有对住宅小区的物业经营和居民生活正常进行的双重服务功能。因此，管好住宅小区的附属设施既有利于改善小区居民的生活，又有利于住宅小区物业管理的发展。同时，住宅小区的附属设施状况也直接影响小区的形象和声誉，从而影响小区的物业价值和营销活动，因而管好附属设施也有利于开发商的市场竞争和开发效益。附属设备包括给水排水、供电、供暖、电梯等设备。确保这些设备的正常、安全运行，是小区管理的主要任务之一。这些设施和设备的技术性强、安全要求高，运行和管理人员需具有较强的专业知识和操作技能，以确保其正常使用，方便用户，保证安全。

4. 住宅小区的治安管理

治安管理的目标是保证整个住宅小区的安全与安宁。物业管理部门须配置保护设备，成立保安队伍，制定保安制度，对保安员进行专业技能和职业道德的培训与考核；在小区内进行定点监控、重点防范、治安巡逻；对进出的人员和车辆进行登记，做好治安事件的记录，联防联保；纠正违章，进行文明礼貌和社会道德教育。

5. 住宅小区的消防管理

消防工作是非常重要的，物业管理部门应贯彻国家和地方政府消防工作法令，制定严密的住宅小区内的消防制度；坚持固定的巡查检修制度和节假日重大活动的全面检查，一旦发现问题，必须限期整改解决；健全专职和兼职的消防组织，建立严格的消防制度和责任人制度；要经常进行防火防灾的宣传教育；抓好平时的管理训练和演习。

6. 住宅小区的车辆管理

住宅小区的人口众多，层次有别，汽车、摩托车、自行车，再加上外来的车辆进出频繁，因此，车辆管理必不可少。车辆管理的主要工作是车辆的停放和车辆的保管，通常有以下几项工作：根据实际情况划定允许进入本区域的车辆品种和型号；设定合适的停车场、棚、库房；订立适当的车辆进出门卫检查、放行制度；订立车辆停放保管制度，禁止车辆乱停乱放；订立执行相应的处罚措施；配置相应的监控、防盗设施。

7. 住宅小区的环境卫生管理

物业管理部门要制定小区环境管理的规章、制度，搞好宣传教育，禁止乱摆、乱放、乱丢、乱倒、乱堆物品等行为，保持小区整洁；采取有效措施，积极治理小区污染，特别要对为小区造成空气、水、噪声污染等的行为加以制止，控制污染源；积极修建环卫设施，搞好经常性、群众性的环卫工作，包括设置生活废弃物统一堆放处理点、果皮箱、公厕，教育和发动小区居民搞好日常环境维护等。

8. 住宅小区的绿化管理

住宅小区的绿化管理主要是指加强小区的绿化和养护。绿化带、公共花园、道路两旁的树木、花草及小景点等都应有专人养护管理；小区内所有绿地不得侵占或挪作他用，任何人都应自觉保护绿化及有关设施；禁止小区内的居民攀折树枝、花木，利用绿化地、树枝晾晒衣服或其他物品，踩踏草地等；对违章者应予以制止，并视毁损情况予以罚款。

9. 住宅小区的物业租赁管理

住宅小区的物业服务企业可以根据自身的优势直接或代理物业租赁业务。物业租赁是物业经营的主要工作，通常要抓好以下几个基本环节：核查物业是否符合租赁条件；核准租赁物业的面积，合理分摊共用面积；开展市场调查，合理确定租赁价格；明确房屋租赁价格以外的收费内容与标准，如电话费、水电费、管理费等；做好公用场地、活动场所的租赁管理，如申请审批、收费、卫生管理等；制定规范的租赁合同，到有关管理部门登记备案；处理好业主、租户和管理单位三者之间的关系，维护各方面正当的合法权益。

10. 住宅小区的专项服务和特约服务

住宅小区的专项服务和特约服务是物业管理公共服务以外的服务。公共服务是全体住户都享受的服务，而专项服务则是为一部分住户提供的服务，如车位出租、车辆管理、代订报纸、代邮寄包裹、订送牛奶等。特约服务是应住户的个别约请而提供的服务，如打扫室内卫生、代换煤气罐、代出租房屋、代接送老弱病残、代接送小孩上学等。

11. 住宅小区的精神文明建设

住宅小区物业管理的成效，很大程度上取决于小区居民的生活方式、精神状态以及社会纪律、社会公德等。因此，搞好小区的精神文明建设，既是社会主义精神文明建设的要求，也是促进小区管理工作的重要手段。

住宅小区管理机构要通过文化宣传、体育活动、社团活动等方式加强小区居民的团结，使其做到家庭和睦、以礼待人、助人为乐、讲究卫生、爱护公物、遵守公共秩序、遵守行为准则，从而全面推动住宅小区物业管理水平的提高。住宅小区的精神文明建设主要包括以下几个方面的工作：制定小区居民精神文明公约；开展文明单位（主要包括文明小区、文明楼、文明家庭和文明居民小组等）创建活动；开展社区活动，利用各种传媒工具和文娱活动场所组织各种公益活动；使小区居民能够遵守各项管理制度，文明居住，并能积极参加各项公益活动，邻里间团结友爱，互相帮助。

五、住宅小区物业管理的原则

1. 服务第一、方便住户的原则

住宅小区的物业管理是一项服务性很强的工作，关系到千家万户的生活、休息、文娱、安全、卫生、教育、体育等诸多方面。住宅小区的管理服务，与城市管理和人民生活息息相关。城市的第一要素是人，人的活动空间是城市，人的栖息之地在住宅。"服务第一、方便住户"是住宅小区物业管理工作的出发点和归宿。管理住宅小区的目的是为住户提供服务，尽可能地满足住户生活的需要，创造一个整洁、文明、安全、方便的生活环境。住宅小区物业管理服务与一般商业服务不同，服务对象不是临时性的，而是长期的和相对固定的，服务内容也不是单一的，而是多方面的服务。因此，应根据不同对象和不同要求，尽可能地提供多方面的服务，切实为住户提供方便，帮助住户排忧解难。

2. 业主自治自律与专业管理结合的原则

住宅小区物业管理应做到业主自治自律与专业化管理密切结合。业主自治自律是基础，但住宅小区的管理又具有技术性、专业性强的特点，必须以专业化管理为主；住宅区的日常管理工作是大量的、烦琐的，离不开居民的支持。因此，增强居民的群体意识，依靠和组织群众参与管理，发挥业主自治自律的作用，是实行这一原则的关键。

3. 统一经营、综合管理的原则

统一经营、综合管理是根据住宅建筑由分散的、功能单一的传统方式，向集中化、综合化、现代化方向发展的客观要求而提出的管理原则。住宅小区的住宅建筑、配套建筑、庭院绿化美化及小品建筑，各种设施设备、场地是一个整体，客观上要求统一经营、综合管理。一个住宅小区应置于一家物业服务企业的管理之下，不宜由两家或两家以上的物业服务企业行使管理权。

物业服务企业在小区管理中，也要坚持统一经营和综合管理的原则，充分发挥住宅小区的整体功能，创造良好的经营效益。

4. 竞争择优的原则

竞争是市场经济的灵魂，小区管理要遵循市场经济规律，引入竞争机制，鼓励公平合理的竞争，打破"谁开发，谁管理"等小区管理权的"世袭"和垄断现象，选择信誉好、水平高、收费合理的优秀物业服务企业对小区实施管理。只有这样，才能促使物业服务企业提高管理和服务水平，降低管理成本，实现经济效益、社会效益与生态效益的统一。

5. 有偿服务和费用合理分担的原则

物业服务企业要搞好管理，实行优质服务，就必须有资金来源。资金的主要来源是业主和使用人，因此，要实行有偿服务、合理分担的原则，物业服务企业提供的管理和服务是有偿的，应得到价值形态的实现和物质形态的替换。在费用分担方面，应该本着"量出为入、公平合理"以及"谁享有、谁受益、谁负担"的原则，由房地产开发企业、物业服务企业和业主及使用人共同合理分担。

第二节 写字楼物业管理

一、写字楼的含义及特点

(一)写字楼的含义

写字楼原指用于办公的建筑物，或者是由办公室组成的大楼。有的写字楼由业主自用，有的用于出租，有的部分自用、部分出租。而现代写字楼一般具有比较现代化的设备，而且环境优越、通信快捷、交通方便，有宽阔的停车场(库)相匹配。在城市里，为满足各种不同用户的需求，写字楼越来越专业化，如有些建筑只供给政府机关、企事业单位、文化教育、金融、保险及律师等办公使用，并配备有相应的设施。

当前随着科技的进步与城市地价的上涨，城市中心的写字楼逐渐向高层和超高层发展。在写字楼集中的地区往往形成城市的"中心商务区"，为社会各行各业、各部门提供集中办公的场所，从而大大缩短了社会各方面人员的空间距离。写字楼已成为现代城市发展的重要组成部分。

(二)写字楼的特点

(1)地理位置优越，交通便利。为了满足用户往来办公及业务活动的需要，写字楼多位于城市中心的繁华地段，与公共设施和商业设施相邻。优越的地理位置为写字楼的用户提供便利的工作环境和浓郁的商务氛围，如交通方便快捷、信息集中通畅、经贸活动频繁、商业服务设施齐全等。在某种程度上，写字楼的地理位置是决定其价值的重要因素。

(2)现代写字楼建筑规模大,办公单位集中,人口密度大。写字楼多为高层建筑,楼体高,层数多,有相当规模的建筑面积,往往能汇集成百上千家大小公司机构。

(3)功能齐全,设备配套。现代写字楼有服务前台、大小会议室、小型酒吧、车库等,综合型写字楼还有餐厅、商场、商务中心、银行、邮电等配套服务场所设施,能为客户的工作和生活提供很多方便,满足他们高效办公工作的需求。

(4)使用时间集中,人员流动性大。写字楼使用时间一般比较集中,多在上午8点以后、下午6点以前。上班时间,人来人往,川流不息,下班后人去楼空,非常安静。

(5)设备完善先进,建筑档次高。由于写字楼的用户通常是以办公及商务活动为主,因此,他们在选择写字楼时更为看重的是写字楼的设备是否完善先进,建筑档次是否能满足其办公及商务活动的需要。

二、写字楼的类型

目前,我国对写字楼的分类尚无统一的标准,专业人员根据工作需要,通常依照建筑面积、使用功能、现代化程度、综合条件进行不同的分类。

1. 按建筑面积划分

(1)小型写字楼。建筑面积一般在1万 m^2 以下。

(2)中型写字楼。建筑面积一般为1万~3万 m^2。

(3)大型写字楼。建筑面积一般在3万 m^2 以上。

2. 按使用功能划分

(1)单纯型写字楼。基本上只有办公一种功能。

(2)商住型写字楼。具有办公和居住两种功能。

(3)综合型写字楼。以办公为主,同时又具备其他多种功能,如公寓、商场、展厅、餐厅等多功能的综合性楼宇。

3. 按现代化程度划分

(1)非智能化写字楼。即传统的、不具备自动化功能的写字楼。

(2)智能化写字楼。指具备高度自动化功能的写字楼。

4. 按综合条件划分

(1)甲级写字楼。具有优越的地理位置和交通环境,建筑物的物理状况优良,建筑质量达到或超过有关建筑条例或规范的要求;其收益能力与新建成的写字楼相当;有完善的物业管理服务,包括24小时的设备维修与保安服务等。

(2)乙级写字楼。具有良好的地理位置,建筑物的物理状况良好,建筑质量达到有关建筑条例或规范的要求;但建筑物的功能不是最先进的,有自然磨损存在,收益能力低于新落成的同类建筑物。

(3)丙级写字楼。楼龄较长,建筑物在某些方面不能达到新的建筑条例或规范的要求;建筑物存在较明显的物理磨损,功能陈旧,但仍能满足低收入承租人的需求;租金较低,尚可保持合理的出租率。

三、写字楼物业管理目标与要求

(一)写字楼物业管理目标

1. 为业主及客户提供一个安全、舒适、便捷的工作环境

物业服务公司通过提供优质的服务、创造并保持良好的环境,让业主及客户在大楼里工作、生活感到安全、舒适、方便,而且在大楼内往来、活动便捷,与国内外的信息联系快捷、畅通。

2. 确保写字楼功能的正常发挥

写字楼的物业管理具有收益性物业的管理特性,高的出租(售)率是其获得良好稳定收益的保证,而写字楼的使用情况又直接影响其出租(售)率,因此,物业服务企业应加强对基本设备设施的维修养护,保证各项功能的正常发挥,延长其使用年限,提高写字楼的出租(售)率,从而获得物业的保值、增值。

3. 使物业保值增值

物业管理工作做得好,通过对物业的精心养护和维修,不仅能使物业及其设备处于完好状态,能够正常运行,而且可以提高物业的档次和适应性,延长物业的使用年限,使物业保值增值。即使是在市场比较疲软的情况下,也能较容易地招徕客户,出租或出售房屋,获取更多的租金或利润,从而产生较高的经济效益。

4. 创建写字楼品牌和物业管理品牌

创建"全国城市物业管理优秀示范大厦",是创建写字楼品牌和物业管理品牌的最佳途径,也是提高写字楼经营管理和物业管理服务效益的有效措施。因此,写字楼的物业管理要与《全国物业管理示范大厦标准及评分细则》的要求相结合,以创建"全国城市物业管理优秀示范大厦"为目标,从各方面加强管理,不断提高管理服务水平。

(二)写字楼物业管理要求

1. 写字楼管理高起点、高要求

现代写字楼规模大、功能多等特点对管理方面提高了难度和要求。另外,写字楼具有收益性物业的特性,只有高质量、高效率的管理与服务才能赢得客户,获得良好稳定的收益。如果说建筑设备是写字楼经营的硬件,那么物业管理就是其软件。优良的物业管理不仅可以使写字楼保值、增值,还会提高写字楼的档次,获得较高的出租率。因此,写字楼的管理必须有高标准的管理要求、高技术的管理手段、高素质的员工队伍。

2. 加强治安防范,特别重视消防管理

虽然写字楼人口集中,便于管理,但是写字楼的安全保卫工作依旧很重要,它不仅涉及国家、企业、个人财产安全及个人人身安全，还涉及大量的行业、商业秘密，而且写字楼一般办公时间开放，人员流动大，给安全保卫工作造成一定难度。

写字楼设备复杂，垂直通道多，装修量大，易燃材料多，加之高层建筑水平风速大和易受雷击，所以火灾隐患多。如高层建筑发生火灾不易扑救，后果难以想象。因此，在物业管理中要加强安全消防管理。

3. 对写字楼的清洁保养要求特别高

环境的整洁与否直接体现了物业管理水平，关乎写字楼的品牌形象，因此，物业服务企业也应引起重视。整洁的环境不仅是人身体健康的需要，还能使人赏心悦目，提高工作效率；其次，清洁也是对建筑设备进行维护保养的需要，在延长其使用寿命方面具有重要的作用。

4. 利用现代高科技，提高管理服务水平

高档写字楼，特别是智能化写字楼，设备设施都很先进，如装有中央空调系统、楼宇自控设备、高档电梯、火灾自动报警系统、保安监控系统、办公自动化系统等。因此，写字楼的物业服务企业从业人员应具备与之相适应的专业技术知识，才能有效使用相应设备，担负起管理和维护这些设备系统的责任，才能指导客户正确地使用这些设备，避免因不正常的使用操作而导致设备的提前损坏。同时，将这些高科技设备与专业技术引入高档写字楼，可以提高物业服务企业的管理服务水平，体现企业良好的品牌形象。

四、写字楼物业管理的内容

(一)前期准备工作

1. 写字楼物业管理的委托签约

(1)物业服务企业应实地考察物业现状，了解写字楼的建筑结构、施工质量、单项工程和整体工程竣工验收情况、设备安装情况等。

(2)了解投资者的投资意向。

(3)对写字楼市场进行调研分析，预测该写字楼的经营收益。

(4)与委托方(投资者或业主)签订《物业服务委托合同》，明确责、权、利关系，并制定管理规约或用户公约。

2. 做好写字楼管理的服务规划和准备工作

(1)通过对写字楼特点及周边环境的了解，制定出争创"全国城市物业管理优秀示范大厦"的规划和具体的实施方案，并加以细化，落实到各职能部门。

(2)根据写字楼的具体情况，制定《物业管理服务公约》，科学计算写字楼各业主和租户所占的管理份额，使各业主和租户公平合理地负担物业管理费及专项维修资金。

(3)确定物业管理方案并选择合理的管理方式，维护写字楼建筑及其配套设备设施与周围环境，为各业主和租户提供安心、舒心、放心的工作和生活环境。

(4)草拟写字楼各项管理制度、服务质量标准、各工作岗位考核标准、奖金办法等。

(二)写字楼日常管理

1. 设备管理

写字楼的设备先进，智能化程度高，对维修养护和使用管理的要求较高，因此，设备设施使用管理及维修养护是写字楼物业管理的一项重要内容。为了保证各项设备设施能够正常运行，延长其使用年限，应制定严格的设备设施使用、养护和维修制度，做好日常养护、检修工作。

(1)水电设施。水电设施是写字楼的基础设施，也是重要设施，必须实行 24 h 值班监控，供水供电要有应急措施。供电系统关系到写字楼的安全用电和其他设备设施的正常运行，必须按规定进行检查维护，发现问题及时检修，应急发电率须达到100％。

(2)空调系统。写字楼一般都采用半集中式空调系统，有专用机房，该系统是保证写字楼办公环境舒适宜人的重要条件，也应实行 24 h 值班监控。

(3)电梯。应注重电梯的保养与维护，保证电梯运转正常。在上下班人员比较集中的时候，必须保证电梯运行无阻。

(4)消防系统。应特别重视写字楼消防设备和管网的管理，定期检查、试验，保证管网处于完好状态，紧急情况下能及时投入使用。

2. 安全管理

(1)治安管理的主要任务。

1)门卫工作。着装整齐，维持大门口秩序，疏导交通车辆，为客人拉门、指引楼内方位及提送行李等，同时应注意进出的可疑分子，做好保卫防范工作。

2)安全巡检。随时对大楼内外各个部位进行巡视检查，发现不安全因素应及时解决。

3)控制室值班。完善监控系统，在主要入口处、电梯内、贵重物品存放处等易发生事故的区域或重点部位安装监视器，发现异常及时采取措施。

4)停车场管理。疏导车辆进出，检查停车证件，收取临时停车费，进行停车场消防和安全管理。

(2)消防安全管理。

1)配备必要的消防设备设施，建立消防管理档案，并加强对消防设备设施的巡查养护，消除隐患，一旦出现消防事故能迅速处理。

2)明确防火责任人，设立专职消防人员。消防人员应熟悉消防的基本知识，掌握防火、救火的基本技能。

3)组织写字楼内的业主和租户定期进行消防演习，与由保安人员组成的专职消防队一起确保写字楼的消防安全。

(3)车库及车辆管理。

1)做好楼前停车场及地下车库的管理。

2)加强对进出车辆的引导服务和停车泊位的管理。

3)及时疏导往来车辆，使出入写字楼的车辆井然有序，确保车辆及行人的安全。

3. 清洁管理

写字楼的卫生清洁标准要高于其他类型物业。由于写字楼装饰材料的特殊性，如地面和墙面常采用大理石、花岗石、木质地板或地毯，在清洁的时候需要用不同的清洁剂，并使用相应的机械洗刷、打蜡、抛光，因此，其清洁工作的专业化程度非常高。

物业服务企业要规范员工的清扫保洁行为，制定完善的写字楼清洁卫生管理细则，明确需要清洁的部位所需清洁的次数、时间、标准，并由专人负责检查、监督。在指定地点设垃圾箱、果皮箱、垃圾中转站等保洁设备。写字楼的清洁项目主要包括：

（1）大堂保洁。大堂是写字楼的进出口，是代表写字楼整体形象的重要区域，人流量比其他区域多，使用率最高，因此，大堂的清洁保养十分重要。大堂最容易被脏污的部位就是地面，需要定时巡回清洁，以确保地面经常处于清洁状态。地面打蜡是最重要的清洁保养手段，它可以使地面光亮并减轻磨损，尤其是大理石表面坚硬度不如花岗石，极易磨损，通常情况下应一到两个月保养一次，并每周抛光一次。

（2）公共洗手间的清洁。洗手间是写字楼内使用最频繁、最易脏污的部位，因此，需要按照操作规程随时清洁，并注意通风，保持空气清新。清洁工作主要包括：垃圾的清倒；地面及便池的冲洗；云台、面盆的擦洗；墙壁、门窗的擦拭；喷洒除臭剂，定期消毒；补充洗手液、手纸等。

（3）玻璃清洁。玻璃是高档写字楼不可缺少的装饰材料，因此，玻璃清洁也成为清洁工作一个很重要的方面。传统的玻璃清洁方法是用抹布擦，不仅费时而且效果不理想。目前多用刮窗器进行玻璃清洁，速度快，效果又好。通常情况下大堂玻璃等每月要大擦一或两次，如果雨后玻璃被脏污应及时补做。

（4）外墙清洁。写字楼外墙表面很容易附着灰尘，经日晒雨淋，表面污迹遍布，极不雅观。另外，由于环境污染，城市上空充满各种废气和带有酸性或碱性的微粒，这些物质附在写字楼外墙表面，如果不及时清洗，时间久了外墙表面就会被腐蚀。为了保持写字楼的整洁、美观及物业价值，应定期对外墙进行清洗。

（5）其他清洁项目。其他清洁项目主要包括：空调机房、变电房及楼房的配电室清洁；电梯清洁保养；消防系统及其设备的清洁；供水、排水、泵房系统及其设备的清洁；公共照明设备的清洁；写字楼外围区域的清洁等。

4. 绿化管理

写字楼内摆放适当的花卉和绿色观赏植物，既可增加美感、净化环境，又给人以赏心悦目的感觉。

写字楼因其着重综合使用的实效和建筑方面的限制，所以，可绿化区域的面积较小，室内阳光照射不很充足。尤其是对于高层楼宇，花卉摆放过于分散，分布的区域又大，只能借助人工浇水养育，给绿化工作带来种种困难。为了较好解决这一问题，就必须充分利用写字楼范围内的有限场地，采取水平绿化和垂直绿化相结合的方法，在拥挤的建筑空间插入一片片新绿。

第三节 商场物业管理

一、商场物业概述

(一)商场物业的含义

商场物业是指建设规划中必须用于商业性质的房地产,它是城市整体规划建筑中的一种重要功能组成部分,其直接的功用是为消费者提供购物场所。其中,公共性商业楼宇是因商业发展而兴起的一种新的房地产类型,一般会有很多独立的商家从事经营,各行各业的经营服务都有,范围远远超过零售商店。它不仅包括零售商店,而且包括银行、餐饮等各种服务性行业和各种娱乐场所。

(二)商场物业的类型

商场物业一般可根据建筑结构、建筑功能和物业档次进行分类,具体见表8-1。

表8-1 商场物业的类型

分类方式	内容
按建筑结构分	(1)敞开型商场物业。商品摆放在无阻拦的货架上,由顾客直接挑选、取货的商场物业,如各类超市、广州的海印电器城等都属此类 (2)封闭型商场物业。顾客购物时不能进入柜台里面直接挑选商品,而是由售货员拿商品给顾客挑选的商场物业,如上海的友谊商城、王府井百货等
按建筑功能分	(1)综合型。其包括购物区、娱乐区、健身房、保龄球场、餐饮店、影剧院、银行分支机构等 (2)商住混合型。即低楼层部位是商业场所、批发部等,高楼层为办公室、会议室、住宅等
按物业档次分	(1)经济型商业物业。出售大众化商品、装修较为普通的商业物业,且经营成本低 (2)豪华型商业物业。包括大型商场、高级商场乃至著名的专卖店,出售的多是高档商品。其建筑也独具风格。设备设施齐全而又先进,装修、装饰豪华,还有彩电监控、紧急报警开关、消防自动报警系统、收款联网系统、中央空调系统、客货分用电梯、停车场等

(三)商场物业的特点

1. 规模、功能合理化

随着商业现代化水平的不断提高,商场物业和人们生产、生活的关系日趋密切,人们要求商场物业的规划建设应更加合理化、科学化。所谓规划设计的合理,就是合经济规律之理,合经济发展之理,合提高效益之理。商业场所建设要根据周围及辐射地区人口、交通、购买力、消费结构、人口素质、文化背景等与商业发展有关的环境特点及商业场所状况，因地制宜地规划设计方案，规模宜大则大，宜小则小；功能宜多则多，宜少则少；档次宜高则高，宜低则低。这样，从实际情况出发，按照不同商业服务门槛分级设置，形成一个商业建筑体系。

2. 选址和规模考虑不同层次人群的消费需求

商场的选址和规模应满足不同层次人群的消费需要，要依据城市人口数量、密集程度、顾客多少规划，分散与集中兼备。在大城市定居和经常性的流动人口越多、越密集，居民消费水平越高，所需的商场物业及物业设施也就越多、越齐全，对其档次上的要求也越高。因此，大型商场物业一般选在市中心或区域中心人口密集、流动量大的繁华地段，有的可以集中在一起建成商业街、食品街或购物中心等。

3. 建筑结构新颖独特

伴随经济的快速发展，人们的生活水平不断提高，其消费习惯也在发生质的改变，希望在舒适、高雅、方便、布置富丽堂皇的环境中无拘无束地购物，追求购物的享受和乐趣。为此，公共商业场所在设计方面务求新颖、奇特、别致，突出商业场所的个性化及地区特色，给顾客留下深刻的印象，进出口处要有鲜明的标志，有些商业场所还配置喷泉、瀑布、阳光走廊等。铺位组合大中小、高中低档应有尽有，均采用优质上等的装饰材料和设备，颜色搭配应协调，布局比例恰到好处，令人赏心悦目，流连忘返。

4. 客流量大、车辆多、管理工作复杂

商场是面向公众的经营性购物场所，每天要接纳成千上万，甚至更多的顾客，人员构成复杂、素质参差不齐，这给商场的物业管理工作带来了一定难度。同时，来商场的顾客中，有开车的，也有骑车的，大量的机动车和非机动车给商场周边的交通管理和停车场管理增加了压力。

二、商场物业管理的要求

商场依靠形体环境显示企业实力，增大知名度，扩大影响力和吸引顾客。物业服务企业要认真做好宣传广告活动，扩大商业场所的知名度和影响力，树立良好的商业企业形象和声誉，以吸引更多的消费者前去购物。其物业管理要求具体有以下四个方面。

1. 树立商场的良好形象

商场一般都沿街建造，对市容有很大的影响。既要符合社会的实用要求，又要符合社会的美学要求。因此，物业服务企业在对商场实施物业管理时，要从精干高效的员工队伍形象、严明和谐的管理形象、真诚优质的服务形象、优美整洁的环境形象这四个方面做起，树立商场良好的企业形象和声誉。

2. 保障商场的安全

一些大型的商业区、商住区，建筑物类型复杂、楼层高、楼幢多、功能各异、建筑面积大、进出口多，而且物业区内公司多、商场多，造成人流量大、人员复杂。这些均给制定和落实安全措施带来一定困难。尤其是敞开式的商场堆满了商品，就更容易发生偷盗事件。因此，物业服务企业应通过完善的技防和人防措施,最大限度地保证业主和使用人、顾客的利益,保证他们的安全。在防盗的同时注意策略,方法得当,保证顾客安全、放心地购物消费。

由于商场内部人员流动性大、商品众多,许多商品属于易燃易爆物品,因此,商场的消防安全管理工作就显得尤为重要。物业服务企业应做好消防设备设施的日常维护保养工作,同时制定完善的应急预案。通过各项管理制度的切实执行,保证商场内各消防通道的畅通,一旦出现紧急情况能立即将顾客疏散。

3. 提供便利的购物环境

为了提高商场的经济效益,物业服务企业应给前来休闲、购物的顾客提供一个便利的购物环境,派专人负责往来车辆的泊车和疏导工作,以保证顾客出行方便。同时,应保持商业物业内部各种引导、提示标识的鲜明及完整性,并经常进行巡视检查,如有损坏应及时更新,如有变化应及时更换。

4. 保证设备设施的正常运行

任何一种设备设施的故障都会给销售者和顾客带来不便,甚至会带来巨大混乱,造成不安全因素,因此,物业服务企业要确保设备设施的正常运行。

三、商场物业管理的内容

(一)设备设施管理

建筑物及附属设备设施管理是商场物业管理的一项非常重要的基础性工作,如果其维修管理工作没能做到位,将直接影响到商场的正常营业,并使业主及租户的经济利益受损。同时,其日常维护管理也不同于住宅类物业,商场物业的使用人不像业主那样关注物业硬件设施设备的维护工作,因此,物业服务企业从业人员不能坐等报修,要主动到现场巡查。

(二)安全管理

1. 安全保卫管理

公共商业楼宇面积大、商品多、客流量大,容易发生安全问题。因此,安全保卫管理要坚持 24 h 值班巡逻,并要安排便衣保卫人员在场内巡逻。商场晚上关门时,要进行严格的清场。同时在硬件上要配套,要安装电视监控器及红外线报警器等报警监控装置,对商场进行全方位的监控,为顾客购物提供安全、放心的环境,确保商场的货品不被偷盗。

2. 消防安全管理

大型商业场所的客流量非常大,各种商品摆放较密集,而且物品种类多,这些都给商业场所的消防管理工作带来较大困难。所以,商业场所的消防管理工作主要应从以下六个方面展开:

(1)制定严密的消防制度,把消防安全提高到一个更高的水平和层次,让火灾发生的可能性降为最低。

(2)在物业服务企业的内部组建一支素质高、责任心强、专业技术过硬、经验丰富的专业消防队伍，并在商场所有租户群体中成立一支义务消防队。同时，通过宣传、培训，使租户提高消防意识，熟悉消防知识，掌握使用消防器材的方法。

(3)定时定期对消防龙头、灭火器等消防设备设施进行检查维护，确保消防设备设施能随时启用。

(4)针对商场的特点，完善各种消防标识配置，如避难指示图、各出入口指示、灭火器材的存放位置、标识等。同时，一定要保持标识的完整、清晰、鲜明。

(5)保持消防通道的畅通和安全门的使用便捷，以便发生火灾时能及时疏散人群。

(6)制定商场消防预案，对物业服务企业从业人员及租户进行培训。确保在紧急情况下能组织灭火，疏散人员，以保证人身、财产安全。

3. 车辆管理

大型商业场所的车辆来往频繁、停留时间较短，停车是否方便、交通是否便利直接关系到商业场所的经济效益，所以，物业服务企业对来往车辆的疏导管理是商业场所物业管理工作的重要组成部分。

(三)环境保洁与绿化管理

随着生活水平的提高，人们对商业场所环境的要求也越来越高。因此，搞好商业场所内外的绿化和美化也是物业管理的重要工作内容。

大型商业场所客流量大，产生垃圾、杂物自然会多。商业场所保洁工作任务繁重，困难较大。

(四)装修管理

商场物业的装修十分频繁。一般情况下，新商户在入住商场时都要进行铺面装修。因此，物业服务企业应对各承租商户造成的装修进行严格的管理，以确保设备设施的正常运行，把装修对其他商户造成的影响降到最低，保持商场的良好形象。

(五)广告管理

商场广告既多且杂，常常出现广告无序有碍整体环境的情况，有的广告甚至违反广告法规定，因此必须对广告进行管理。

(1)市场内部广告应由物业管理公司委托专业广告设计人员按照商场整体布局设计。承租户广告需就其式样、颜色等项由物业管理公司审核，做到管理有序。一般不设置户外广告，如果属于商场整体促销广告也应注意整体性和形象性。

(2)橱窗展示宣传，应做到橱窗玻璃洁净，灯光明亮，开关及时，陈列物品整洁有序。

(六)租赁管理

与其他物业不同，商场物业服务企业不仅要保持物业高出租率，以维持自己的经营收入，而且要关心、帮助承租各个店铺的客户，增加店铺的营业额。增加营业额的方法是要尽可能增加商场的人流。为此，物业服务企业要为商场树立形象，经常组织各类促销活动，同时应树立鲜明、有特色的商场形象，以特色的商业标志、商品、服务和特殊的营销策略吸引顾客，并且在管理中要不断突出这些特色，以留住老顾客，吸引新顾客，形成稳定的客流，建立起良好的商业品牌形象。

第四节　工业区物业管理

一、工业区概述

(一)工业区的构成

工业区是按照政府统一规划、统一建设，达到一定规模，供水、供电、交通、通信等各项配套设施齐全，适合生产企业集中进行工业生产及经营活动的区域。生产企业单位以工业区为生产基地，开展产品的开发研制、生产制造、加工及组装等经营活动。工业区主要由工业厂房和各种原材料库房、成品库房组成。此外，工业区内还有一定的办公楼宇、生活用房、服务设施及配套的公共设施和相关场地，如变电站、污水处理站、停车场、道路、绿化带等。

(二)工业区的类型

工业区是工业项目集中的地方，根据工业项目对环境的不同影响可以分为无污染工业区、轻污染工业区、一般工业区和特殊工业区。

(1)无污染工业区。进入园区的工业项目对空气、水均不产生污染，并且无气味、无噪声污染。

(2)轻污染工业区。进入园区的工业项目不产生有毒、有害物质，不产生废水、废渣，噪声污染小，无燃煤、燃油锅炉等设施。

(3)一般工业区。进入园区的工业项目一般会对周边环境产生一定污染，因此，必须设置防治污染的设备设施。

(4)特殊工业区。进入园区的工业项目因大量使用有毒、有害的化学品或其他材料，因此，必须设置完善、严格的防治污染的设备设施。

另外，根据生产企业所经营工业项目的类别不同，工业区又可以分为高科技工业区、家电工业区、纺织工业区、化学工业区、汽车工业区等。

(三)工业区的特点

1. 规划区域大

工业区一般由当地政府统一规划、统一建设、统一管理，规划占地面积较大，从几平方千米到几十平方千米不等，一般由若干幢厂房及配套用房组成。从使用功能上划分，工业区划分为生产区、仓储区、共用设施区、职工宿舍区、绿化带等区域。

2. 工业厂房建筑结构独特

工业厂房建筑结构不同于住宅、写字楼、商场等建筑，在设计及建筑施工时，既要考虑设备的体积，还要考虑设备的荷载以及运行时产生的振动，同时，还应避免产生工业污染。因此，工业厂房通常采用框架结构、大开间的建筑形式，室内净空较高，采光和通风条件较好，房屋抗震动、耐腐蚀能力和楼地面承载能力较强。同时，根据其生产的产品不同，采用单层或多层厂房。

3. 基础设施配套要求高

企业正常生产和科研开发需要充足的水、电、气、通信等方面的供应，工业区一般建有高负荷的大型变电站和处理能力强的污水处理厂，邮电、通信设施齐全，实现光缆传输数字化，交换数控化，以满足区内企业的生产要求。

4. 环境易污染

工业区的生产企业在生产时一般都会对周围环境产生污染。常见的污染类型主要包括以下五种：

(1)工业废气污染。造成工业废气污染的因素有燃煤排放的二氧化硫气体，机动车排放的尾气，工厂内排放的化学烟尘和粉尘，经强紫外线照射形成的光学烟雾污染等。

(2)工业废水污染。工业废水中含有大量有毒、有害物质，进入地下、水体后易对土壤、水体造成污染。

(3)固体废弃物污染。主要是指人们在生产生活中扔弃的固态物质。

(4)噪声污染。工业企业造成的噪声污染主要包括生产噪声和交通噪声等。生产噪声如冲压、锻造、蜂窝煤加工点的噪声，建筑工地上机器的轰鸣声等；交通噪声主要是指机动车运行时所产生的噪声。

(5)电磁波污染。工业区的生产企业使用动力电且用电量较大时，有些设备在使用的过程中会产生大量电磁波。

二、工业区物业管理的特点

(1)生产用房的管理是工业物业管理的重点。工业物业一般以生产用房为主，辅以办公用房、生活用房和各种服务设施，如银行、邮局、餐饮、娱乐场所等。一般生产用房或出租或出售，由不同的企业使用。由于各生产企业都有其特殊的行业特点，专业性很强，因此，要求管理者要了解不同行业的有关知识，有针对性地制定具有权威性和约束力的管理规定，统一规范和协调各企业的生产经营行为，维护辖区内正常的生产经营秩序。

(2)辅助配套的管理工作多样复杂。工业生产离不开辅助配套设施，有些企业又是24 h连续生产，与之相配套的辅助部门也要进行相应的安排，如门卫、餐厅、浴室、动力供应和仓储运输等，以保证一线生产的正常进行；对有毒有害和易燃易爆危险品的仓储运输，以及"三废"的排放处理要有严格的管理办法和监督措施；为防止超负荷使用动力，要组织协调，制定限额使用的规定等。

(3)险情的出现难以预料。工业物业因使用不当和使用频繁，造成房屋损耗，以至带来结构的变化。例如，笨重的机器和存量过多的货物，使质量超过楼面结构的负荷；机器开动造成振动,房屋损耗严重;电梯高频率地使用,由于超负荷运转而易损坏,使保养费增高。

(4)清洁工作难度较大。工业物业由于使用功能的特殊性,生产用房往往难以保持清洁。如厂房内机器的油污容易弄脏走廊等地方,生产过程中排放的有害气体、尘埃等要花费大量的人力、物力、财力来清除,给环境卫生和环境保护带来了困难。

(5)治安保卫和消防工作要求高。很多生产企业是高科技型的,生产高精尖产品,从原材料到产出品不仅价格昂贵,而且技术保密性强,因此必须加强安全防范措施,从内到外,建立一套有效的制度。作为生产企业,会使用和接触一些危险品,如管理不善,则可能发生火灾爆炸事故。消防工作应坚持"预防为主"的方针,配备足够的消防设施和器材,24 h 专职消防人员值班,严防火灾的发生。

(6)需提供多方位的社会化服务。工业物业除需加强生产用房的管理外,其他类型的房屋,如办公楼宇、住宅等的管理也不容忽视。物业管理单位除负责一般共同设备、公用设施、环境的清洁、园区的安全、庭院绿化等常规性工作外,还可以经营餐厅、浴室、医务室、自选商场以及小百货等配套服务。一方面可为用户提供方便,解决后顾之忧;另一方面可以增加经营收入,提升自己的经济实力和企业形象。

三、工业区物业管理的要求

1. 制定严格的管理制度,保证其实施

工业厂房由生产车间组成,是用来生产产品的建筑物,直接关系到产品的质量。仓库是用来储存和保管成品和原材料的建筑物,关系到产品的完损和安全。所以,必须制定严格的管理制度,如各种厂房、库房的使用管理规定,产品和原材料的出厂、入库管理制度等。同时,需要建立严格的监督检查机制,以保证各项规章制度的有效实施。

2. 严格要求安全保卫和消防工作

工业原材料的防盗和防火工作是工业区物业管理的重要内容。尤其是高科技型的生产企业,它们生产的是高、精、尖产品,从原材料到半成品、成品,不仅价格昂贵,而且技术保密性强,一旦丢失或损坏,会给企业带来巨大的损失,生产也无法顺利进行。因此,对各种成品、半成品、原材料的库房存放,要采取严格的管理措施。

同时,作为生产企业,经常会使用和接触一些危险品,如果管理不善,则容易发生火灾和爆炸事故。因此,物业服务企业要做好危险品的管理工作,定期检查,消除安全隐患。

3. 保证道路畅通,绿化有序

工业区是企业的生产基地,区内的交通是否畅通,关系到原材料是否能够顺利到达生产岗位,同时关系到生产出的产品能否及时地运出。因此,工业区内的货物存放和装卸必须在指定区域的范围内进行,不得妨碍工业区内的交通。

工业区内合理与良好的绿化可以为工作、生活在工业区内的人们提供一个优美的环境,能够使人心情舒畅,减少工伤事故的发生。

4. 重点设备设施必须维护到位

工业生产离不开水、电的供应，工业区内水、电的正常供应是保证工业区内生产工作正常进行的前提。因此，物业服务企业要对水、电供应设备进行有计划的检修保养，保证其性能。电梯是工业厂房和仓库建筑物内的垂直运输工具。电梯发生故障会使产品或原材料无法按时到达各个工位，妨碍生产的有序进行。各种管网为工业区的生产提供能源，同时将生产带来的废水排到指定地点。所有设备设施均应按时、按计划地进行养护，出现故障及时抢修，以保证工业区生产的顺利进行。

四、工业区物业管理的实施

(一)前期准备工作

工业区物业管理的前期准备工作主要是制定工业区《物业管理公约》和严格的管理制度两方面内容。

1. 制定工业区《物业管理公约》

工业区《物业管理公约》是工业区管理委员会或工业区业主委员会与物业服务企业根据工业区物业的具体情况以及物业管理的服务要求，共同制定的只适用于工业区范围内的公共契约。《物业管理公约》是工业区内所有业主、用户必须遵守的规章制度和行为规范，其主要内容是约定双方在物业使用、维修、养护等方面的责、权、利关系。

2. 制定严格的管理制度

工业区内包括工业厂房、库房、办公楼、生活用地、住宅区等附属场地，管理范围大。同时，工业区的设备设施种类繁多、专业性强。因此，物业服务企业必须对这些情况了如指掌，并根据具体情况，制定严格的管理制度，如安全保卫制度、消防制度等。

(二)工业区物业管理内容

1. 工业厂房和仓库内部管理

各生产企业根据生产需要，对厂房和仓库进行分割改造和内部安装，拆卸机器设备时，不可对建筑的主体结构、楼地面结构等造成损害，其楼面堆放的载荷不允许超过设计允许的范围。施工前应与管理者联系，并提供图纸，经有关部门会签后方可施工。通用厂房和仓库的公共区域应在工业区的管理公约中明确规定，任何企业不能以任何形式占用，确保发生特殊情况时货物和人员能够顺利疏散。

为确保厂房和仓库及附属建筑物群体协调美观，给水排水及道路畅通，满足消防安全规程及生产人员安全要求，各企业不得在红线范围内的地基上或屋面、外墙、技术层搭建和安装设备。若要在外墙或屋顶设置企业标志和广告，应事先向管理者申请，经协调批准后方可实施。

2. 共用设备设施管理

工业区物业的设备设施大体可分为工业区生产专用设施设备、工业区生活共用设施设备以及工业区物业附属设施设备三大类。其中，工业区生产专用设施设备，如钢铁厂的炼钢炉、机械加工厂的各类机床等，其管理的专业性强，由生产企业自行管理；工业区生活共用设施设备以及工业区物业附属设施设备，如供水、供电、供气、供暖、通信等，可委托物业服务企业加以管理。物业服务企业要制定设备设施的使用、维修、保养制度，保证其正常运行。针对工业区物业的特点，物业服务企业应注意做好以下四点：

(1)工业区内各种地下管线的管理。工业区内的公共地下管线包括热力管线(蒸汽管线、热水管线)、自来水管线、燃气管线、雨水管线、生活污水管线、生产废水(废液)管线、电力管线等。物业服务企业应配合相关市政部门，定期对这些公共管线进行检查、测试及维护，确保这些管线的正常使用。同时，应在管线经过的上方设置明显的标识，以防止因重载车辆的碾压或施工对管线造成意外的损坏。

(2)工业区内公共照明设施的管理。工业区内公共照明设施的损坏，将会对工业区内工作人员的工作、生活造成不便，同时也给工业区内安全防范工作带来一定的影响。因此，物业服务企业应定时、定期地对工业区内的公共照明设施进行巡查、维修和养护，发现问题及时修复，保证工业区内公共照明设施的正常使用。

(3)工业区内公共道路的管理。工业区内公共道路是运送成品和原材料的通道，任何企业不应随意占用或用以储存、堆放原材料和其他物品。同时，作为负责工业区内管理工作的物业服务企业，应定期对道路路面加以维护，保持路面平整及完好，以方便工业区内车辆的通行和各企业的正常使用。

(4)工业区内公共标识的管理。工业区内公共标识为进入区内的车辆和人员起到了引导和警示作用，维护工业区内各种公共标识的完好是物业服务企业的工作内容之一。物业服务企业应经常、定期地对其进行清洗、维护及核对，及时修复或更换破损及内容需调整的标识。

3. 工业区环境管理

(1)工业区环境污染的防治。为了防治工业区的环境污染，物业服务企业应要求工业区内所有企业遵守以下环境污染防治的基本要求。

1)水污染的防治要求。

①工业区内无处理生活污水条件的，必须将污水排入公共污水管道，进入市政污水处理厂集中治理。区内所有工业废水都须达到或经过预处理后达到市政污水处理厂的污水接纳标准后，才能排入公共污水管道，进入市政污水处理厂集中处理。在与公共污水管道相接前，应设计一个采样池，以便取样分析，没有达到市政污水处理厂接纳标准的工业废水需经过工厂预处理，达到市政污水处理厂接纳标准后，才能排放。

②严禁对工业废水进行稀释。厂内的污水处理系统必须设在有遮篷的建筑物内，从污水池里溢出的污染物必须能回收再处理，整个污水处理系统建筑物内的地面须涂有一层防化学品腐蚀的材料。

③工业生产区地面需设计雨水、污水分流渠道，如涉及酸、碱等化学物质，地面必须涂一层防化学品腐蚀的材料。

④清洗设备需设置在厂房内。如设置在厂房外，则必须设在有遮篷的冲洗槽里，所产生的

废水须集中，并经预处理后排入公共污水管道。

⑤装卸液体化学物品的场所和废料区须有遮篷，须设置防污设施，以防止废物因溢漏而排入雨水管道。同时，还须设置收集池，以收集溢漏污水。

⑥冷却塔内的废水须排入污水管道。

⑦由压缩机、发电机房排出的油和含油废水须经过撇油处理后才能排入公共污水管道。压缩机、发电机房所有出口都须设置防污设施，以防污水排入雨水管道。

⑧锅炉废水必须经过冷凝降温至45℃以下后排入公共污水管道，锅炉房的出口须设有防污设施，以防止污水流入雨水管道。

⑨所有用筒、罐等容器盛装的化学物品及油都应存放在建筑物内或有遮篷的专用存放处。存放处的地面须涂上一层防化学物腐蚀材料。存放处须备有防止泄漏和溢出的设施，不能有任何通道通向雨水管道或污水管道，所有的泄漏和溢出物(有毒工业废物)应全部收集处理。

2)空气污染的防治要求。

①园区内严禁在露天场地燃烧废弃木材或其他废料。

②对大气产生污染的工业或商业项目必须安装有效的污染防治设施。

③园区内的企业不得设置以煤炭为燃料的锅炉等设施，可以用燃气或燃油，但油的含硫量不得超过2%，在靠近住宅区5 m以内的范围使用的油含硫量不得超过1%。

④燃烧设施烟囱的高度、位置、直径都必须符合环保要求。

⑤同一地点建多个锅炉，烟囱应合并成一个。

⑥所有废气的排放均须达到国家环保部门规定的标准。

3)噪声污染的防治要求。易产生噪声污染的建设项目，须合理布局，采取消声、减振等措施，以确保噪声达到国家环保部门规定的排放标准。

4)固体废弃物污染的防治要求。工业区内不得建造露天的垃圾箱，建筑物内的垃圾箱要便于垃圾的运出，一般工业废渣不得任意丢弃，废渣堆放场所要有防止扬散、流失的措施，以防止对大气、水体、土壤的污染；对含汞、镉、铬、铅、氰化物、黄磷及其他可溶性剧毒废料以及其他易污染环境的工业废渣必须专设具有防水、防渗措施的存放场所，禁止埋入地下或排入地下水体或污水管道，必须经过特殊处理；工业废渣的存放及处理，需报有关部门审批。

另外，物业服务企业应建立垃圾分类收集系统，做到及时送出或处理。有条件的，自己处理；没有条件的，应把垃圾送到城市垃圾处理中心集中处理。

5)电磁波污染的防治要求。易产生电磁波污染的项目必须采取屏蔽或抵消电磁波等措施，以确保电磁波达到国家环保部门规定的排放标准。

(2)环境绿化和保洁。工业区内的绿化能够净化空气、防尘、防噪声，起到改善工业区内部小气候的作用，并美化人们的工作、生活环境。为确保文明生产和绿化环境，无论购买或租赁厂房和仓库面积多少，均不得占用园林绿地。工业区环境的清洁绿化应做到以下六点：

1)一般工业区的公共场所必须设置卫生桶、卫生箱和垃圾收集站等。

2)物业服务企业要合理地配备保洁员，并对工业区的物业管理区域实行全天保洁。

3)道路应天天清扫、洒水，制定纠正不良卫生习惯的措施。

4)及时对垃圾进行清理，保洁员实行按分配区分片包干，责任明确。

5)可根据工业区的生产特点种植一些能排除工厂异味和废气的植物，为区内职工及住户提供一个优美的环境，从而让工人工作时精神饱满、心情舒畅，减少工伤事故的发生。

6)加强职工及住户文明意识和自觉遵守规章制度的观念，努力建设和睦共处、互帮互助的生活环境以及温馨文明、轻松有序的办公环境等。

4. 工业区安全管理

(1)安全保卫服务。工业区内地域广，建筑物类型繁多、功能各异，生产单位连续作业，生产产品数量大，人员、车辆繁杂，生活区同生产区混杂。此外，各生产企业有各自不同类型的管理方法，物业服务企业不可能过多干预，只能同各生产企业及生活区的管理单位密切合作。

物业服务企业应根据工业区的规模和保安工作量的大小，配备相应的保安人员。采取重点保安与一般保安相区别的方式，对重点部门和相对集中的区域要实行 24 h 巡逻，在财务室、仓库等重点部位要安装报警装置和监控装置。

(2)消防管理。工业区的消防管理往往容易被各生产企业所忽视，导致许多工厂火灾事故的发生。物业服务企业必须加强辖区内的消防安全管理，防止火灾的发生，为区内生产企业和职工提供安全保障。消防管理的方针是"预防为主，防治结合"，要求把预防火灾放在首位，从人力、物力、财力、技术等方面做好火灾的预防工作，确保工业区物质和人员的安全。

(3)车辆管理。物业服务企业要在物业管理区域内按照统一规划、统筹安排、方便使用、便于管理、确保安全和有偿使用的原则，建立健全车辆管理制度，将机动车和非机动车分成若干个停车场，并设专人进行管理，确保车辆完好无损。依照国际惯例，物业服务企业应与车主签订车辆停放管理合同协议，明确双方责任，对工业区内的车辆统一管理，对外来车辆也应做相应规定。

五、工业区物业管理的原则

工业区物业以生产用房为主，但也有与之相配套的办公用房、生活用房和各种服务设施。所以，在管理方面，它既有与办公楼宇、居住用房相同之处，也有不同的地方。工业区物业管理，应遵循以下原则：

(1)统一管理与独立管理相结合的原则。工业区物业区域内，往往由一个统一的物业管理机构负责区域内治安保卫、清洁卫生、庭院绿化、消防安全、设备维修保养日常管理工作。但是，工业区物业往往集生产用房、办公用房、生活用房、商业用房于一体，而且因权属不同而各异，必然给物业的统一管理带来困难。因此，工业区物业的管理应遵循统一管理与独立管理相结合的原则。所谓"统一管理"，就是在整个区域内有一个管理机构，负责区域内公共部位的各种管理工作，协调各业主及使用人的关系。所谓"独立管理"，就是在各类用房中，有独立的管理机构，即使在同一类型的房屋中，也可能有不同的管理机构；如生产用房，各生产单位可能有相对独立的区域或楼宇，因此，须有自己内部的管理机构，内部管理机构除尽职尽责管理好辖区的事务外，应协助整个工业区物业区域内的统一管理机构做好各项工作。

(2)专业管理与自治管理相结合的原则。工业区物业或出售或出租，因此可以像居住物业那样，成立业主委员会。业主委员会对区域内重大问题做出决策，并有权选聘物业服务企业对物业进行统一的管理。作为专业管理机构，物业服务企业的水平影响着工业区物业的生产环境、工作环境和居住环境，影响着物业的保值和增值。遵循"专业管理与自治管理相结合"的原则，按照业主的要求和标准实施专业管理，有助于提高生产效率。

(3)物业管理与经营服务相结合的原则。工业区物业一般建在城市的远郊，远离大城市，生活有诸多不便之处。因而物业区域内建造了生活用房、商业用房。尽管如此，一个工业物业区域比一般居住小区要大，要满足不同业主和使用人的要求，势必还要有一定的经营服务。物业服务企业在实施管理时，应客户之所急，提供各类经营性服务，做好广大业主和使用人的"后勤部队"。

第五节 智能住宅小区物业管理

一、智能住宅小区的概念

所谓智能住宅小区，就是利用4C(即计算机、通信与网络、自控、IC卡)技术，通过有效的传输网络，建立一个由住宅小区综合物业服务中心和安防系统、信息服务系统、物业管理系统以及家居智能化组成的"三位一体"住宅小区服务和管理集成系统的住宅小区。

随着智能化技术从大厦走向住宅小区，智能住宅小区的内涵也在不断地丰富和完善。网络通信技术所带来的应用前景是不可限量的，而且普及应用的速度和网络技术本身的发展速度也是无法预测的。随着智能住宅小区市场的火爆，系统集成商和开发公司也纷纷把精力转移到住宅小区产品的开发商来，住宅小区产品实现的功能一般都是实现"安防监控""门禁管理""计算机网络""家庭安防报警""三表出户""现代通信""有线电视""设备监控""小区一卡通""计算机物业管理"等方面的功能。小区智能化的物业管理以"高效、周到、系统"为目标，最终服务居民。居住小区智能化和建筑设计的初衷融汇一体，达到统一。

二、智能住宅小区的特点

1. 高度的安全性

智能住宅小区系统中最重要的就是安防系统，它包括以下五个方面的内容：

(1)楼宇对讲系统。它是一种可实现住户与管理中心、住户与住户、来访者与住户直接通话的快捷通行方式，可方便小区内住户之间的信息流通及与来访客人的交流，同时对于小区的警戒起到关键作用。

(2)出入口控制系统。该系统可对小区的车辆出入口、楼宇出入口进行监视和控制。一般小区住户与物业服务人员及保安人员配备不同级别的IC智能卡,对小区居民出入小区进行刷卡管理,并提供信息登记与查询功能。

(3)电子巡更、周界报警系统。该系统是实现小区周边公共安全的主要手段,通常同闭路电视监控系统相配合,防止各种翻墙而入的犯罪活动,将罪犯拒之于小区围墙之外,为小区居民提供一个安全的生活环境。

(4)报警控制系统。该系统主要包括防火、防盗、防煤气泄漏等报警系统。小区报警控制系统通过电话线或专线可同110公安报警处理中心、119消防控制中心和120急救服务中心联网,实现三网合一,为用户提供一个安全无忧的家居生活环境。

(5)闭路电视监控系统。该系统运用了先进的传感器技术、监控摄像技术、通信技术、计算机技术等,组成一个多功能、全方位监控的高智能化的处理系统。闭路电视监控系统因其能给人最直接的视觉、听觉感受,以及对监控对象的可视性、实时性及客观性的记录,因而已成为当前安全防范领域的主要手段,主要应用于智能小区出入口、周界、车库及其他需要的公共场所。

2. 便利的综合社区信息服务

(1)远程智能抄表系统。该系统对纳入小区收费管理的收费项目进行电子收费管理(主要是指对电表、冷热水表、煤气表、热量表的自动抄表与收费),提供网上缴费及查询,对没有上网的住户提供电话查询或者到物业服务中心进行查询。

(2)小区停车场管理系统。小区停车场管理系统由出入读卡器、自动开门机、探测器、控制器等组成,管理人员可以在办公室的计算机上完成发卡、收卡及主库泊位数量自动设置、自动打印收据等功能。

(3)VOD视频点播系统。VOD视频点播系统是近年来兴起的新技术,它以高速局域网为基础,采用视频数据压缩和控制技术,为网络用户提供网络视频节目点播服务,实现了节目的按需收看和任意播放,为用户提供了极大的灵活性。

3. 家居智能化

家居智能化是通过家居智能管理系统的设施来实现家庭安全、舒适、信息交互与通信的能力。家居智能化系统由家庭安全防范(HS)、家庭设备自动化(HA)和家庭通信(HC)三个方面组成。

要建设住宅小区和实现家庭智能化,首先应该有很好的规划和设计,采用主流技术,从而选择性能价格比较高的产品。家庭智能化主流技术在系统性能方面应具有思考型的逻辑判断和人格化的语言能力,具备新一代智能型产品在人机交互方面的特征。

4. 物业管理职能信息化

物业服务企业应建立一个强大的数据库,客户可以通过互联网上的访问登录口,查询到和自己相关的信息,比如水电费、燃气费、物业服务费、维修资金、停车费、特约服务费,包括具体的水电度数等财务数据;在物业服务公司的网站上,可以提供使用方便的链接和生活小知识、小窍门,比如本市交通线路查询、通信话费查询、各种政府办事机构电话和与客户生活联系较为紧密的实用信息等。

三、智能住宅小区物业管理系统养护

1. 安防系统的日常养护管理

(1)电视监控子系统的日常养护管理。应保证该系统不间断电源的开启,每季一次检查双电源切换及接地保护;每月检查一次控制器件、操作键盘;每月检查一次监视器图像,显示器接线及监视器安装情况;监视摄像头的电源插座严禁使用其他负载;每季检查一次摄像机光圈、聚焦、后焦调整,室外电动云台、室外防护罩清洁保养;每年一次摄像机视频接口、解码器、云台插件除氧化处理,摄像机电源电压测量及云台电机绝缘测量;每月检查系统运行情况一次,发现异常立即处理并加以记录;系统有关的参数修改和重大维修都应该记录在保养表格上。

(2)防盗报警子系统的日常养护管理。防盗报警子系统应由经过专门训练的人员负责使用管理和维护,无关人员不得随意触动;值班人员应当熟悉防盗报警子系统的信号与住宅区各监测点之间的对应与编排;每月监察报警控制主机各项功能是否正常,有无软硬件异常,进行主、备用电源自动转换实验;每日检查单元主机内卫生情况,检查单元主机内各连接点是否牢固,各感应器安装是否牢固;每半年对整个系统主机、线路、楼层解码器进行一次检查。

(3)停车场管理子系统日常养护管理。每月检查、保养两次出、入口控制机,保证出入口控制机卡功能有效、显示正确;每月检查保养两次出入口道闸,保证出入口道闸灵活,车辆进出联动正确可靠;保证主机设定、维护、查阅、报表各项功能有效,每月检查、保养两次主机功能。

2. 火灾自动报警与消防联动控制系统日常养护管理

(1)监控中心保安员负责监控室内消防设备(报警系统、BTM 系统、联动柜等),24 h 运行操作、监控、记录。显示火警信号后,应立即派人现场观察。确认火情后,通过广播和警铃疏散人员并启动相应灭火设备。

(2)消防中心值班室严禁其他无关人员进入。

(3)消防中心值班室人员必须同时做好以下职责:

1)如有设备故障,监控中心值班人员及时通知工程部进行维修处理。

2)遵守交接班制度。交接班的内容包括消防报警子系统是否正常,是否有火灾隐患。

3)值班保安员要负责监控室的保洁工作,保持地面、墙面、设备无积尘、水渍、油渍。

4)工程部根据弱电系统设备保养规定和消防设备保养合同,对消防设备进行日常维护保护。

5)消防系统如因维护或者其他原因要暂时改变消防报警与联动控制系统的状态,应由工程部书面通知保安部,并提出相应的临时措施,确保消防安全。

3. 智能化系统的日常养护管理

(1)控制计算机保持开启,严禁在控制计算机上运行自携软件及游戏,定时对系统相关数据进行备份。

(2)控制点定义、预定日程表等参数不可随意修改。
(3)保持设备表面清洁。
(4)当有"危急警报"发生时应立即查明及检修,一切元器件、线路不得随意更改。
(5)网络控制器、控制计算机故障应于4小时内修复,现场控制器、扩展模块故障应于8小时内修复,中间继电器故障应于2小时内修复。
(6)定期对设备进行检查保养,保养内容包括:每周一次根据天气情况调整系统水温、出风温度、回风温度、湿度;每月一次检测电源输出电压、检测备用电源切换速度、外表清洁;每季一次温度、压力、流量传感器检测、整修;每季一次检查保养输入、输出、单元控制器;每年两次对执行机构信号检测,机械部分清洁、加油;每年一次各节点、电击检查,氧化层处理。

第六节　其他类型物业管理

一、其他物业的类型

在城市中,其他物业主要是指除住宅小区、写字楼、商业和工业区物业外的其他各种物业。人们经常接触的其他物业有以下五类:

(1)文化类物业。其主要包括学校、图书馆、博物馆、档案馆、文化馆等。
(2)体育类物业。其主要包括体育馆、健身房、游泳馆、网球馆等。
(3)卫生类物业。其主要包括医院、卫生所、疗养院、药检所、防疫站等。
(4)娱乐类物业。其主要包括影剧院、歌舞厅、卡拉OK厅、游乐场等。
(5)特种物业。其主要包括机场、码头、车站、农业建筑、寺庙、教堂、古建筑、监狱等。

以上物业有些是公益性的,有些是营业性的,有些是具有特殊用途和限制性的。在社会主义市场经济条件下,按照政企分开的原则和物业管理实行的企业化、社会化、专业化的要求,这些物业可以由主管部门委托物业服务企业进行管理,也可以由主管部门按照现代物业管理模式进行自治管理。

二、其他物业管理的特点

其他类型物业的管理,具有与住宅类物业管理、商业物业管理、工业区物业管理共同的性质,即以物为媒、以人为本的管理,其日常管理如物业的维护、环境绿化、安全保卫、车辆管理等是相似的。然而,在具体实施时,还必须着重分析它们的差别与不同特点,以便进行有效地管理和服务。

1. 服务对象不同

年龄、文化、性格、兴趣、信仰、滞留时间等是其他类型物业服务的特点。如游乐场,各种年龄层次的人群都可能参与，滞留时间一般在2 h左右，流动性很大，清洁和疏散就成为其物业管理的主要内容。宾馆、饭店除少部分顾客包间外，其余绝大部分顾客的滞留时间都较短，建筑物的规模和规格差别也甚大，以供不同需求的顾客选择使用。

2. 服务需求不同

在其他类型物业中，求知场所要求灯光柔和、环境宁静；医疗卫生场所特别强调通风，并配置足够的座椅供患者和家属等候使用；影剧院、医院、图书馆、博物馆等区域要有吸烟管制等。

3. 管理要求不同

不同用途的物业，管理重点也不相同。如图书馆，由于存放大量的资料及文物，因此，对环境保护的要求更高，在防火、防盗、防潮、防尘、防虫、防鼠、防有害气体等方面也须采取专门的、有效的措施；医院化疗、放射性工作室应做防护测定，并配以警示装置等。

4. 经费来源不同

凡属营业性的物业管理，可采取自负盈亏的方式，如舞厅、娱乐场所、健身房等；半营业半公益性质的，如疗养院、卫生所等基本上由主管部门补贴；凡属社会公益性的，如学校等，原则上依靠财政拨款，同时，也招收一部分自费生来解决经费问题；图书馆基本上依靠财政拨款，同时，开展复印、翻译、展览等收费性服务来补贴，但此项收入甚微。

三、高校物业管理

高校物业管理是对高等院校已经建成并投入使用的各类建筑物及其设备、公用设施、绿化、卫生、交通、治安和环境容貌等管理项目进行维护、修缮和整治，并向物业所有人和使用人提供综合性的有偿服务的活动。高校是以教学、科研为主要职能的事业单位，是法人单位，不同于小区业主或其联合体。因此在委托或招聘物业管理公司进行物业管理时自然有不同的要求和服务标准。

高校物业管理主要包括学生公寓的管理、教学楼的管理、设备的管理和绿化环境的管理。

1. 学生公寓的管理内容

学生公寓的管理内容包括学生公寓的安全管理、卫生管理、住宿管理，各种公用设施零星维修工作，学生公寓家具维修、采购及管理，学生床单、被罩的发放和洗涤等工作。学生是学校公寓的使用人，对学生公寓的管理也包含对使用人的要求。

（1）安全管理。

1）建立和完善各类规章制度，建立合理的组织管理体系，按要求配备各类管理服务人员。

2）配合学校相关部门做好所负责区域内学生的思想品德教育、日常行为管理和楼宇文化建设，以及消防、治安和设施设备安全管理等工作。

3）对学生公寓进出楼的来访人员验证登记，禁止无证来访者及推销商品者进入公寓，计算机、行李、包、箱等大件物品出入时要核实登记。

4)充分发挥学生的主观能动性,由学生自己选举宿舍长,配合物业服务企业全面负责本寝室的安全工作。

5)向学生明确提出安全要求,如不准在公寓内使用电炉子、电加热器等大功率电器;不准在公寓内乱拉、私拉电源线、网线;不准在公寓内吸烟、点蜡烛、焚烧垃圾等;不准乱动消防器材和设施;不准留宿外来人员。

(2)卫生管理。

1)每天清扫公寓楼周边区域至少2次,并安排人员进行巡回保洁,及时清除各种垃圾和张贴物。

2)公寓楼周边各种附属设施每天擦抹1次,保证无污垢、无水迹、无浮尘。

3)楼宇出入口雨篷、遮阳板、公共区域窗台以及楼栋门厅顶部的垃圾弃物每周清理1次,特殊情况下须随时清理,确保无垃圾堆积、无蚊蝇滋生、无异味。

4)每天至少清扫、湿拖楼梯、楼道2次,擦抹楼梯扶手1次,保持楼梯各面均干净、无污渍。

5)每周至少对宿舍大门、玻璃镜面、宣传栏及各楼层公共场所门窗玻璃等擦抹1次,保持所有门窗干净,玻璃明亮,无手印、无灰尘,墙面、门窗表面无张贴物。

6)公共卫生间、盥洗室每天上午、下午各冲洗1次,门窗玻璃、窗台每周擦抹1次,每单周对大小便池进行1次消毒、杀菌处理,保持门窗、盥洗台(槽)洁净,便池无污物、无尿垢,排水通畅。

7)所有垃圾均按照分类处理原则清理处置。

(3)住宿管理。

1)寝室人员办理住宿登记卡和床头卡,并将床头卡按要求挂在指定位置。

2)如果个别学生需要调整宿舍,应按相关规定要求的程序进行调整。

3)严禁私自留宿外来人员,如遇特殊情况需留宿,必须携带有关证件到公寓管理部门按规定办理手续。

4)客人来访必须持有身份证、学生证、工作证等有效证件办理登记手续。

5)严禁在宿舍内养宠物。

2. 教学楼的管理内容

(1)按要求清洁教室、大厅、走廊、楼梯、电梯、厕所、道路等公用地方,做到无污迹、无水迹、无废弃物、无杂物、无积水、无积雪。

(2)为屋顶、墙角除尘,做到墙面无灰尘、无蜘蛛网。

(3)每天上课前,教室内必须擦净黑板、黑板槽、讲台,拖净地面,掏空课桌内的垃圾。黑板擦、粉笔等教具摆放整齐,多媒体等设备可正常使用。

(4)定期收集、清运垃圾。

3. 设备的管理内容

(1)熟悉学校各楼电力总闸、电路分线、保险丝、电表、手泵、空调、消火栓等设备所在位置,并熟悉紧急开关的操作程序。各种配件齐全,以备应急之需。

(2)每天检查各楼层,注意电线等设备设施是否有损坏,同时做好记录。如发生停电,要立即抢修,确保及时供电。

(3)在各楼内要备有应急灯和手电筒,以备急用。

(4)每天检查门、窗、课桌、凳、灯、开关等设施的完好情况,发现问题及时修理。

4. 绿化环境的管理内容

(1)协助学校做好绿化美化的总体规划和设计,特别应做好花坛等绿地集中地段的绿化美化工作,做到绿化图案美观、密度合理、时间适宜。

(2)及时完成绿化带内缺株树木的补栽和花草的更换,特别是要及时对老化树木进行修枝,保证学生的安全。枯死树木淘汰后,应及时补栽,确保整体协调。

四、医院物业管理

医院是为病人提供医疗服务以及进行医学教学和科研的特殊场所。医院的外来人员较多,对物业管理的要求较高。

医院物业管理的内容主要包括房屋及附属设施设备的维护与运行管理、安保管理、医疗废弃物处理和病区被褥洗涤用品的供应管理、环境管理、护工服务管理以及其他服务项目。

1. 房屋及附属设施设备的维护与运行管理

房屋及附属设施设备的维护与运行管理主要包括保障房屋建筑、供水设备(包括上水、下水和污水处理等设备)、供冷设备(包括制冷、空调及其配套设备等)、供电设备(包括变压器、配电、自备发电机组等设备)、供热(气)设备(包括锅炉及其配套设备等)、电梯及医疗气体(氧气等)、净化、通信、声像、洗涤、交通运输等各项设备的正常运行,并负责日常维护定期检修、故障维修等工作。医院不同于写字楼或住宅小区,医院的部分设备需要24 h不间断地运行,几乎无法利用停水、停电的方式进行设备维修。故而医院设备的维修养护必须做到科学合理,对于不能间断运行的设备必须保证备用设备的良好使用性,一旦出现故障,立即将备用设备投入使用。

物业服务企业应根据医疗要求和设备运行规律做好维修养护计划,提高维修养护的效率,保证设备设施的完好率,不得出现任何有损患者的安全事故。物业维修技术人员必须有一定的理论水平和丰富的实践经验,在出现紧急情况时能采取有效的应对措施。

2. 安保管理

医院的特殊部位,如手术室、药房、化验室、太平间、库房、财务室等地方,应采取严密的警戒措施,重点加以防范,并建立处理突发事件的应急方案,一旦遇到突发事件,要能够确保病人的安全,同时要注意保护好医疗档案及各种试剂等。安保部门要加强对医护人员的安全保护,对于打架、斗殴或发生医疗纠纷的情况,要及时、慎重地进行处理。加强对医院出入口的监控,有效开展防盗工作,防范治安刑事案件。

3. 医疗废弃物处理和病区被褥洗涤用品的供应管理

医院每天都会产生大量的医疗废弃物，这些废弃物携带致病菌和有害物质，必须按照严格的规定进行分类处理和清运，从事医院保洁工作的人员必须执行严格的消毒、隔离和防护制度，防止出现交叉感染的情况。同时，保洁人员要具备一定的理疗常识，能够在工作中做好自身的防护。

病区被褥洗涤用品的供应管理主要包括病区脏被褥用品的收集、清点、分类放袋、分类处理等，传染性及被血、便、脓污染的衣物要密封；回收各类被褥、工作服，进行洗涤，病人衣服与医护人员工作服要分开，遵守衣物分类洗涤原则，回收的脏被褥要及时消毒浸泡；干净被褥要进行分类、分科，分送各病区，并做好清点登记；每天做好破损物品的修补等记录。

4. 环境管理

(1)公共地域清洁。医院内房屋建筑物外部公共部分包括广场、通道、绿化地、公告栏、灯具、栏杆、围墙、各类标识物、渠道表面、公共卫生间等的清洁、保洁、消毒工作。

工作地域范围内各房屋建筑物内部公共部分包括大堂、走廊、楼梯等所有地面、所有门窗、天面、天台、墙壁、公告栏、灯具、栏杆、渠道表面、卫生间及摆设物体等的清洁、保洁、消毒工作。

(2)非临床科室清洁。工作地域范围内各建筑楼宇内部的各类行政办公室、业务室、管理室、会议室、接待室、科研教学室、资料室、仓库、洗手间、摆设物等的室内清洁、保洁、消毒、勤杂工作。

(3)临床科室的清洁。工作地域范围内各建筑楼宇内部的门诊、住院病区、手术室、ICU、监护室等各类临床科室，以及检验、病理、放射、CT、核医学、B超、高压氧仓、胃镜、药房等临床辅助科室的清洁、保洁、消毒勤杂工作。

(4)垃圾分类、收集及记录。医院内公共垃圾及工作地域范围内各楼宇、科室生活垃圾及医疗垃圾的分类、院内收集、存放、记录、垃圾放置地的消毒、灭菌工作。

5. 护工服务管理

护工服务是医院物业管理的特色，是对医院和护士工作的延续和补充，是医护人员的得力助手。护工一般应具有中等专业知识和技能，在护士长和护士的指导下，8 h工作制3班运转或12 h工作制2班运转照顾病人的生活起居。

(1)护工的工作内容。

1)护送各病区不能行走病人、无陪伴病人的各种检查与治疗，为病人领外用药、输液和医用消耗品，打开水，协助行动不便的病人进行各种必要的活动。

2)保持病房整洁，物品摆放整齐划一，保持床铺平整，床下无杂物、无便器。

3)及时收集送检病人的化验标本并取回报告单，急检标本立即送检；递送各种治疗单划价、记账，特殊检查预约和出院病例结算等。

4)接送病区手术病人，送检手术中、手术后的手术标本。

(2)专业陪护的工作内容。专业陪护人员为病人提供专业化、亲情化服务,要认真做好病人的生活护理、心理护理、健康宣传、饮食指导、病情观察等,治疗处置时要协助护士再次做好检查病人用药过程中的反应,发现异常情况及时报告。专业陪护员必须是卫生学校或医疗专业毕业的专业人员,经考核合格后方可录用。

(3)导医、导诊的工作内容。导医、导诊要清楚科室设置、医院设施、医疗专业技术水平、特色专科,热情主动,有礼貌,有问必答,百问不厌,引导患者挂号、候诊、检查。

6. 其他服务项目

(1)成立配送服务中心。服务内容包括病人接送、送取病人的常规化验、送取病人的各种预约单、会诊单、出院单;保存、煎制、加热、送取各种药品等。

(2)开办多功能的小型超市。出售生活必需品、新鲜水果、鲜花礼品等商品,方便病人与探视人的生活需求。

(3)开设对外餐厅。可以满足患者家属就餐、患者医疗康复、职工生活服务三方面的追求。除追求色、香、味之外,更要注重营养搭配、医疗辅助作用,同时可以开展职工餐、病人营养膳食的订餐送餐服务。

本章小结

本章主要介绍了住宅小区、写字楼、商场、工业区、智能住宅小区、高校、医院等物业管理的特点、要求、方法等内容。通过本章的学习,可以掌握不同类型物业管理的特点和方法,为日后的学习与工作打下坚实的基础。

思考与练习

一、填空题

1. 住宅小区物业管理目标是实现住宅小区的_____效益、_____效益,赢得_____效益。

2. 按建筑面积划分,写字楼可分为_____、_____、_____;按综合条件划分,写字楼可分为_____、_____、_____。

3. 按建筑功能分,商场物业可分为综合型和商住混合型;按物业档次分,商场物业可分为_____、_____。

4. 工业区是工业项目集中的地方,根据工业项目对环境的不同影响可以分为_____、_____、_____和_____。

5. 高校物业管理主要包括_____、_____、_____和_____。

二、简答题

1. 住宅小区的特点有哪些?
2. 简述写字楼物业管理的要求。
3. 简述商场物业管理的要求。
4. 简述工业厂房和仓库内部管理内容。
5. 简述智能化系统的日常养护管理内容。

第九章　物业服务企业财务

知识目标

通过本章的学习，了解物业服务企业的资金来源，物业服务费的收费形式，物业服务费定价的依据，物业服务合同的定义；掌握物业服务费的收缴程序与追缴，物业服务费用收取与使用的原则，住宅专项维修资金的交存和使用，前期物业服务合同与物业服务合同。

能力目标

能够以合理的方式向客户收取物业服务费，具备管理住宅专项维修资金的能力，能够按照程序签订物业服务合同。

第一节　物业服务企业的资金来源

一、物业管理资金的概念

物业管理资金也称为物业管理经费，是物业服务企业在物业服务活动中所投入的各种物化劳动和活劳动的总和。它是物业服务企业在物业服务活动中所支付的各项投入得到合理补偿的保证，也是物业服务企业获得合理经营利润的保障。

二、物业管理资金的筹措渠道

1. 注册资本

根据《中华人民共和国企业法人登记管理条例》的规定，申请企业法人登记的单位应当具备符合国家规定并与其生产经营和服务规模相适应的资金数额和从业人员。注册资本除用于启动公司运行、支付必要的开办费用以外，还可用于首期物业管理的启动资金。

从物业服务企业的所有制来看，不同所有制的物业企业注册资本的筹集各不相同。一般来说，国有企业由国家出资，合营企业由合营各方出资构成，中外合资和股份制公司由中外各方按比例出资和股东出资筹集构成，外资物业服务企业则由外方单独出资构成。

2. 信贷资金

物业服务企业启动后，物业服务费用尚未收缴上来以前，物业管理资金十分紧张。物业服务企业往往可以通过银行信贷来筹措流动资金，以弥补物业管理费用的早期缺口。

3. 住宅专项维修资金

2007年原建设部、财政部发布了《住宅专项维修资金管理办法》，对商品住宅、售后公有住房住宅专项维修资金的交存、使用、管理和监督进行了明确的规定。其中，住宅专项维修资金，是指专项用于住宅共用部位、共用设施设备保修期满后的维修和更新、改造的资金。住宅共用部位，是指根据法律、法规和房屋买卖合同，由单幢住宅内业主或者单幢住宅内业主及与之结构相连的非住宅业主共有的部位，一般包括住宅的基础、承重墙体、柱、梁、楼板、屋顶以及户外的墙面、门厅、楼梯间、走廊通道等。共用设施设备，是指根据法律、法规和房屋买卖合同，由住宅业主或者住宅业主及有关非住宅业主共有的附属设施设备，一般包括电梯、天线、照明、消防设施、绿地、道路、路灯、沟渠、池、井、非经营性车场车库、公益性文体设施和共用设施设备使用的房屋等。

住宅专项维修资金的缴存对象分为两类：一类是住宅的业主，但一个业主所有且与其他物业不具有共用部位、共用设施设备的除外；另一类是住宅小区内的非住宅或者住宅小区外与单幢住宅结构相连的非住宅的业主。前款所列物业属于出售公有住房的，售房单位应当按照规定交存住宅专项维修资金。

4. 物业服务费

物业服务费是指物业服务企业按照物业服务合同的约定，对房屋及配套设备和相关场地进行维修养护管理，维护相关区域内环境卫生和秩序，向业主所收取的费用。

物业服务收费区分不同物业的性质和特点分别实行政府指导价和市场调节价。具体定价形式由省、自治区、直辖市人民政府价格主管部门会同房地产行政主管部门确定。

(1)政府指导价。物业服务收费实行政府指导价的具体方式是，由房地产行政主管部门根据物业管理服务的实际情况和管理要求，制定物业管理服务的等级标准，然后由有定价权限的价格主管部门会同房地产行政主管部门，测算出各个等级标准的物业管理服务基准价格及其浮动幅度。各物业管理服务项目的具体收费标准，由业主与物业服务企业根据规定的基准价和价格浮动幅度，结合本物业项目的服务等级标准和调整因素，在物业服务合同中约定。

(2)市场调节价。市场调节价是指由经营者自主制定，通过市场竞争形成的价格。在选择物业服务企业过程中，通过市场竞争，物业服务收费实质是业主与物业服务企业双方协商的结果。实行市场调节价的物业服务费，由业主与物业服务企业在物业服务合同中约定，并报至所在地的物价部门备案。如物业服务企业提供特约服务的项目实行市场调节价。

5. 利用物业共用部位、公用设施设备经营所得收益

利用共有部位、共有设施设备经营的前提是必须符合国家、地方有关共用部位、公用设施设备安全使用管理等相关要求和规定。利用物业共有部位、共有设施设备经营还需要征得相关业主、业主大会的同意，这是因为经营行为可能对其权益造成影响。在征得相关业主、业主大

会的同意后，还必须按照国家有关法律法规的规定办理合法经营手续。

利用共有部位、共有设施设备经营所得收益的使用有以下两个方面：

（1）利用共用部位、共有设施设备所得经营收益的使用应当优先用于补充住房专项维修资金。原因有两点：一是收益来源于利用共用部位、共有设施设备经营所得，应该主要用于其维修养护；二是住房专项维修资金是房屋的"养老金"，由全体业主按照产权份额分期交纳，一旦急需时所需数量较大，利用共用部位、共用设施设备经营所得补充住房专项维修资金有利于及时筹备所需资金。

（2）业主大会决定使用。为尊重全体业主的意愿和特殊使用需要，业主所得收益也可以按照业主大会的决定使用。

6. 公众代办性服务费

公众代办性服务费是指物业服务企业为业主（或物业使用人）提供代缴水电费、煤气费、有线电视费、电话费等代办性服务收取的费用。按照《物业管理条例》和其他有关规定，供水、供电、供气、供热、通信、有线电视等单位应当向最终用户收取费用。物业服务企业接受委托代收前款费用的，不得向业主收取手续费等额外费用。物业服务企业接受委托代收上述费用的，可向委托单位收取手续费。同时，物业服务企业有权根据自身经营状况决定是否接受供水、供电、供气、供热、通信、有线电视等单位委托，这些单位无权强制要求物业服务企业代收有关费用。

7. 物业接管验收费用

物业接管验收费用是指物业服务企业在接管验收物业时，由开发建设单位向物业服务企业支付的专项验收费用，它主要用于物业服务企业参与验收新建的房产物业和接管旧的房产物业时，组织水、电、泥、木、管道等专业技术人员和管理人员所支付的费用，包括人工费、办公费、交通费、零星杂费、资料费等。关于物业接管验收费用的收费标准，目前国家颁布的相关法律法规并没有做出明确的规定，在实际操作中，可由物业服务企业与物业的交接方进行协商。

8. 国家财政扶持

住宅物业的管理是现代城市管理的一个重要组成部分，它的运行是否畅通直接影响着城市现代化管理水平的高低。为推动物业管理的发展，政府可以拨付一定的城市建设维护费用用于住宅小区共用部位、共用设施设备的维护管理，以减轻住宅小区日常管理费用的负担。

9. 工程质量保证金

《中华人民共和国建筑法》规定："建筑工程实行质量保修制度。建筑工程的保修范围应当包括地基基础工程、主体结构工程、屋面防水工程和其他土建工程，以及电气管线、上下水管线的安装工程，供热、供冷系统工程等项目；保修的期限应当按照保证建筑物合理寿命年限内正常使用，维护使用者合法权益的原则确定。具体的保修范围和最低保修期限由国务院规定。"开发商在向物业服务企业移交物业时，可向物业服务企业缴纳保证物业质量的资金用于交房后的保修期内被接管物业的保修。

工程质量保证金的缴纳有多种方法，它可以留在开发商处，由物业服务企业在接受业主报修、组织施工后实报实销；也可以由开发商一次性缴纳给物业服务企业，保修期满后结算，多退少补；或采取包干办法一步到位，盈亏由物业服务企业负担。

第二节 物业服务费

物业服务费是指物业服务企业按照物业服务合同的约定，对房屋及配套设备和相关场地进行维修养护管理，维护相关区域内环境卫生和秩序，向业主所收取的费用。

一、物业服务费的收费形式

1. 物业服务费酬金制

物业服务费酬金制是指在预收的物业服务资金中按约定比例或者约定数额提取酬金支付给物业服务企业，其余全部用于物业服务合同约定的支出，结余或者不足均由业主享有或者承担。

物业服务费用酬金应以预收的物业服务资金为计提基数，计提基数和计提比例通过物业服务合同约定。在物业管理服务过程中产生的归属于业主的其他收入也可计提酬金，但应经业主大会同意并在物业服务合同中专门约定。其他收入包括产权归全体业主的停车场收入、成本费用在物业管理项目机构列支的其他经营收入等。

在物业服务费酬金制下，物业服务企业提供物业服务的经济利益仅局限于按固定的金额或比例收取的酬金，扣除酬金以及物业服务支出后结余的资金为全体业主所有。对于业主而言，物业服务费用的收支情况较为透明，避免了收费与服务不相符的情况，保护了业主合法权益；对服务服务企业而言，由于酬金是按照预收的物业服务资金提取，具有相对的固定性，可以使企业在一定程度上规避收支不平衡的经营风险。在物业服务费酬金制条件下，物业服务企业应当向全体业主或者业主大会公布物业服务资金年度预决算，并每年不少于一次公布物业服务资金的收支情况。

物业服务费酬金制预收的物业服务资金包括物业服务支出和物业服务企业的酬金，目前，非住宅项目或高档住宅小区多采取物业服务费酬金制的收费方式。

2. 包干制

物业服务费包干制是指由业主向物业服务企业支付固定物业服务费用，盈余或者亏损均由物业服务企业享有或者承担的物业服务计费方式。

实行物业服务费包干制的物业服务企业在与业主签订物业服务合同时，应明确服务费额度和服务内容、服务质量标准，并明确在此前提下的盈余或亏损是由物业服务企业承担的，企业的经济效益与其管理服务、成本控制、经营运作能力紧密相关。

在物业服务费包干制下，物业服务企业作为一个独立的企业法人，自主经营、自负盈亏、风险自担、结余归己。但业主可以对物业服务企业是否按合同要求的内容和质量标准提供服务进行监督，对物业管理工作提出改进建议。物业服务企业应本着诚信公平原则，主动接受业主监督，保证服务质量并不断改进。

物业服务费包干制物业服务费的构成包括物业服务成本、法定税费和物业服务企业的利润，实践中，普通住宅小区多采用物业服务费包干制的收费方式。

二、物业服务费的定价依据

物业服务费定价必须依据物业服务企业的成本按实核付。事实上，物业服务的收费定价根据就是"按实核付"。只有以实际消耗为准则，才能正确地评价收费情况，才能使业主"心服"，提高服务的满意度。

一般而言，物业服务成本或者物业服务支出构成包括以下九部分：

(1)管理服务人员的工资、社会保险和按规定提取的福利费等。

(2)物业共用部位、共用设施设备的日常运行、维护费用。但是物业共用部位、共用设施设备的大修、中修和更新、改造费用应当通过专项维修资金予以列支，不得计入物业服务支出或者物业服务成本。

(3)物业管理区域清洁卫生费用，包括楼宇内楼道、楼宇外公共场所的卫生清洁、垃圾清运以及经常性保洁所需的费用。

(4)物业管理区域绿化养护费用，包括对花卉、草木等进行的定期修剪、施肥、更新，以及保持其生长良好所需的费用。

(5)物业管理区域秩序维护费用，包括治安、消防设备的维修养护及治安、消防工作中所省的合理费用。

(6)办公费用，包括物业单位购置的办公用品、电话支出等费用。

(7)物业服务企业固定资产折旧，包括计算机、通信设备等折旧费用。

(8)物业共用部位、共用设施设备及公众责任保险费用。

(9)经业主同意的其他费用。物业服务企业根据业主的委托提供物业服务合同约定以外的服务，服务费用由双方约定。

三、物业服务费的收缴程序

1. 核算费用

物业服务企业财务人员应当按照国家收费标准及地方性法规、产权人的产权面积等认真核算业主应该缴纳的费用。

2. 发放收费通知单

物业管理人员应当及时将收费通知单送达业主或物业使用人手中，并要求业主或物业使用人亲自签收。通知单上要包括业主姓名、应缴纳费用数额、对应月份或年份、缴纳时间等内容。

3. 实施收费

物业服务企业财务部门的工作人员应做好准备工作，按照规范的工作流程收取物业服务费。

收费人员应做好现金真伪的检查，以防造成不必要的损失。通常采用业主上门缴纳、物业管理人员上门收缴、智能化系统收费等形式来收取物业服务费用。

四、物业服务费的追缴

业主违反物业服务合同约定逾期不缴纳物业服务费或者物业服务资金的，业主委员会应当督促其限期缴纳；逾期仍不缴纳的，物业服务企业可以依法追缴。

对未缴费或拒缴费业主，物业服务企业应当区别不同情况具体分析区别对待。

(1)对未能按时缴费的业主，物业服务企业财务部门应做好统计并及时了解其未缴费原因。分析是恶意欠费还是有客观原因，如属于恶意欠费的情况，物业服务企业应当将追缴责任落实到物业管理人员，可以上门催缴，或要求业主委员会委员与业主沟通，从业主的角度出发，阐明物业管理费用是为物业管理区域提供正常生活秩序和保障物业服务标准的基本前提条件，不缴费实际上也是侵犯了其他缴费业主的合法权益。

(2)对再次催缴仍未缴纳费用的业主，物业服务企业应列出重点清缴对象，必要时可以采取法律措施，但一方面也要了解业主未缴费的原因，替业主着想，争取得到业主的理解和配合而主动交费；另一方面也要向其宣传物业管理方面的法律法规知识，使其明白按期缴纳物业服务费是一项义务，同时也是物业服务企业应享有的权利。

(3)对多次追缴仍不缴费的业主，物业服务企业可责令其限期缴纳，逾期仍不缴纳，可以依据相关规定，对其发送律师函，通过法律程序追缴所欠物业服务费用以及相关损失。物业服务企业应当注意保存催缴过程中的相应书面记录，这是实施法律程序所需要的重要物证。

五、物业服务费收取与使用的原则

1. 明码标价的原则

物业服务企业应当按照政府价格主管部门的规定实行明码标价，并出示在物业管理区域内明显的位置，可采取公示栏、公示牌、收费表、收费清单、收费手册、多媒体终端查询等方式将服务内容、服务标准以及收费项目、收费标准等有关情况进行公示。

建设单位与物业买受人签订的买卖合同，应当约定物业管理服务相关内容、服务质量标准、收费标准、计费方式及计费起始时间等内容，涉及物业买受人共同利益的约定应当一致。

2. 专款专用的原则

收取的物业服务费以及专项维修基金要依法用于物业管理活动中，任何人和单位不得私自挪用，否则将依照相关规定进行纠正。

3. 质价相符的原则

根据《物业服务收费管理办法》的规定，物业服务收费应当遵循合理、公开以及费用与服务水平相适应的原则。在实际操作中，物业服务的收费标准不能单单根据业主的承受能力来确定，更不能依据物业服务企业的意愿，而是要结合物业本身的类型、档次、规模、提供服务的质量等多方面因素来综合确定。

4. 依法收费的原则

在物业管理收费过程中不能仅凭个人的主观意志来决定相关事项，而是要严格按照国家有关法律、法规及相应文件内容来执行。如《物业管理条例》《物业服务收费管理办法》《物业服务收费明码标价规定》以及签订的《物业服务合同》等均为具体操作时的主要法律依据。

5. 有偿服务的原则

业主或物业使用人是物业管理服务的直接受益人，因此应当承担相应的物业服务费，这是市场经济条件下的必然规律。物业服务企业应当最大限度地开展各项服务，根据服务的种类、质量的不同制定相应的收费标准，实行有偿服务来满足业主的需求，坚持这一原则能更好地体现等价交换的商品价值规律。

第三节 住宅专项维修资金

一、住宅专项维修资金的交存

1. 商品住宅专项维修资金

(1)商品住宅(含经济适用住房、集资合作建设的住房以及单位利用自用土地建设的职工住房)的专项维修资金由业主交存，属于业主所有。

(2)业主应当在办理住宅权属登记手续前，将首次住宅专项维修资金交至代收代管单位。

(3)业主首次交存住宅专项维修资金的标准为当地住宅建筑安装工程造价的5%～8%，具体标准由省、自治区、直辖市人民政府建设(房地产)主管部门制定。住宅建筑安装工程造价由直辖市、市、县人民政府建设主管部门每年发布一次。

(4)业主首次交存的住宅专项维修资金，由直辖市、市、县人民政府建设(房地产)主管部门或其委托的单位代收代管。

(5)成立业主大会的，业主大会可以依法变更业主交存住宅专项维修资金的代收代管单位；业主大会决定变更代收代管单位的，原代收代管单位应当在业主大会作出决定之日起30日内，将住宅专项维修资金账面余额全部返还业主大会，并将有关账目等一并移交。

(6)业主交存的住宅专项维修资金，应当存储于当地的一家商业银行，按小区设总账，按幢设明细账，核算到户。

(7)业主分户账面住宅专项维修资金余额不足首次交存额30%的，业主应当及时续交。

(8)房屋所有权转让时，业主应当向受让人说明住宅专项维修资金交存和结余的情况，该房屋分户账中结余的住宅专项维修资金随房屋所有权同时过户。

2. 出售公有住宅专项维修资金

(1)出售公有住宅的专项维修资金，由业主和售房单位共同交存。其中，业主交存的部分属于业主所有，公有住房售房单位从售房款中提取的住宅专项维修资金属于售房单位所有。

（2）业主首次交存住宅专项维修资金的标准为当地房改成本价的2%；售房单位交付的住宅专项维修资金，按照多层住宅不低于售房款的20%，高层住宅不低于售房款的30%，从售房款中一次性提取。

（3）公有住房售房单位应当在收到售房款之日起30日内，将应提取的住宅专项维修资金交予代收代管单位。

（4）公有住房售房单位缴存的住宅专项维修资金，按照售房单位的财务隶属关系，由同级财政部门或其委托的单位代收代管。

（5）公有住房售房单位缴存的住宅专项维修资金，应当存储于当地的一家商业银行，按售房单位设账，按幢设分账。其中，业主交存的住宅专项维修资金，按房屋户门号设分户账。

二、住宅专项维修资金的使用

住宅专项维修资金应当专项用于住宅共用部位、共用设施设备保修期满后的维修和更新、改造，不得挪作他用。住宅专项维修资金的使用，应当遵循方便快捷、公开透明、受益人和负担人相一致的原则。

1. 住宅专项维修资金的分摊规则

（1）住宅共用部位、共用设施设备的维修和更新、改造费用，按照下列规定分摊：

1）商品住宅之间或者商品住宅与非住宅之间共用部位、共用设施设备的维修和更新、改造费用，由相关业主按照各自拥有物业建筑面积的比例分摊。

2）售后公有住房之间共用部位、共用设施设备的维修和更新、改造费用，由相关业主和公有住房售房单位按照所交存住宅专项维修资金的比例分摊。其中，应由业主承担的，再由相关业主按照各自拥有物业建筑面积的比例分摊。

3）售后公有住房与商品住宅或者非住宅之间共用部位、共用设施设备的维修和更新、改造费用，先按照建筑面积比例分摊到各相关物业。其中，售后公有住房应分摊的费用，再由相关业主和公有住房售房单位按照所交存住宅专项维修资金的比例分摊。

（2）住宅共用部位、共用设施设备维修和更新、改造，涉及尚未售出的商品住宅、非住宅或者公有住房的，开发建设单位或者公有住房单位应当按照尚未售出商品住宅或者公有住房的建筑面积，分摊维修和更新、改造费用。

2. 住宅专项维修资金的使用程序

（1）住宅专项维修资金划转业主大会管理前，需要使用住宅专项维修资金的，按照以下程序办理：

1）物业服务企业根据维修和更新、改造项目提出使用建议。没有物业服务企业的，由相关业主提出使用建议。

2）住宅专项维修资金列支范围内专有部分占建筑物总面积2/3以上的业主且占总人数2/3以上的业主讨论通过使用建议。

3)物业服务企业或者相关业主组织实施使用方案。

4)物业服务企业或者相关业主持有关材料,向所在地直辖市、市、县人民政府建设(房地产)主管部门申请列支;其中,动用公有住房住宅专项维修资金的,向负责管理公有住房住宅专项维修资金的部门申请列支。

5)直辖市、市、县人民政府建设(房地产)主管部门或者负责管理公有住房住宅专项维修资金的部门审核同意后,向专户管理银行发出划转住宅专项维修资金的通知。

6)专户管理银行将所需住宅专项维修资金划转至维修单位。

(2)住宅专项维修资金划转业主大会管理后,需要使用住宅专项维修资金的,按照以下程序办理:

1)物业服务企业提出使用方案,使用方案应当包括拟维修和更新、改造的项目、费用预算、列支范围、发生危及房屋安全等紧急情况以及其他需临时使用住宅专项维修资金的情况的处置办法等。

2)业主大会依法通过使用方案。

3)物业服务企业组织实施使用方案。

4)物业服务企业持有关材料向业主委员会提出列支住宅专项维修资金;物业服务企业或者相关业主持有关材料,向所在地直辖市、市、县人民政府建设(房地产)主管部门申请列支;其中,动用公有住房住宅专项维修资金的,向负责管理公有住房住宅专项维修资金的部门申请列支。

5)业主委员会依据使用方案审核同意,并报送直辖市、市、县人民政府建设(房地产)主管部门备案;动用公有住房住宅专项维修资金的,经负责管理公有住房住宅专项维修资金的部门审核同意;直辖市、市、县人民政府建设(房地产)主管部门或者负责管理公有住房住宅专项维修资金的部门发现不符合有关法律、法规、规章和使用方案的,应当责令改正。

6)业主委员会、负责管理公有住房住宅专项维修资金的部门向专户管理银行发出划转住宅专项维修资金的通知。

7)专户管理银行将所需的住宅专项维修资金划转至维修单位。

(3)发生危及房屋安全等紧急情况,需要立即对住宅共用部位、共用设施设备进行维修和更新、改造的,按照以下规定列支住宅专项维修资金:

1)住宅专项维修资金划转业主大会管理前。

①物业服务企业或者相关业主持有关材料,向所在地直辖市、市、县人民政府建设(房地产)主管部门申请列支。其中,动用公有住房住宅专项维修资金的,向负责管理公有住房住宅专项维修资金的部门申请列支。

②直辖市、市、县人民政府建设(房地产)主管部门或者负责管理公有住房住宅专项维修资金的部门审核同意后,向专户管理银行发出划转住宅专项维修资金的通知。

③专户管理银行将所需住宅专项维修资金划转至维修单位。

2)住宅专项维修资金划转业主大会管理后。

①物业服务企业持有关材料向业主委员会提出列支住宅专项维修资金；物业服务企业或者相关业主持有关材料，向所在地直辖市、市、县人民政府建设(房地产)主管部门申请列支。其中，动用公有住房住宅专项维修资金的，向负责管理公有住房住宅专项维修资金的部门申请列支。

②业主委员会依据使用方案审核同意，并报直辖市、市、县人民政府建设(房地产)主管部门备案；动用公有住房住宅专项维修资金的，经负责管理公有住房住宅专项维修资金的部门审核同意；直辖市、市、县人民政府建设(房地产)主管部门或者负责管理公有住房住宅专项维修资金的部门发现不符合有关法律、法规、规章和使用方案的，应当责令改正。

③业主委员会、负责管理公有住房住宅专项维修资金的部门向专户管理银行发出划转住宅专项维修资金的通知。

④专户管理银行将所需住宅专项维修资金划转至维修单位。

3)发生上述情况后，未按规定实施维修和更新、改造的，直辖市、市、县人民政府建设(房地产)主管部门可以组织代修，维修费用从相关业主住宅专项维修资金分户账中列支。其中，涉及已售公有住房的，还应当从公有住房住宅专项维修资金中列支。

(4)住宅专项维修资金的禁止使用。下列费用不得从住宅专项维修资金中列支：

1)依法应当由建设单位或者施工单位承担的住宅共用部位、共用设施设备维修、更新和改造费用。

2)依法应当由相关单位承担的供水、供电、供气、供热、通信、有线电视等管线和设施设备的维修、养护费用。

3)应当由当事人承担的因人为损坏住宅共用部位、共用设施设备所需的修复费用。

4)根据物业服务合同约定，应当由物业服务企业承担的住宅共用部位、共用设施设备的维修和养护费用。

(5)住宅专项维修资金使用的其他规定。

1)利用住宅专项维修资金购买国债的相关规定。

①在保证住宅专项维修资金正常使用的前提下，可以按照国家有关规定将住宅专项维修资金用于购买国债。

②利用住宅专项维修资金购买国债，应当在银行间债券市场或者商业银行柜台市场购买一级市场新发行的国债，并持有到期。

③利用业主交存的住宅专项维修资金购买国债的，应当经业主大会同意；未成立业主大会的，应当经专有部分占建筑物总面积2/3以上的业主且占总人数2/3以上业主同意。

④利用从公有住房售房款中提取的住宅专项维修资金购买国债的，应当根据售房单位的财政隶属关系，报经同级财政部门同意。

⑤禁止利用住宅专项维修资金从事国债回购、委托理财业务或者将购买的国债用于质押、抵押等担保行为。

2)住宅专项维修资金滚存使用的相关规定。下列资金应当转入住宅专项维修资金滚存使用：

①住宅专项维修资金的存储利息。
②利用住宅专项维修资金购买国债的增值收益。
③利用住宅共用部位、共用设施设备进行经营的业主所得收益，但业主大会另有决定的除外。
④住宅共用设施设备报废后回收的残值。

三、相关主体对住宅专项维修资金的监督管理

房屋所有权转让时，业主应当向受让人说明住宅专项维修资金交存和结余情况并出具有效证明，该房屋分户账中结余的住宅专项维修资金随房屋所有权同时过户。受让人应当持住宅专项维修资金过户的协议、房屋权属证书、身份证等到专户管理银行办理分户账更名手续。

房屋灭失的，房屋分户账中结余的住宅专项维修资金返还业主；售房单位交存的住宅专项维修资金账面余额返还售房单位；售房单位不存在的，按照售房单位财务隶属关系，收缴同级国库。

直辖市、市、县人民政府建设（房地产）主管部门，负责管理公有住房住宅专项维修资金的部门及业主委员会，应当每年至少一次与专户管理银行核对住宅专项维修资金账目，并向业主、公有住房售房单位公布下列情况：住宅专项维修资金交存、使用、增值收益和结存的总额；发生列支的项目、费用和分摊情况；业主、公有住房售房单位分户账中住宅专项维修资金交存、使用、增值收益和结存的金额；其他有关住宅专项维修资金使用和管理的情况。业主、公有住房售房单位对公布的情况有异议的，可以要求复核。

专户管理银行应当每年至少一次向直辖市、市、县人民政府建设（房地产）主管部门，负责管理公有住房住宅专项维修资金的部门及业主委员会发送住宅专项维修资金对账单。直辖市、市、县建设（房地产）主管部门，负责管理公有住房住宅专项维修资金的部门及业主委员会对资金账户变化情况有异议的，可以要求专户管理银行进行复核。专户管理银行应当建立住宅专项维修资金查询制度，接受业主、公有住房售房单位对其分户账中住宅专项维修资金使用、增值收益和账面余额的查询。住宅专项维修资金的管理和使用，应当依法接受审计部门的审计监督。

住宅专项维修资金的财务管理和会计核算应当执行财政部有关规定。财政部门应当加强对住宅专项维修资金收支财务管理和会计核算制度执行情况的监督。住宅专项维修资金专用票据的购领、使用、保存、核销管理，应当按照财政部以及省、自治区、直辖市人民政府财政部门的有关规定执行，并接受财政部门的监督检查。

四、住宅专项维修资金相关主体的法律责任

公有住房售房单位未按规定交存住宅维修资金的，或将房屋交付未按规定交存首期住宅专项维修资金的买受人的，以及未按规定分摊维修、更新和改造费用的，由县级以上地方人民政府财政部门会同同级建设（房地产）主管部门责令限期改正。

开发建设单位在业主按照规定交存首期住宅专项维修资金前,将房屋交付买受人的,由县级以上地方人民政府建设(房地产)主管部门责令限期改正;逾期不改正的,处以3万元以下的罚款;开发建设单位未按规定分摊维修、更新和改造费用的,由县级以上地方人民政府建设(房地产)主管部门责令限期改正;逾期不改正的,处以1万元以下的罚款。

挪用住宅专项维修资金的,由县级以上地方人民政府建设(房地产)主管部门追回挪用的住宅专项维修资金,没收违法所得,可以并处挪用金额2倍以下的罚款;构成犯罪的,依法追究直接负责的主管人员和其他直接责任人员的刑事责任。

第四节 物业服务合同

一、物业服务合同的定义

物业服务合同是房地产开发商或业主大会与物业服务企业所签订的,由物业服务企业提供物业管理服务的合同。广义的物业服务合同包括前期物业管理合同;狭义的物业服务合同仅指业主委员会成立后,其代表全体业主与物业服务企业签订的合同。物业管理合同为双务、有偿、要式合同。

二、前期物业服务合同

前期物业服务合同是指物业建设单位与物业服务企业就前期物业管理阶段双方的权利、义务所达成的协议,是物业服务企业被授权开展物业管理服务的依据。《物业管理条例》规定,在业主、业主大会选聘物业服务企业之前,建设单位选聘物业服务企业的,应当签订书面的前期物业服务合同。

(一)前期物业服务合同的特征

(1)前期物业服务合同具有过渡性。前期物业服务合同的期限,存在于业主、业主大会选聘物业服务企业之前的过渡时间内。一旦业主大会成立或者全体业主选聘了物业服务企业,业主与物业服务企业签订的合同发生效力,就意味着前期物业管理阶段结束,进入了通常情况下的物业管理阶段。

(2)前期物业服务合同由建设单位和物业服务企业签订。通常情况下物业服务合同的签订主体是业主与物业服务企业,而前期物业服务合同签订的主体是建设单位和物业服务企业。

(3)前期物业服务合同是要式合同。前期物业服务合同应当采取书面形式。

(二)前期物业服务合同的时效

《物业管理条例》规定,前期物业服务合同可以约定期限;但是,期限未满,业主委员会与物业服务企业签订的物业服务合同生效的,前期物业服务合同终止。

(三)前期物业服务合同的主要内容

1. 合同的当事人

物业服务合同的当事人为建设单位与物业服务企业,其中建设单位以及物业服务企业一般都是法人组织。

2. 物业基本情况

物业基本情况包括物业名称、物业类型、坐落位置、建筑面积等方面的内容。

3. 服务内容与质量

服务内容与质量主要包括:物业共用部位及共用设施设备的运行、维修、养护和管理;物业共用部位和相关场地环境管理;车辆停放管理;公共秩序维护、安全防范的协助管理;物业装饰装修管理服务;物业档案管理及双方约定的其他管理服务内容等。

前期物业管理应达到约定的质量标准。

4. 服务费用

服务费用包括:物业服务费用的收取标准、收费约定的方式(包干制或酬金制);物业服务费用开支项目;物业服务费用的缴纳;酬金制条件下,酬金计提方式、服务资金收支情况的公布及其争议的处理等。

5. 物业的经营与管理

物业的经营与管理包括:停车场和会所的收费标准、管理方式、收入分配办法;物业其他共用部位及共用设施设备经营与管理。

6. 承接查验和使用维护

承接查验和使用维护的主要内容包括执行过程中双方责任义务的约定。

7. 专项维修资金

专项维修资金的主要内容包括此部分资金的缴存、使用、续筹和管理。

8. 违约责任

违约责任主要内容包括违约责任的约定和处理、免责条款的约定等。

9. 其他事项

其他事项主要包括合同履行期限、合同生效条件、合同争议处理、物业管理用房、物业管理相关资料归属以及双方认为需要约定的其他事项等。

三、物业服务合同

物业服务合同是物业服务企业与业主(或业主委员会,下同)之间就物业管理服务及相关的物业管理活动所达成的权利、义务关系的协议。《物业管理条例》规定,业主委员会应当与业主大会选聘的物业服务企业订立书面的物业服务合同。物业服务合同应对物业管理事项,服务质量,服务费用,双方的权利、义务,专项维修资金的管理与使用,物业管理用房,合同期限,违约责任等内容进行约定。

(一)物业服务合同的特征

(1)物业服务合同是当事人意思表示一致的产物。物业服务合同中的业主通常是一个群体,在住宅物业管理中就是全体业主或业主大会,并非单个业主或部分业主。只有全体业主或业主大会才具有选聘、解聘物业服务企业,制定、修改有关规章制度的权利;对于选聘、解聘物业服务企业,经专有部分占建筑物总面积过半数的业主且占总人数过半数的业主同意,才对物业管理区域内所有业主具有约束力,这种约束力不仅约束持反对意见的少数人,而且当物业发生转让或继承时,也约束新的业主。

(2)物业服务合同是有偿的。房地产开发商或业主不但要支付物业服务企业在处理委托事务中的必要费用,还应支付物业服务企业一定的酬金。

(3)物业服务合同的订立以当事人相互信任为前提。物业服务合同是在当事人互相信任的基础上订立的,任何一方通过不正当手段签订的合同,一经查实,可依法起诉,直至解除合同关系。同时,业主是基于对特定物业服务企业的认可和信任才选聘该物业服务企业的,因此,物业服务企业不得将一个物业管理区域内的全部物业管理一并委托给他人。

(4)物业服务合同的内容必须是合法的。物业服务合同应体现当事人双方的权利、义务的平等,不得与现行物业管理法规相抵触,否则,合同将不受法律保护。

(5)物业服务合同既是诺成性合同又是双务合同。物业服务合同自双方达成协议时起成立,故为诺成性合同;合同的双方都负有义务,故为双务合同。

(6)物业服务合同是劳务合同。劳务合同的特点是:合同的标的是一定的、符合要求的劳务,而不是物质成果或物化成果;合同约定的劳务通过提供劳务的人的特定行为表现出来,物业服务合同正是如此。

(二)物业服务合同的内容

物业服务合同应包括以下内容:

(1)物业项目基本情况。
(2)物业服务内容。
(3)物业服务标准。
(4)物业服务期限。
(5)物业服务费用。
(6)公用部位公用设施相关收益及分配。
(7)双方权利、义务。
(8)合同终止。
(9)违约责任。
(10)争议解决及附则。

(三)物业服务合同的签订

物业服务合同是在双方谈判磋商,达到一致的基础上签署的。一般程序如下:

(1)签约前协商谈判。在开标的基础上确定中标企业后,委托者一般要针对一些招标文件中不够清晰或完善的条款、未中标物业服务企业的标书中值得借鉴的建议等方面进行协商谈判。

(2)签订谅解备忘。经协商谈判后,选聘方将与被聘企业签订一份有关招聘内容的事实性说明书,即谅解备忘录,用于记录谈判双方在签订合同前的谈判中所做出的所有决定和达成的一致意见。谅解备忘录将成为合同协议书的构成部分。

(3)发送中标函或签发意向书。招标方在征得中标公司同意以后,将向中标公司签发中标函并附上备忘录,如果委托者不能立即签发正式的中标函,它们可以签发一份拟签订合同的意向书,作为一种要约邀请。

(4)拟订并签订物业服务合同。在实质性条款确定后,双方着手拟订合同条款,通常需要参照国家有关示范文本的格式拟订。最终双方签字,合同即告成立。

签订物业服务合同时、应注意以下四个方面的问题:

1)完善不规范条款。对投标文件中一些遗漏或差错(可能导致合同不完善、不规范的)双方应互相配合,达成一致意见。

2)变更局部条件。对于局部条件(如服务技术条件、服务内容)的变动情况,双方必须进行讨论,协商变动对价格的影响。

3)对未中标公司标书进行研究。从一些竞标失利的投标公司的标书中发现一些建设性的、符合实际的改进意见,针对这些意见进行商谈,确定是否采纳,对由此造成的价格变更,要在签订的合同中给予认可。

4)修改报价。通常中标公司的报价可能存在与招标文件不一致或计算方法差异,双方可就其中的偏差进行修正,最终确定出正式的合同价格。

(四)物业服务合同的变更和解除

1. 物业服务合同的变更

在物业管理公司接管物业之后,可能会由于业主的其他要求或环境的变化,导致合同的部分内容不再符合实际,此时应由物业管理公司与业主委员会商议,对物业服务合同的内容及时进行修改。

(1)服务合同变更的特点。服务合同的更改必须具有以下特点:一是协商一致性;二是局部变更性;三是相对消灭性,即是在变更范围内的原权利义务关系消灭,而变更以外的权利义务关系仍然有效。

(2)服务合同变更的要件。一是已存在合同关系;二是具有法律依据或当事人的约定;三是具备法定的形式,如书面形式、需经有关机关批准等;四是非实质性条款变更,即除合同标的之外的其他条款。

2. 物业服务合同的解除

合同的解除,无论是当事人双方协议解除还是依法律规定解除,均需遵照一定程序。合同解除后,尚未履行合同的,终止履行;已经履行的,根据履行情况,当事人可以要求采取补救措施,并有权要求赔偿损失。

合同的解除是指由于发生法律规定或当事人约定的情况,是当事人之间的权利、义务关系消灭,从而使合同终止法律效力。导致合同解除的事项主要包括:

(1)合同期满。

(2)一方违约,经法院判定解除合同。

(3)当事人双方商定解除合同。

(五)物业服务合同示范文本

物业服务合同(示范文本)

甲方[业主大会][业主委员会][业主]:_____

[身份证][护照][营业执照注册号][ ]:_____ 国籍:_____

出生日期:_____年_____月_____日 性别:_____

通信地址:_____

邮政编码:_____ 联系电话:_____

[法定代理人][委托代理人]:_____ 国籍:_____

[身份证][护照][ ]:_____

出生日期:_____年_____月_____日 性别:_____

通信地址:_____

邮政编码:_____ 联系电话:_____

乙方(物业服务企业):_____

营业执照注册号:_____

物业服务企业资质证书号:_____

组织机构代码:_____

[法定代表人][委托代理人]:_____

通信地址:_____

邮政编码:_____ 联系电话:_____

根据《中华人民共和国民法典》《中华人民共和国消费者权益保护法》《物业管理条例》及《北京市物业管理办法》等有关法律、法规和规章的规定,甲、乙双方在自愿、平等、公平、诚实信用的基础上,就乙方为甲方提供物业服务的有关事宜,协商订立本合同。

第一章 物业项目基本情况

第一条 本物业项目(以下简称"本物业")基本情况如下:

名称:[地名核准名称][暂定名]_____。

类型:[住宅][办公][商业][ ]_____。

坐落位置：_____区(县)_____路(街)_____。
规划建筑面积：_____平方米。
第二条 物业管理区域四至：
东至_____；
南至_____；
西至_____；
北至_____；
规划平面图和物业管理区域内的物业构成明细分别见附件一、二。
第三条 物业服务用房主要用于物业服务企业客服接待、项目档案资料保存、工具物料存放、人员值班备勤、业主大会及业主委员会办公用房等。
物业服务用房建筑面积为_____平方米，其中地上建筑面积为_____平方米，位于_____[号楼][幢][座]_____层_____单元_____号；地下建筑面积为_____平方米，位于_____[号楼][幢][座]_____层_____单元_____号；其中业主大会及业主委员会办公用房建筑面积为_____平方米，位于_____[号楼][幢][座]_____层_____单元_____号。
(注：物业服务用房为多处时，双方可自行增加以上内容。)

第二章 物业服务事项、标准及有关定约

第四条 乙方指定物业服务项目负责人为：_____，联系电话：_____。乙方更换项目负责人的，应当于7日内在本物业管理区域内的显著位置公示。业主共同决定要求更换项目负责人的，乙方应当于30日内更换。

第五条 物业服务期限为_____年，自_____年_____月_____日至_____年_____月_____日。

第六条 乙方提供的物业服务包括以下主要内容：
1. 制订物业服务工作计划并组织实施；保管相关的工程图纸、档案与竣工验收资料等；根据法律、法规和管理规约的授权制定物业服务的有关制度；
2. 负责本物业管理区域内共用部位的日常维修、养护和管理。物业共用部位明细见附件三；
3. 负责本物业管理区域内共用设施设备的日常维修、养护、运行和管理。物业共用设施设备明细见附件四；
4. 负责共有绿地、景观的养护和管理；
5. 负责清洁卫生服务，包括物业共用部位、公共区域的清洁卫生，垃圾的收集等；
6. 负责协助维护公共秩序和协助做好安全防范工作；
7. 其他服务事项：_____。

第七条 乙方按以下第_____种方式提供住宅的物业服务：
1.《住宅物业服务标准》中的_____级物业服务标准，详见附件五；

2. 选择《住宅物业服务标准》中不同等级的具体物业服务事项和标准，详见附件五；

非住宅的物业服务标准以及甲、乙双方约定的《住宅物业服务标准》范围以外的具体服务事项和标准，详见附件六。

第八条 乙方对业主物业专有部分提供维修养护或其他特约服务的，应当与业主签订特约服务协议，服务事项、标准及费用由双方在协议中约定。

第九条 乙方接受供水、供电、供气、供热、通信、有线电视等公用事业服务单位委托代收使用费用的，不得向业主收取手续费等额外费用，不得限制或变相限制业主或物业使用人购买或使用。

第十条 物业装饰装修前，乙方与业主签订书面装饰装修服务协议，乙方应当告知相关的禁止行为和注意事项，并将装饰装修的时间、地点等情况在业主所在楼内公示。除约定收取[装修管理费]_____元、[装修保证金]_____元、[装修垃圾清运费]_____元、[　　]_____元外，乙方不得另行收取其他任何费用。如收取装修保证金的，未造成共用部位、共用设施设备或承重结构损坏，乙方应当在完工后7日内将装修保证金全额退还业主。

第十一条 业主转让或出租其物业时，应当将本合同、管理规约以及有关费用缴纳情况等事项告知受让人或者承租人，并自买卖合同或租赁合同签订之日起15日内，将买卖或者出租情况告知乙方。业主转让物业前，应当与乙方结清相关费用。

第三章 物业服务收费

第十二条 本物业管理区域物业服务收费方式为：[包干制][酬金制]。

第十三条 包干制

1. 物业服务费由业主按其拥有物业的建筑面积缴纳，具体标准如下：

[多层住宅]：_____元/(平方米·月)；

[高层住宅]：_____元/(平方米·月)；

[别墅]：_____元/(平方米·月)；

[办公楼]：_____元/(平方米·月)；

[商业物业]：_____元/(平方米·月)；

[会所]：_____元/(平方米·月)。

物业：_____元/平方米·月。

物业服务费主要用于以下开支：

(1)管理服务人员的工资、社会保险和按规定提取的福利费等；

(2)物业共用部位、共用设施设备的日常运行、维护费用；

(3)物业管理区域内清洁卫生费用；

(4)物业管理区域内绿化养护费用；

(5)物业管理区域内秩序维护费用；

(6)办公费用；

(7)物业服务企业固定资产折旧；
(8)物业共用部位、共用设施设备及公众责任保险费用；
(9)法定税费；
(10)物业服务企业的利润；
(11)_____。

2. 实行包干制的，盈余或亏损均由乙方享有或承担；乙方不得以亏损为由要求增加费用、降低服务标准或减少服务内容。

第十四条　酬金制

1. 物业服务资金由业主按其拥有物业的建筑面积预先缴纳，具体标准如下：

[多层住宅]：_____元/(平方米·月)；

[高层住宅]：_____元/(平方米·月)；

[别墅]：_____元/(平方米·月)；

[办公楼]：_____元/(平方米·月)；

[商业物业]：_____元/(平方米·月)；

[会所]：_____元/(平方米·月)。

物业：_____元/平方米·月。

预收的物业服务资金由物业服务支出和乙方的酬金构成。

物业服务支出包括以下部分：

(1)管理服务人员的工资、社会保险和按规定提取的福利费等；
(2)物业共用部位、共用设施设备的日常运行、维护费用；
(3)物业管理区域内清洁卫生费用；
(4)物业管理区域内绿化养护费用；
(5)物业管理区域内秩序维护费用；
(6)办公费用；
(7)物业服务企业固定资产折旧；
(8)物业共用部位、共用设施设备及公众责任保险费用；
(9)_____。

2. 乙方采取以下第_____种方式提取酬金：

(1)乙方按[每月][每季][每年]_____元的标准从预收的物业服务中提取；

(2)乙方[每月][每季][每年]按应收的物业服务资金_____％的比例提取。

3. 物业服务支出应当全部用于本合同约定的支出，年度结算后结余部分，转入下一年度继续使用；年度结算后不足部分，由全体业主承担，另行缴纳。

第十五条　乙方应当按价格主管部门的规定，将服务内容、服务标准、收费项目、收费标准等有关情况在物业管理区域内显著位置公示。

乙方应当于每年第一季度公示上一年度物业服务合同履行情况、物业服务项目收支情况、本年度物业服务项目收支预算。业主共同决定或业主委员会要求对物业服务项目收支情况进行审计的，乙方应当予以配合。

第十六条　业主在符合相关法律规定的前提下，利用住宅物业从事经营活动的，乙方可按商业物业标准收取相应的物业服务费。

第四章　权利与义务

第十七条　甲方的权利义务：

1. 有权要求乙方按合同约定提供物业服务；
2. 监督乙方履行本合同，对乙方提供的物业服务有建议、督促的权利；
3. 有权提议召开业主大会会议，监督业主委员会工作；
4. 参加业主大会会议和选举业主委员会成员，享有选举权和被选举权；
5. 对本物业管理区域内专项维修资金的使用及物业共用部分的经营收益和使用情况，享有知情权和监督权。关于物业共用部分经营、收益的约定见附件七；
6. 遵守管理规约以及物业管理区域内物业共用部分的使用、公共秩序和环境卫生的维护等方面的规章制度；
7. 按国家和本市有关规定缴纳专项维修资金；
8. 按有关规定及本合同约定缴纳物业服务费和特约服务费；
9. 对乙方根据合同和有关规章制度提供的管理服务给予必要配合；
10. 有关法律规定和当事人约定的其他权利义务。

第十八条　乙方的权利义务：

1. 根据有关法律、法规规定和合同约定，收取物业服务费、特约服务费。
2. 按本合同约定的物业服务事项和标准提供物业服务。
3. 妥善保管和正确使用本物业的档案资料，及时记载有关变更信息，不得将业主信息用于物业管理活动之外的其他用途。
4. 及时向全体业主和物业使用人通报本物业管理区域内有关物业服务的重大事项，及时处理业主和物业使用人的投诉，接受业主和物业使用人的监督。
5. 对业主和物业使用人违反本合同和管理规约的行为，采取告知、劝阻和向有关主管部门报告等方式督促业主和物业使用人改正。
6. 不得擅自占用本物业管理区域内的共用部分或擅自改变其使用用途。不得擅自将业主所有的共用部分用于经营活动。不得擅自占用、挖掘本物业管理区域内的道路、场地，确需临时占用、挖掘本物业管理区域内道路、场地的，应当按规定办理相关手续，制定施工方案，开工前要在物业管理区域内公示，施工过程中尽可能减少对业主的影响，并及时恢复原状。
7. 可将本物业管理区域内的专项服务委托给专业性服务企业，但不得将全部物业服务一并委托给其他单位或个人。乙方应当将委托事项及受托企业的信息在物业管理区域内公示。乙方与受托企业签订的合同中约定的服务标准，不得低于本合同约定。乙方应当对受托企业的服务行为进行监督，并对受托企业的服务行为承担责任。

8. 乙方实施锅炉、电梯、电气、制冷以及有限空间、高空等涉及人身安全的作业，应当具备相应资质或委托具备相应资质的单位实施，委托其他单位实施的，应当明确各自的安全管理责任。

9. 有关法律规定和当事人约定的其他权利义务。

第五章　合同终止

第十九条　任何一方决定在本合同期限届满后不再续约的，均应当在期满3个月前书面通知对方。

第二十条　本合同期限届满前，甲方决定继续聘用乙方的，应当在期满前3个月书面通知乙方；乙方自接到续约通知1个月内回复甲方。

第二十一条　本合同终止后尚未有新的物业服务企业承接的，乙方应当继续按本合同的约定提供服务6个月，在此期间的物业服务费按本合同约定的标准缴纳。

第二十二条　本合同终止后，甲乙双方应当共同做好交接事宜，包括物业服务费的清算、对外签订的各种协议的执行、物业共用部分查验交接以及移交相关档案资料等，见附件八。

第六章　违约责任

第二十三条　甲、乙双方对物业服务质量发生争议的，双方可共同委托物业服务评估监理机构就乙方的物业服务质量是否符合本合同约定的服务标准进行评估；乙方管理服务达不到本合同约定的服务内容和标准的，应当承担采取补救措施或赔偿损失等违约责任。

除不可预见的情况外，乙方擅自停水、停电的，甲方有权要求乙方限期解决，乙方应当承担相应的民事责任。

甲、乙双方均不得提前解除本合同，否则解约方应当承担相应的违约责任；造成损失的，解约方应当承担相应的赔偿责任。

第二十四条　乙方违反本合同第十三条、第十四条的约定，擅自提高物业服务费标准的，业主和物业使用人就超额部分有权拒绝缴纳，同时乙方应当按＿＿＿＿＿＿的标准向业主支付违约金。

第二十五条　乙方在本合同期限内擅自停止物业服务的，甲方可要求乙方继续履行，采取补救措施，并应当按＿＿＿＿＿＿的标准向甲方支付违约金；前述行为给业主造成损失的，乙方应当赔偿相应的损失；乙方在本合同终止后拒不撤出本物业管理区域的，甲方有权要求乙方按时撤出物业管理区域，并应当按＿＿＿＿＿＿的标准向甲方支付违约金；前述行为给业主造成损失的，乙方应当赔偿相应的损失。

第二十六条　乙方违反本合同第十八条第3款的约定，擅自将业主信息用于物业管理活动之外的，应当按＿＿＿＿＿＿＿＿的标准向业主支付违约金，如违约金数额不足以弥补业主所遭受的直接损失的，乙方应当补足。

第二十七条　业主违反本合同第十三条、第十四条、第十六条约定，经乙方书面催缴，未能按时足额缴纳物业服务费，应当按＿＿＿＿＿＿＿＿的标准向乙方支付违约金。

业主违反本合同的约定，实施妨害物业服务行为的，应当承担恢复原状、停止侵害、排除妨碍等相应的民事责任。

第二十八条　除本合同另有约定外，甲、乙双方可以结合具体情况对违约责任进行补充，见附件九。任何一方的违约行为给他方造成损失的，均应当承担相应的赔偿责任。

第二十九条　因不可抗力致使合同部分或全部无法履行的，根据不可抗力的影响，部分或全部免除责任。

第三十条　为维护公共利益，在不可预见情况下，如发生煤气泄漏、漏电、火灾、暖气管、水管破裂、协助公安机关执行任务等突发事件，乙方因采取紧急避险措施造成损失的，应当按有关规定处理。

第三十一条　乙方有确凿证据证明属于以下情况的，可免于承担违约责任：

1. 由于业主或物业使用人自身的责任导致乙方的服务无法达到合同约定的；
2. 因维修养护本物业管理区域内的共用部位、共用设施设备需要且事先已告知业主或物业使用人，暂时停水、停电、停止共用设施设备使用等造成损失的；
3. 非乙方责任出现供水、供电、供气、供热、通信、有线电视及其他共用设施设备运行障碍造成损失的。

第七章　争议解决

第三十二条　合同履行过程中发生争议的，双方可通过协商解决或向物业所在地物业纠纷人民调解委员会申请调解的方式解决；不愿协商、调解或协商、调解不成的，可按以下方式解决：

1. 向＿＿＿＿＿＿＿＿＿＿人民法院提起诉讼；
2. 向＿＿＿＿＿＿＿＿＿＿仲裁委员会申请仲裁。

第八章　附则

第三十三条　本合同经双方签字(盖章)后生效。

第三十四条　本合同正本连同附件一式＿＿＿＿＿份，甲方、乙方、＿＿＿＿＿各执一份，具有同等法律效力。

第三十五条　其他约定：＿＿＿＿＿＿＿＿＿＿＿＿＿＿＿＿＿＿＿＿。

甲方：　　　　　　　　　　　　　乙方：
委托代理人：　　　　　　　　　　委托代理人：
年　　月　　日　　　　　　　　　年　　月　　日

附件：一、规划平面图(略)

二、物业构成明细(略)

三、物业共用部位明细(略)

四、物业共用设施设备明细(略)

五、物业服务事项和标准(略)

六、其他服务事项和标准(略)

七、物业共用部分的经营收益约定(略)

八、移交资料清单(略)

九、违约责任约定(略)

本章小结

本章主要介绍了物业管理资金的概念、筹措渠道，物业服务费的收费形式、定价依据、收缴程序、追缴、收取与使用的原则，住宅专项维修资金的交存、使用、监督管理、法律责任，物业服务合同的定义，前期物业服务合同和物业服务合同。通过本章的学习，可以对物业服务企业的财务管理有基础认知，为日后的学习与工作打下基础。

思考与练习

一、填空题

1. ＿＿＿＿＿＿是指在预收的物业服务资金中按约定比例或者约定数额提取酬金支付给物业服务企业，其余全部用于物业服务合同约定的支出，结余或者不足均由业主享有或者承担。

2. ＿＿＿＿＿＿是指由业主向物业服务企业支付固定物业服务费用，盈余或者亏损均由物业服务企业享有或者承担的物业服务计费方式。

3. 物业服务费用的收缴程序包括＿＿＿＿＿、＿＿＿＿＿、＿＿＿＿＿。

4. 住宅专项维修资金的使用，应当遵循＿＿＿＿＿、＿＿＿＿＿、＿＿＿＿＿的原则。

5. 开发建设单位在业主按照规定交存首期住宅专项维修资金前，将房屋交付买受人的，由县级以上地方人民政府建设(房地产)主管部门责令限期改正；逾期不改正的，处以＿＿＿＿＿＿的罚款。

6. 物业服务合同应对＿＿＿＿＿、＿＿＿＿＿、＿＿＿＿＿、＿＿＿＿＿、＿＿＿＿＿、物业管理用房、合同期限、违约责任等内容进行约定。

二、简答题

1. 物业服务成本包括哪几部分？
2. 简述物业服务费收取与使用的原则。
3. 简述住宅专项维修资金的分摊规则。
4. 简述前期物业服务合同的主要内容。
5. 简述物业服务合同的内容。

参考文献

[1] 谌汉初,初志坤. 物业管理概论[M]. 北京:清华大学出版社,2014.
[2] 王晓辉. 物业管理概论[M]. 北京:清华大学出版社,北京交通大学出版社,2010.
[3] 张作祥. 物业管理概论[M]. 3版. 北京:清华大学出版社,2014.
[4] 章月萍,扈永建. 物业管理概论[M]. 武汉:武汉理工大学出版社,2009.
[5] 田禹,刘德明. 物业管理概论[M]. 北京:清华大学出版社,2015.
[6] 刘薇,张喜明,孙萍. 物业设施设备管理与维修[M]. 2版. 北京:清华大学出版社,2010.
[7] 安静,许文芬. 物业管理概论[M]. 2版. 北京:中国劳动社会保障出版社,2014.
[8] 张雪玉. 物业管理概论[M]. 4版. 大连:东北财经大学出版社,2020.
[9] 王俊松,吴小晶. 物业管理概论[M]. 北京:中国建筑工业出版社,2015.